해돋이의 새 6전소설 이으미 2
초한지
초나라와 한나라의 흥망 이야기

권광욱 주역

해돋이

새 육전소설 이으미 2

한나라의 흥망 이야기

초판1쇄 인쇄 2024년 10월 5일
초판1쇄 발행 2024년 10월 10일

권광욱
발행자 권오훈
발행처 도서출판 해돋이
서울 은평구 응암로 319 1003호·[03454]
전화 02)734-3085
전송 02)738-8935
전자우편 kwonohn3329@hanmail.net
등록 제2014-000006호[1987.11.18.]

ISBN 978-89-97012-10-7 04810
ISBN 978-89-97012-07-7(세트)

값 10,000원

해돋이의 새 6전소설 이으미 2
楚漢志
楚나라와 漢나라의 興亡이야기

權光旭 註譯

주역자 권광욱

본래 이름은 권오훈權五熏, 1940년 충남 서천에서 나서 전북 군산에서 소년기 학교를 다니고 성년초 서울에 와 여러 연구소·인쇄소·출판사 등에서 일하다 30여년 출판사를 자영했다. 현재는 안동권씨종보사라는 법인체의 대표이다. 1981년 중앙일보사의 문예중앙신인문학상에 중편소설이 당선되어 문단에 나오고 십수편의 단편소설을 발표하며 장편소설 터잡이를 써 발간하였다. 안동권씨1천년사와 선대 인물 전기 등 십여 책을 저술하고, 안동권씨대동세보 33책을 국역발간한 것을 비롯 태극옹전·응제시집주 등 십수권을 국역 발간하였다. 그밖에 육례이야기·한자도 우리글·권애라와 김시현 등 비소설 이야기책도 써냈다.

목록

들어가기 / 7
각설하고 / 34
진으로 간 여불위 / 50
이사의 책략 / 102
진승의 반란 / 119
항우의 출현 / 137
유방의 등장 / 159
장량의 대계 / 181
한신의 출마 / 203
초한의 격돌 / 226
구리산과 비운의 우미인 / 262
항우, 한신의 최후 / 291

• 들어가기

이 책의 저본底本은 원제목이 초한전楚漢傳이고 1925년 10월 30일 서울 종로 2가에 있던 박문서관博文書館에서 발행하였다. 박문서관은 스스로 신구서적新舊書籍과 문방구상文房具商이라 했고 저작겸 발행자著作兼發行者는 고익형高益亨이라 하였다. 초한전이라 하면 사람들에게 생소할까봐 익히 알려진 초한지楚漢志라 하였다. 앞서 몽결초한송夢決楚漢訟에서 이야기하였지만 초楚나라와 한漢나라가 싸운 설화가 초한지이다. 초나라는 패왕霸王 항우項羽의 것이고 한나라는 패공沛公 유방劉邦의 것인데 시황始皇의 진秦나라가 기운 뒤 둘이 중국의 천하를 놓고 8년 동안, 혹은 5년 동안 자웅을 결하는 싸움을 벌인 것을 기록한 것이 내용이다. 중국에서 유래한 장기의 말이 청색은 초楚로, 홍색은 한漢으로 되어 있을 만큼 이 초한의 싸움은 유명하여 3척 동자에서부터 모르는 이가 없었다.

사실 초한지라는 이름은 원래 없었다. 중국의 원전은 초한연의楚漢演義라 하는데 1573년 전후 명明나라 종산거사終山居士 견위甄偉가 8권짜리로 지은 책이다. 연의演

義는 연의衍義라고도 쓰고 의미를 널리 해설한다는 뜻인데 어떤 사실의 줄거리에 살을 붙여 재미있게 부연한 소설小說이다. 전傳과 지志도 같은 것인데 역사 이야기를 함께 지칭하여 정사正史에도 붙여 쓴다. 종산거사 견위라는 인물의 정체가 불명이라 믿을 수 없다는 소리도 있는데, 어쨌든 당시 1800년이나 전 일을 사마천司馬遷의 사기史記에 나오는 내용을 비롯하여 전해오는 여러 설화를 종합하여 집성한 것이 이 연의이다.

또 하나 원전이 되는 것은 전자보다 조금 뒤에 나온 명나라 문호文豪 종성鐘惺[1574-1625]의 서한연의西漢演義가 있다. 서한연의는 그 분량이 방대한데, 초한지楚漢志 서한지西漢志 등으로도 이칭되며, 장량전張良傳 장자방실기張子房實記 초패왕실기楚霸王實記 항우전項羽傳 홍문연鴻門宴 등이 이 안에 포함되어 있거나, 파생되어 나왔고 우미인가虞美人歌 항우가項羽歌 초한가楚漢歌 등의 가사도 부록되어 나와 유통되었다. 이 책이 중국에서 나와 얼마나 인기가 있었던지 우리나라에서도 바로 구입해다 읽었으며 임진왜란 피난기 쇄미록瑣尾錄을 지은 오희문吳希文[1539-1613]이 난중 10여년 동안 딸에게 받아쓰게 하여 이 책의 국역 필사본을 낼 정도였다. 1674년 현종顯宗 때의 승정원일기承政院日記에 통역관의 우두머리 대통관大通官이, 중국 칙사勅使가 서한연의 언문번역본 한 질을 요구하여 구해 들여보내고자 한다고 아뢰는 기사가 있다. 이때 조선에 이미 서한연의 번역본이 유행하고 있는 것을 중국에서 황제가 알고 사신을 시켜 구해오라 하였으니, 그 인기를 짐작할 만하다.

조선소설사朝鮮小說史와 조선한문학사朝鮮漢文學史를 쓴 대가 천태산인天台山人 김태준金台俊[1905-1949]은 '그 중에서도 서한연의는 가장 인상 깊게 애독되어 일찍 초한가를 부르며 초한장기楚漢將棋를 놀며 홍문연鴻門宴을 배연排演하여 삼척동자도 번쾌樊噲 항우를 모르는 사람이 없었다. 그 일부분씩을 척출剔出해서 초패왕실기 장자방전, 농암노인聾巖老人이 발선拔選한 유악귀감帷幄龜鑑 등이 번역되었다' 하였다. 이러한 서한연의, 즉 초한지는 삼국지와 쌍벽을 이루지만, 삼국지보다 400년이나 앞서 중원대륙에서 일어난 이야기이고, 다 그 이후에 나온 수호지水滸志 서유기西遊記 금병매金甁梅 동주열국지東周列國志[열국지, 춘추열국지] 등의 소설과 함께 우리나라의 명작 임꺽정전을 쓴 벽초碧初 홍명희洪命憙 같은 이도 이를 탐독하기에 이르렀다. 그리고 팔봉八峰 김기진金基鎭[1903-1985] 선생이 동아일보에 1954년 4월부터 1955년 10월까지, 명나라 견위의 초한연의를 풀어 창작한 대하소설 통일천하統一天下를 연재할 때, 나는 열다섯 살짜리 중학생으로 이를 토막토막 훔쳐 읽느라 애가 탔다. 1980년대 한국 극화劇畫의 거장 고우영高羽榮[1938-2005] 화백이 초한지를 장편만화로 그려 고우영만화대전집으로 출간하는 장관도 벌어졌다. 이러한 초한지의 설화로 세상에 나도는 줄거리는 대개 다음과 같다.

초한지는, 공포와 폭압의 진秦나라가 쇠망하고 한왕조漢王朝가 천하를 통일하며 들어서기까지 8년의 대란을 담은 것과, 초패왕楚霸王 항우項羽와 한왕漢王 유방劉邦이 5년 동안 자웅을 결하여 싸운 군담軍談을 다룬 것의 두 가지이다. 그러나 양자가 대개 훌륭한 명작 사마천司馬遷의 사기史記에서 발출拔出한 것이어서 내용이 다를 게 없다.

중국 사상 최초의 강포한 통일제국 진나라가 15년의 짧은 수명을 마치려 하자 처처에서 그 폭압에 저항하는 군웅이 모반, 봉기하였다. 진승陳勝이라는 농민이 진2세 황제 호해胡亥 원년, 서기전 209년에 지금의 안휘성安徽省 숙주宿州에 있는 대택향大澤鄕이란 곳에서 민란을 일으켰다. 이게 중국 최초의 민중봉기였다. 진승은 하남河南 양성陽城의 미천한 농군으로 남의 땅을 소작해 살았는데 부역에 끌려 나가 변방을 지키는 수졸戍卒의 둔장屯長으로 있었다. 그가 무지한 농사꾼들에게 말했다. '우리는 어양漁陽에 도착해야 할 기한을 이미 넘겼다. 이제 우리가 무사히 거기에 닿는다 해도 참수를 피할 길이 없다.' 진나라 법은 소집 기한을 어긴 자는 불문곡직 참수하였다. 진승의 무리는 대택향에서 홍수를 만나 앞으로 나갈 수 없었다. '설사 참수를 면해 부역賦役에 종사해도 살아 돌아올 길이 없다. 부역에 나갔다 살아온 자를 보았는가? 어차피 죽을 바엔 뜻이나 한번 펴보다 죽는 게 낫지 않은가. 우리도 같이 숨쉬는 인종人種이다. 어찌 왕후장상王侯將相에 씨가 있는가.' 진승의 이 말은 원어가 '왕후장상王侯將相 영유종호寧有種乎'인데 천하만고의 명언이 되었다.

진승의 설득에 무리가 호응하니 그 기세가 대번 등등해졌다. 봉기 소식이 빠르게 전파되자 원근의 장이張耳 진여陳餘 무신武臣 주문周文 등의 명사가 진나라에 반기를 들고 일어나 모여들었다. 진승은 무리의 추대로 대초장군大楚將軍이 되고 같이 창의倡義한 동지 오광吳廣은 도위都尉가 되었다. 군대의 진용과 위세를 갖추자 진승은 초楚나라 말기의 도읍지이던 진성陳城을 점령하고 장초張楚라는 나라를 세우고는 마침내 국왕을 칭하여 진왕陳王이 되었다. 그리고 도위 오광을 가왕假王으로 삼아 황제의 진나라를 공격하게 하였다. 오광이 주문과 함께 진의 함양성咸陽城 도모를 성언하며 진군하자 진의 학정에 유린되던 백성이 처처에서 동조하여 봉기군은 수십만에 이르렀다.

그러나 이처럼 구름 같던 진승의 군세는 그 주군의 지도력 부족으로 세력 분열을 빚으며 반년 만에 무너졌다. 진승이 진을 향해 여러 갈래로 진격할 것을 명함에 따라 오광은 형양滎陽으로, 주신은 함곡관函谷關으로, 무신 장이 진여 등은 북쪽의 조趙나라를 향했다. 도중에 오광은 부장部將이던 전장田藏에게 피살하고 주문은 미숙한 전술로 패하였다. 조나라를 평정한 무신 장이 진여는 서쪽으로 진을 진격하라는 진승의 명을 듣지 않고 조나라에 눌러앉아 각기 그 왕과 승상丞相 대장군이 되었다. 진승이 연燕나라를 평정하고자 보낸 한광韓廣마저 거기 눌러앉아 연왕燕王을 칭하니 봉기군은 분열되어 약화하였다.

이러는 중 진승은 본군을 거느리고 진으로 직행하여 함곡관을 돌파하였다. 이때 진승이 돌파한 함곡관은 중국 최대 최초의 요새이자 관문으로, 뒤에 유방이 이곳을 통과해 장안長安의 관중關中으로 진격했으며, 항우와 장량張良이 한판승부를 벌인 곳이다. 함곡관을 넘은 진승군은 진의 서울 함양 부근까지 파죽지세破竹之勢로 진군하였다. 이에 진에서는 이를 막도록 명장 장한章邯을 내보냈다. 장한은 갑자기 큰 군대를 조직할 겨를이 없었지만 마침 진시황秦始皇의 여산릉驪山陵 부역에 동원된 수많은 죄수를 사면하는 수법으로 수십만 병졸을 모아 큰 형세를 이루었다. 명장 장한의 급조된 군사는 훈련이 넉넉지 못했으나 봉기 전 농민에 불과했던 진승의 오합지졸烏合之卒에는 강군이나 같았다. 회전에서 진승군은 대패했고, 승세를 잡은 장한군은 진승이 웅거하고 있는 진성陳城으로 진격했다. 진승은 대군으로 맞서 방어했지만 끝내 장한의 공격을 이겨내지 못하여 진성을 내주고 성보城父로 퇴각했다가, 그곳에서 오광과 마찬가지로 배반한 측근 장가莊賈에게 목을 잃었다. 서기전 208년 진나라는 농민반군을 진압하고, 중국 사상 최초의 민란인 진승의 난은 장한에게 진압되었다.

그러나 진나라의 민란이 진승에서 끝나는 게 아니었다. 빈농 진승과 오광이 규합한 모반의 무리가 삽시간 거대한 봉기군으로 뭉칠 수 있었던 것은 진 2세황제 호해의 실정 탓이었다. 서기전 210년 순행巡幸 도중 사구沙丘에서 병사病死하며 시황은 제위를 맏아들 부소扶蘇에게 물려주었다. 그러나 간흉奸凶 조고趙高가 승상 이사李斯를 설득하여 시황의 유조遺詔를 위조하고, 이 바람에 정직한 부소는 제위 대신 자진명自盡命을 받아 자결했다. 위조된 조서詔書로 작은아들 호해가 제위에 올랐는데 본디 자질이 안되는 위인이었다. 2세 호해는 내시로서 간흉인 조고에게 전권을 맡기고 방탕하여 노닐며 부황이 생전에 벌여온 만리장성 축조와 여산릉 및 아방궁阿房宮 건설의 대토역大土役을 계승하여 한층 백성을 학대하였다. 10여년이 넘게 계속되던 이 대역사의 비용과 노동력이 모두 백성을 착취하여 징발되었는데 게다가 북방의 흉노匈奴를 정벌한다고 백성을 무지막지 징집해 가서는 돌아오는 수효가 적고, 이런 게 다 백성에게는 생사가 달려 있어 이래 죽으나 저래 죽으나 매일반이 되어 어디서 봉기가 일어났다 하면 너나없이 달려가 합류하였다. 그래서 장한의 힘으로 진승의 난을 여섯 달 만에 진압했지만 이것이 반진反秦 봉기의 잔불이 되어 천하의 각처에서 크고 작은 반란이 일어났다. 그중에서 가장 큰 것이 항우와 유방의 무리였다.

진승의 난이 일어난 당년에 전국시대 초楚나라 공족公族 출신 항량項梁이 조카 항우項羽와 함께 회계태수會稽太守 은통殷通을 죽이고 오중吳中에서 군사를 일으켰다. 항량의 봉기군은 8천인데 강동江東의 굳센 전사들로 역발산 항우가 대장이었다. 이들은 진승의 반군이 진의 장한에게 대패하자 급히 이를 지원하여 장한의 배후를 공격하였다. 이때 진영陳嬰 영포英布 포장군蒲將軍 등이 휘하로 들어와 합세하니 항량의 군세가 크게 늘어나 대군이 되었다. 이윽고 진승이 패한 뒤에 견디지 못하고 측근에게 살해되자 진가秦嘉가 그 무리를 이끄는 것이 어설프므로 항량이 그를 죽이고 진승의 남은 무리를 흡수하였다. 대번에 반진세력의 수장이 된 항량은 뛰어난 책사 범증范增의 건의에 따라 전일 초楚나라 회왕懷王 미괴羋槐의 현손玄孫인 양치기 웅심熊心을 찾아내 세습 초회왕楚懷王으로 옹립해 우이盱台에서 도읍하고 진영陳嬰을 상주국上柱國으로 삼고 자신은 무신군武信君이 되었다. 이처럼 명분과 형세를 갖춘 항량은 진과의 전투에서 연전

연승하며 자만에 빠지고 정작 진의 본진 장한과 정도定陶에서 회전하여서는 대패하여 전사하였다.

항량을 무찌른 장한은 이어 조趙나라의 한단邯鄲을 공략하고 거록巨鹿을 포위하였다. 이에 조왕趙王 조헐趙歇이 구원을 청하자 초회왕 웅심은 송의宋義를 상장군, 항우를 차장次將, 범증을 말장末將으로 삼아 조나라 구원을 명했다. 이에 항우는, 자기가 마땅히 숙부 항량의 뒤를 이어 상장군이 되어야 하는데 송의가 그 자리를 차지한 게 불만이고, 또 전략을 짜는 데서 송의와 심히 대립하다가 마침내 초회왕의 명이라 위조하여 송의를 죽이고 스스로 상장군이 되어 거록의 포위를 풀어주었다. 진군을 공략해서는 대번에 승전하여 적장 왕리王離를 사로잡고 소각蘇角과 섭간涉間을 죽이며 장한을 퇴각시켰다. 이렇게 거록에서 대승한 항우는 명실상부한 초나라 반군의 수장이 되었다.

한편 유방은 진승이 봉기한 지 두 달쯤 되어 강소성江蘇省의 패현沛縣에서 봉기했다. 유방은 본디 그곳의 정장亭長 출신인데 정장은 우리나라의 이장里長에서 면장面長쯤 되는 자리이고 진시황의 여산릉 역사에 차출되어 역부役夫를 관리하는 십장什長 격의 일을 하였다. 그런데 역부 중에 도망자가 속출하자 그들을 풀어주고 자기도 도망쳐 고향에 와 숨어 지냈다. 그러던 중 패현의 탐학한 현령縣令이 백성에게 맞아죽는 일이 터졌다. 현의 문서담당 하급관리이던 소하蕭何와 옥리獄吏 조참曹參 등이 그를 불러내어 봉기의 주장이 되어 주기를 청하며 패공沛公으로 추대하였다. 유방이 이를 받아들임으로써 진나라에 항거하는 봉기가 일어났는데, 유방이 별로 용맹하지도 명문거족 출신도 아니지만 관후한 덕이 있는 지라 백성이 믿고 모여들었다. 삽시간에 그 무리가 불어나 2,3천에 이르며 일대에 세력을 떨쳤다. 그러나 지역의 한계와 역량의 부족을 느낀 유방은 서기전 208년에 초나라 항량과 제휴하여 10만 군사를 거느리고 그 아우이자 항우의 막내 숙부인 항백項伯의 휘하로 들어갔고 항량 사후에는 초회왕 웅심의 신하가 되어 그 명에 따라 함양 정벌에 나섰다. 이때는 유방도 현저히 군세가 커져 초회왕 웅심 밑에서 항우와 거의 필적하게 되었고, 회왕은 양자를 쌍벽雙璧으로 중시하여, 각기 다른 길로 진의 함양을 공략케 하되 '먼저 함양에 입성하는 자로 진의 본거 관중關中의 왕을 삼는다'는 약조를 하여 경쟁시켰다. 항우는 서쪽, 유방은 동쪽 서로 다른 방향으로 함양을 향했다. 각기 함양으로 진군하며 항우는 범증范增과 장한 등 많은 인재를 수하에 두게 되고 유방도 장량張良과 관영灌嬰 등을 얻게 되었다.

농민 진승은 5인 수졸의 우두머리 둔장으로서 봉기하여 진을 직접 멸하지는 못했다. 그러나 그가 올린 기치와 횃불이 온 천하로 번지고 결국 서기전 206년 함양이 유방에게 함락되면서 진의 3세제世帝 자영子嬰이 유방에게 항복하여 진나라는 망했다. 괴력의 항우보다 지혜의 유방이 먼저 진을 정복했다. 먼저 함양에 들어간 유방은 항복한 진왕 자영을 죽이지 않았고 간명한 약법3장約法三章을 선포해 진나라의 무지막지한 악법에 억압받던 백성을 해방시켰다. 이런 유방이 한숨을 돌려 술을 마시고 있을 때 심복 소하는 진에서 만든 지도가 많이 소장된 곳을 발견하고 그 지도를 몽땅 가져갔다. 그 지도는 후일 유방에게 금은보화와 견줄 수 없는 기화奇貨였다.

항우는 키가 8척이 넘고 힘은 세발솥을 들어올렸다. 야설野說에, 한 산 고개에 큰 구렁이가 살아 머리는 한쪽에, 꼬리는 반대쪽에 내놓고 있으며 머리쪽으로 오는 행인 동물은 입으로 잡아먹고 반대쪽으로 오는 놈은 꼬리로 쳤다. 항우가 분개하여 그 꼬리를 잡아채니 산이 갈라졌다. 그래서 역발산力拔山이라는 별호가 생겼는데 이는 힘으로 산을 뺐다는 뜻이다. 유방은 장성을 쌓을 때 집채 같은 사괴석四塊石을 멜빵지고 기대앉아 코를 골았다. 지나는 이가 속아 혀를 둘렀는데 이건 그 지혜였다.

강동의 호걸豪傑 항량은 조카 항우에게 병법을 가르쳤지만 괴력의 항우는 그 대의를 파악한 뒤에 더 깊이 천착穿鑿하러 들지 않았다. 그러나 기개가 탁월하여, 진시황이 회계산會稽山을 순행할 때 길가에서 이를 지켜보고 '저 사람의 자리를 내가 취하겠노라' 하였다.

진2세 원년, 서기전 209년 진승과 오광이 대택향에서 봉기하여 장초張楚나라를 세우니 전국시대 7웅에서 진秦을 뺀 6국, 제齊 조趙 위魏 연燕 한韓 초楚나라의 공족公族이 이 소식을 듣고 처처에서 군사를 일으켰는데 그 해 9월 항량도 항우와 함께 거병하여 회계군수會稽郡守 은통殷通을 죽이고 오중吳中에서 반진反秦의 기치를 높였다. 항량은 스스로 회계군수가 되어 항우를 부장部將으로 삼고 강동의 정예 8천을 친솔親率하였다. 먼저 서진西進한 진승의 대군이 진의 맹장 장한에게 패하고 진승이 진성에서 쫓겨 측근에게 시해된 후 그 부장 소평김平이 죽은 진승의 명을 사칭하여 항량을 맞아 초왕楚王의 상주국上柱國을 삼고 서진하여 진과 장한을 무찌르라 하였다. 이에 항량은 급히 정병 8천을 이끌고 장강을 건너 서진하였다. 진2세 2년, 서기전 208년 3월 항량이 장강을 건넜을 때 동양東陽[강소성江蘇省 우이현盱眙縣]의 영사令史 진영陳英이 이미 동양을 점거하고 2만 병력과 함께 항량의 휘하가 되었다. 또 회수淮水를 건널 때는 영포英布와 포장군蒲將軍이 휘하 군사를 이끌고 합류하여 항량의 군대는 일거에 6~7만으로 늘어 당시 반진 봉기군의 주력이 되었다. 여름 6월에 진승이 패하여 시해되었다는 소식을 들은 항량은 서진을 멈추고 동으로 진로를 돌려 설현薛縣[산동성山東省 등현藤縣]에서 봉기군 장수들을 소집하여 대사를 의논하였다. 책사策士 범증이, 진승처럼 스스로 왕이 되어 덕을 잃지 말고 초회왕楚懷王의 후사後嗣를 찾아 왕으로 추대하라고 건의함에 따라 양치기로 숨어 살던 초회왕의 서현손庶玄孫 웅심을 찾아내 초회왕으로 즉위시키고 자기는 무신군으로 자족하여 민심을 샀다.

이어 항량은 봉기군을 거느리고 동아東阿[산동성 동아현]와 정도定陶[산동성 정도현 서쪽] 등지에서 진군을 대파하였다. 진승의 휘하이던 유방도 진승이 죽고 항량에게 귀속되었는데 항우가 이 유방과 함께 별도로 진군을 공략하여 성양城陽[산동성 견성현甄城縣 동남]을 점령하고 옹구雍丘[하남성河南省 기현杞縣]까지 진격하여 진 승상 이사의 아들 삼천태수三川太守 이유李由를 목베었다. 항량은 동아에서 정도에 이르기까지 두 차례 진군을 무찌른 데다 항우와 유방 등이 이유의 목을 베자 적을 가볍게 보고 오만해졌다. 그리하여 진의 본진을 치러 진격해서는 장한군의 기습을 받아 대패하여 허망하게 전사하였다. 갑자기 항량의 시대가 가고 항우의 시대가 왔다.

항량이 죽은 후 항우는 유방과 함께 패군을 수습해 팽성彭城[강소성 서주徐州]으로 물러나 전열을 가다듬었다. 승세를 탄 장한은 황하를 건너 북상하여 조趙나라를 공략하고 휘하의 왕리 섭간과 함께 거록巨鹿[하남성河南省 평향현平鄕縣 서남]을 포위하였다. 초회왕은 이를 구원하고자 송의宋義를 상장군, 항우를 부장으로 삼아 대군을 보냈다. 항우는 송의 따위의 부장이 되는 게 욕되어 심복치 않았다. 송의는 안양安陽[산동성 조현曹縣 동남]에 이르러 46일을 머물며 진격치 않고 관망했다. 이에 항우는 송의가 은밀히 제齊나라와 손잡고 반역을 도모한다고 하여 회왕의 명을 위탁僞託해 살해하였다. 회왕은 즉시 항우를 상장군으로 하여 전군을 통솔해 조나라를 지원케 하였다. 항우는 먼저 당양군當陽君과 포장군에게 2만 군사를 주어 속히 장하漳河를 건너가 거록의 포위를 풀게 하였다. 그리고 직접 전군을 이끌고 장하를 건너가 배수진背水陣을 치고 맹공을 계속했다. 아홉 차례의 격전 끝에 항우의 효용驍勇이 빛난 초군은 진군을 대파하였다. 진의 왕리는 사로잡히고 섭간은 자결하였다. 초군이 거록을 원공援攻할 때 6국에서 모여든 제후군諸侯軍이 10여 진이었으나 출전하여 개입하지 못하고 돈대나 성벽 위에서 관전만 하였다. 그리고 초군의 대승으로 끝나자 관전하던 제후군 장수가 모두 항우 앞에 무릎 꿇고 감히 얼굴을 들지 못했다.

이로부터 각 제후의 군사가 다 항우의 지휘에 따르게 되었다. 항우는 여세를 몰아 계속 진군을 대파한 다음 그 내부의 분열을 이용해 모함으로 버림받은 장한의 투항까지 받았다. 이때 진군 20만이 장한을 따라 항복했는데, 어느 날 항우가 그들이 욕하며 불평하는 소리를 엿듣고 대노하여 신안성新安城 남쪽에서 20만 생령을 다 생매장하였다. 인륜상 상상 못할 포학이었다.

항우가 서쪽 길로 진의 관중關中에 진군했을 때 동쪽 길로 진군한 유방은 한 발 먼저 들어와 함양을 점령하였다. 그리고 누구도 뒤쫓아 들어올 수 없게 함곡관의 관문을 꽉 닫았다. 항우의 낙담이 컸다. 초회왕의 약조대로 유방이 관중의 왕이 되고 항우는 그 차하자次下者가 될 참이었다. 유방 진영의 조무상曹無傷이, 유방이 당연히 관중의 왕이 되려고 준비하는 정황을 항우에게 밀고하였다. 대노大怒한 항우는 휘하의 40만 대군으로 유방을 공략하려 하였다. 이를 간파한 유방은 불리한 형세로 항우와 맞서기보다는 자기를 낮추고 항우를 섬기기로 작심하였다. 유방은 몸소 홍문鴻門에 주둔한 항우를 찾아가 경위를 설명하고 사과하기로 하였다. 항우 측에서는 이 기회에 유방을 죽이려는 밀계를 썼다. 유방측에서도 이런 암수에 대비했다. 홍문의 연회라는 영빈迎賓의 잔치가 벌어졌다. 살기가 넘치는 가운데 항우의 장수가 검무劍舞를 추고 나서 유방을 베려고 하니 유방의 맹장 번쾌樊噲가 뛰쳐나가 맞춤으로 막았다. 장량은 자기에게 신세를 지고 있던 항우의 숙부 항백을 움직여 유방을 극적으로 탈신시키고, 항우는 유방을 없앨 천재일우의 기회를 놓친다.

며칠 후 항우는 함양으로 진입하고 유방은 이를 환영하여 무혈입성이 이루어진다. 함양을 접수한 항우는 가차 없는 포학을 자행했다. 이미 유방에게 항복하여 선처를 기다리는 진의 3세 영자영贏子嬰[여자영呂子嬰]을 무참히 죽여 족멸族滅하고 궁궐을 불태워 폐허를 만들며 온갖 금은보화와 미색美色을 약탈하여 동쪽으로 실어갔다. 엄청난 인명을 청소하고 영화로운 함양성을 분탕질로 황폐시켜 유방에게 던져준 셈이었다.

한 원년漢元年, 서기전 206년에 항우는 회왕을 황제로 높여 의제義帝를 삼고 침현郴縣[호남성湖南省 침현]에 도읍을 정하게 한 다음 천하의 제후諸侯를 분봉分封하고 자기는 서초패왕西楚霸王에 올라 양梁과 초楚의 땅 9개 군郡을 차지하여 그 도읍을 팽성彭城에 정하였다. 항우는 의제로 하여금 약속대로 관중을 유방에게 주도록 하는데, 정작 관중 지역은 제외시켜 자기 것으로 하고 유방은 더 서쪽으로 한중漢中[섬서성陝西省 한중]에 들어가 국한되게 하여 한중왕漢中王, 즉 한왕漢王을 삼게 하였다. 어쨌든 의제가 유방을 공식 한왕으로 봉한 것이어서 이제 유방은 왕으로 불리며 제후로서 항우와 대등해졌다. 이윽고 항우는 의제에게 새 도읍지 침주郴州로 옮겨 가라고 압박하는데, 항우의 그러한 내용의 상소문을 범증이 먼저 보고 직접 가지고 가 의제를 설득하기로 하였다. 그러나 의제가 그러한 범증을 꾸짖었다. 항우가 이 소리를 듣고 노하여 영포를 시켜 의제를 침주로 데려가다가 없애라 한다. 영포가 명령대로 의제를 죽였으나 이 시역弑逆은 여러모로 항우의 악명을 높이는 바 되었다.

대결은 진시황을 능가하는 초패왕 항우의 횡포와 제후 간의 것으로 변했다. 전영田榮 진여陳餘 팽월彭越 등이 잇달아 군사를 일으켜 초나라에 대항하였다. 유방도 관중의 삼진三秦을 평정하였다. 삼진이란, 항우가 유방에게 관중을 주지 않고 자기가 차지하여 진군에서 항복한 세 장수에게 그 지역을 3분하여 봉한 옹왕雍王 새왕塞王 적왕翟王의 세 나라였다. 이것이 한중에 갇힌 유방을 힘 못쓰게 해 놓은 책략인데 유방이 이를 차례로 평정한 것이었다. 그런 다음 유방이 서진西進해 나와 항우의 서초를 공략하면서 4년여에 걸친 초한전이 시작되었다.

이 같은 초한전의 초기에 유방은 항우가 제齊나라에 가 있는 틈을 타 한 2년, 서기전 205년 4월에 항우의 본거 팽성을 공략하였다. 항우는 즉시 군사를 돌려 팽성으로 달려와 유방군을 대파하였다. 유방은 형양滎陽으로 퇴각하였는데 이로부터 초한은 형양과 성고城皐[하남성河南省 장사長沙 부근]를 경계로 오랫동안 대치하였다. 항우는 전투에 연승하였으나 후방을 공고히 다스리지 못하여 허점이 생기고 줄곧 앞뒤에서 적을 맞아 격퇴하느라 겨를이 없었다. 또 제후를 분봉할 때 공평을 잃어 불만을 품은 여러 제후가 등을 돌리고 유방에게 동조하였고, 전쟁에서 용맹하였지만 인재등용에 실패하여 인망을 얻지 못하고 인걸을 놓쳤다. 그 휘하이던 한삼재漢三才 한신韓信을 비롯해 진평陳平 영포英布 등이 배반하고 떠나 유방에게 가 중용되었다. 그의 아부亞父이던 범증范增마저 끝내 불신하고 저버려 떠나가 탄식하며 죽게 하였다. 이리하여 항우가 전승에서 거둔 성적을 상실한 반면 유방은 전장의 참패를 대의로 전환시켜 민심의 승리를 얻었다. 일찍이 항우가 의제의 꼴을 보지 못하여 모시謀弑하기에 이르러서는 천하 만고의 인심을 잃었다. 앞서 유방이 한중漢中으로 들어가 한왕漢王이 되어 안정하자 장량은 유방에게, 항우의 초나라를 격멸할 파초대원수破楚大元帥가 될 인재를 찾아오겠다고 고하고 나가며 유방이 들어온 잔도棧道[벼랑에 맨 선반길]를 태워 버렸다. 당시 사람들은 파촉巴蜀[사천성四川省에 있던 파군巴郡은 중경重慶, 촉군蜀郡은 성도成都]에서 관중으로 나오는 유일한 통로가 이 잔도뿐이었다. 이를 불태운 것은 유방이 다시는 한중에서 나오지 않을 것을 선포한 것이었다. 장량이 초나라 땅으로 나가 돌아다닐 때 그 본주인인 한왕韓王 희성姬成이 항우에게 핍박을 받다 죽었다. 이에 장량이 대성통곡을 하며 기어코 항우를 죽일 것을 맹세했다. 원래 한韓은 희씨姬氏가 왕성王姓이고 장량은 이 나라에서 대대로 재상을 지낸 공족 출신이었다. 진시황이 이를 멸하고 왕공족을 많이 죽였다. 장량이 이 불구대천의 원수를 갚고자 창해倉海 역사黎力士를 사 양무陽武 박랑사博狼沙에서 시황의 수레를 저격狙擊하는 사건을 일으켰다. 항량項梁의 웅비에 가담한 장량이 초회왕을 세운 항량에게 천거하여 멸망한 한나라를 재건하고 살아남은 왕족 횡양군橫陽君 희성을 한왕으로 즉위시키고 자기는 그 사도司徒가 되었다. 그리고 한의 옛 영토를 일부 회복하였으나 진나라의 반격으로 다시 잃고 영천潁川[하남성河南省 우주禹州]에서 유군遊軍을 이끌었다. 유방이 남양군南陽郡을 공략할 때 장량이 수행하여 한나라 땅 10여 성城을 함락시켰는데 유방이 이를 희성에게 주고 양책陽責을 지키게 하였다. 항우가 진을 섬멸하고 각지에 제후를 봉건하면서 희성도 한왕을 삼고 그 도읍은 양책으로 하였다. 그런데 장량이 유방에게 종군하므로 희성에게 군공이 없다 하여 희성을 도읍 양책으로 보내지 않고 서초의 서울 팽성에 머물러 두고 감시하였다. 결국 왕위를 빼앗아 열후列侯를 삼았다가 살해하고 대신 정창鄭昌을 한왕으로 바꾸었다. 이에 통곡하며 절치부심한 장량이 항우와 같은 하늘을 쓰지 않고자 하며 한나라 왕실의 자손인 한신韓信을 회유하여 패공 유방에게로 와 파초대장군으로서 항우를 도모케 하였다.

장량이 항백의 집에 머물다가 항우에게 올라가는 상소를 우연히 보게 되었는데 그 내용대로 실행한다면 패공은 파촉에 갇혀 다시는 못나오게 하는 계략이었다. 항백에게 누가 그런 상소를 지어 올렸는지 물으니 집극랑執戟郞 한신이라는 사람이 지어 올린 것이라 하였다. 집극랑이란 하급의 군직인데, 처음에 한신이 항량에게 가니 창수槍手를 시켰고, 그래도 항량이 죽자 항우 밑으로 들어가 이런 하급직에 있으면서도 득의할 길을 찾고자 이런 품고稟告를 올리고 있었다. 한신이 큰일 낼 인물임을 알고 찾아 나섰던 장량은 내색 없이 항백과 작별하고 나와 변장을 하고 함양으로 돌아와서는 거리의 아이들에게 노래를 가르쳐 주었다. '사람사람 무슨 사람, 담장 밖에 키 큰 사람, 딸랑딸랑 방울소리, 그 사람은 안 보이네, 부귀부귀 높은 부귀, 이뤘으면 고향 가지, 고향에 아니 가면, 비단옷 입고 밤길 가기.' 이런 동요를 누가 가르쳐 주더냐고 물으면 꿈에서 한 노인이 가르쳐 줬다고 하라 하였다. 동요에서 키 큰 사람은 항우를 가리키는데, 항우도 이 노래를 듣게 되었다. 이런 동요까지 유행하는 것을 본 항우는 마침내 도읍을 고향 팽성彭城으로 옮기려 했다. 백관이 천도를 원치 않는데 특히 간의대부諫議大夫 한생韓生이, 항우가 이를 고집하는 걸 일러 '초나라 사람은 원숭이가 목욕하고 관冠을 쓴 격[초인목후이관楚人沐猴而冠]'이라 하였다. 당시 사람들이 초나라 사람을 비꼬는 소리였다. 항우가 노하여 한생을 죽였다. 한신이 이를 보고 간의대부의 요직에 있는 인재마저 함부로 죽이는 항우에게서 떠나기로 결심했다. 장량이 한신을 찾아가 운을 떼자 한신은 기다린 바처럼 응낙했다. 장량은 한신에게 자기가 대원수로 천거하는 사람이라는 증표를 써 주어 잘 탈출하여 유방을 찾아가라 한다. 변복한 행색으로 유방을 찾아간 한신은 자기의 능력을 보여주고 대원수가 되기를 자청한다. 한왕 유방은 그랬다가 만약 장자방張子房이 천거하는 사람이 오면 어찌 하겠느냐 묻는다. 결국 한신이 지니고 온 장량의 신표信標를 보여주고 파초대원수가 된다. 이때 번쾌는 마땅히 자기가 대원수가 될 줄로 알았다가 난데없는 말직의 한신이란 필부匹夫가 대원수가 되어 취임식을 한다고 하니 격분하여 한왕의 행차를 가로막았다. 한신이 이를 잡아 가두고 의식을 마친 다음 군법으로 그를 참수하려 한다. 패공 유방이 한신에게 간곡히 설득하여 번쾌를 풀어주게 하니 한신의 군령이 대번에 삼엄해지고 한왕군의 기강은 굳세어져 최강의 정예가 된다. 이렇게 단련시킨 강군을 거느리고 한신은 서촉에서 관중으로 나갔다.

한신군이 관중으로 나가는 길에 삼진三秦이 있고 거기에 맹장 장한이 있었다. 한신은 이를 무섭게 몰아붙여 항우가 아홉 번 싸워 겨우 잡은 장한을 몇 차례 싸우지도 않고 자살시켰다. 그리고 삼진을 손에 넣더니 순식간에 함양을 삼켰다. 한편 아직도 한왕에게 돌아오지 않고 밖에서 돌아다니는 장량은 하남왕河南王 신양申陽과 위왕魏王 위표魏豹를 패공에게 신복臣服케 하였다. 한왕 유방은 이제 대세가 자기에게 기운다고 생각하며 다소 자만심도 생겨 60만 대군을 일으켜 항우의 초나라 정벌을 감행하여 그 도읍 팽성을 함락했다. 팽성을 노획鹵獲한 유방은 항우의 애희愛姬 우희虞姬도 사로잡았으나 다치지 않고 놓아주었다. 제齊나라를 치러 나가 있던 항우는 분노가 극에 달해 친군 3만5천을 이끌고 돌격하여 한왕군을 닥치는 대로 쳐부쉈다. 이때 한신은 한왕의 정벌이 시기상조라 생각하여 종군치 않고 함양에 남아 있었다. 항우가 팽성 근처까지 쳐들어오자 한왕은 위왕 위표를 대원수로 삼아 항우와 맞서 싸웠지만 유방이나 위표는 항우의 적수가 못되었다. 유방의 대군은 거의가 항우에게 섬멸되거나 흩어져 달아나고 항우는 팽성을 수복함은 물론 배후의 제나라까지 제압하여 항복을 받고 만다. 형세가 대역전되자 장량과 소하蕭何는 함양의 한신을 가까스로 설득하여 다시 파초대원수에 복귀하여 군권을 장악케 하였다.

함양에서 다시 전열을 정비한 한신은 대군을 출동시켜 팽성으로 진군하여 항우와 맞닥뜨렸다. 무적의 항우도 한신에게는 당할 수가 없어 30만 대군 중 20만이 섬멸된다. 한신은 여세를 몰아 대代 조趙 연燕 제齊 네 나라를 연달아 정복하고 사방에서 초나라를 에워싸 진격할 전략을 세웠다. 그러한 한신이 동쪽으로 제나라를 진격하며 나간 사이 항우는 서쪽으로 유방이 있는 곳까지 쳐들어가 유방을 위기에 몰아넣기도 하였다. 그러나, 오히려 유방의 반간계反間計에 당하여 군사軍師 범증을 잃게 되고 더하여 오른팔인 영포마저 유방에게 투항해 달아나 대세가 점점 기울었다. 한신이 제나라까지 점령하고 회군하여 오자 결국 역발산 항우도 맞서지 못하고 형양滎陽의 광무산廣武山으로 들어가 전열을 정비하였다. 초한이 마지막 자웅을 결하는 대전이 벌어졌다. 한신은 제후와의 연합군을 이루어 120만 대군으로 진격하고 항우는 초나라의 30만 대군으로 맞서 격돌하였다. 항우가 충분한 병력으로 용력분전하였으나 군사력의 열세와 한신의 용병술을 극복하지 못해 거듭 패하였다. 한신이 120만 중 20만을 잃어 그 군세가 백만으로 줄었을 때 항우는 30만을 다 잃어 800이 남았다.

후세인은 항우를 용장勇將, 유방을 덕장德將이라 하기도 하였다. 유방은 또 자기의 승인勝因을 이렇게 분석했다고도 한다. '나는 정사政事에 소하를 못미치고 지략에 장량을 미치지 못하며 용병은 한신을 미치지 못하나 이들 모두를 부릴 수 있었다. 한편 항우는 범증 한 사람도 제대로 부리지 못했다. 그래서 내가 이겼다.' 한신이 항우에게서 탈신하여 유방에게 귀부하였을 때 말하기를 '한왕의 역량은 대체로 패왕에 떨어진다. 그러나 패왕은 필부의 용맹과 아녀자의 인정을 가진 무부武夫일 뿐이라 큰일을 할 재목이 아니다' 하였다 한다.

당시의 군사는 거개 병농兵農을 겸하는 편제여서 밭가는 농부가 강징强徵되거나 군에 들면 먹여주므로 기근에 시달리는 농민과 유랑민이 모여들어 병역에 충당되었다. 늘 나라 곳간이 비므로 토호의 공납貢納이나 장수 등이 사재로 마련한 병기로 이들에게 기초 훈련을 시켜 전장에 내몰았다. 이런 오합지졸이 목숨을 버려 싸울 의지가 없기 때문에 단련된 정병의 집단에 비해 병력이 많다고 전투력도 높을 수는 없었다. 전황이 불리하다 싶으면 금세 무너져 줄행랑을 치기 바쁜 무리이다. 평소 이런 무리로 하여금 군율을 좇게 하고, 책략을 적절히 쓰며, 부대 배치 등을 잘하여 그 저력 이상의 실효를 자아내는 장수가 유방이었다. 무지한 병졸에게도 한번 싸움에 이기면 횡재나 다름없는 전리품의 호궤犒饋가 따르므로 이기는 율이 많은 부대에는 모여드는 자가 눈덩이로 불었다. 그러나 물욕은 두려움보다 크지 못하여 형세가 불리해지면 유방의 군대는 항우의 정병만큼 죽기로 싸우지 못했다. 그럼에도 덕장 유방의 측근에는 기라성 같은 인재가 에우고 떠나지 않았으며 그를 대신해 목숨을 잃는 기신紀信같은 충신도 많았고, 그들은 의협의 정신에 따라 유방을 돕는 사람들이지 목전의 명리名利에 홀려 한왕의 기치 아래 모여든 용부庸夫들이 아니었다.

한편 항우의 군대는 이와 달랐다. 그는 고되고 꾸준한 조련調練과 단합을 통해 소수 정병을 기르고 상대보다 월등히 높은 전력戰力으로 몸소 선봉先鋒이 되어 벌이는 전투마다 연승하였다. 다른 장수와 연합하여 적을 격멸하기보다는 독자적으로 적진을 돌파하는 정면 승부를 선호했다. 그의 타고난 만부부당萬夫不當 소향무적所向無敵의 효용 때문이었다. 그는 이러한 자기와 한몸같이 될 정예병과 단합이 필요했다. 그리하여 십백만의 대군이 거추장스럽고 신속히 이동해 전광석화電光石火에 일당백一當百으로 적진을 추풍낙엽秋風落葉같이 쓸어버릴 괴력의 기마부대가 필요했다. 전선에서 항우는 대원수의 몸으로 항상 앞장서 돌격하여 부하를 격동시키고 전투가 없을 때는 직접 벽돌을 져 나르며 다친 사졸을 돌보다 눈물 짓는 감상도 드러냈다.

항우의 막료는 소수 외에 모두가 그 친인척과 가장 믿을 수 있는 심복으로 채워져 있었다. 전공이 다 자기 것이어서 남에게 상줄 줄을 모르고 인색하였다. '군사가 많아야 할 것이 없다. 내 수족같이 부릴 정졸만 주위에 있어도 족하다'는 소리를 서슴지 않은 항우는 심복이 아닌 자의 말을 믿지 않으며 인심을 얻지 못한 나머지 영포나 팽월 같은 걸물마저 유방 편으로 돌아섬으로써 패망의 길로 접어들었다. 항우와 유방의 군대가 정면으로 부닥치면 이기는 쪽은 항우였다. 그러나 장기적으로 볼 때, 항우가 누리는 전략적 우위를 유방의 전략적 불리가 역으로 압도하면서 결국 양자의 우열도 역전되었다.

한 5년, 서기전 202년 세모의 12월 초군이 해하垓下[안휘성安徽省 영벽靈壁 동남]에서 방벽을 칠 때 군사는 적고 군량도 떨어진 데다 한나라 제후의 대군에 겹겹이 에운 바 되었다. 밤중에 한나라 군사가 사방에서 초나라 노래를 불렀다. 초군은 머나먼 고향 노래에 심금이 울어 처량한 감상에 빠졌다. 항우가 크게 놀라 '한군이 이미 초나라 땅을 모두 앗았단 말인가? 어찌하여 초인이 저리도 많은가' 탄식하였다. 그는 별희別姬 우미인虞美人을 불러 술을 마시며 서로 억장이 무너지는 노래를 지어 부르고 우희虞姬는 소원대로 죽는다. 절망한 항우는 남은 장졸 800과 함께 포위망을 뚫고 남주南走하였으나 음릉陰陵[안휘성 정원현定遠縣 서북]에 이르러 길을 잃었다. 한 농부에게 길을 물으니 농부가 일부러 잘못 가르쳐 주어 항우는 다시 한군의 포위에 들었다. 황급히 분전하여 재차 탈출하여 동성東城[정원현 동남]에 이르고 보니 항우를 따르는 자는 기마병 28명이었다. 추격하는 한군 관영灌嬰의 군사는 기마병 5천이었다. 항우는 또 한 번 효용으로 포위를 뚫고 도주하여 오강烏江[안휘성 화현和縣]에 이르렀다. 추격이 급하니 빨리 배에 오르라는 사공의 재촉을 거절하고 항우는 강동江東에 가서 사람 볼 낯이 없다며 스스로 목을 찔렀다.

• **각설**却說*하고

*각설却說은 '각설하고'의 부사적 줄임으로, 화제를 돌릴 때 쓰는 발어사의 일종이다. '여러 소리 말고 이야기해보자'는 식으로 허두를 떼는 상투어요 서양 사람이 '옛날 옛적에'의 뜻으로 'once upon a time'이라 하는 식과 같다.

각설하고, 주周나라가 800년[을 이어온] 후로 연燕 제齊 초楚 조趙 위魏 한韓 진秦 7국 중에, 조나라와 진나라는 본시 일조지손一祖之孫[한 조상의 자손]이나 대원각립對怨各立[원수같이 대하여 서로 갈라섬]함으로 말미암아 초 회왕楚懷王* 5년에,

*원문에는 '초 혜왕楚惠王 5년'이라 했는데 이는 초 회왕楚懷王 5년의 잘못이다. 초혜왕은 춘추시대 말 전국시대 초 초나라 왕으로 재위가 서기전 488-432년이니 시대가 맞지 않는다. 초회왕 5년은 서기전 325년으로 시대가 맞는다. 초회왕은 전국시대 초나라 제37대 군주로 재위는 서기전 329-299년, 위왕威王의 아들로 성은 미芈 이름은 괴槐이고 초의 말왕 의제義帝의 고조부이다. 그는 진 초 위 3국에서

활약하던 전설의 세객說客 장의張儀의 감언이설甘言利說과 궤계간책詭計奸策에 놀아나 낭비로 국력을 소모하고 끝내 진의 계략과 조의 배신에 휘둘려 아들에게 선위하고 물러나 폐왕이 된 지 3년 만에 쓸쓸히 죽었다.

진 소왕秦昭王*이,

*소왕은 완칭이 소양왕昭襄王 성명은 영직嬴稷 또는 영측嬴側 영칙嬴則, 재위는 서기전 306-251년이며 무왕武王의 이모제異母弟이고 진시황의 증조부이다. 무왕 재위시 연나라에 볼모가 있었는데 아들이 없던 무왕이 주周나라에 가 힘자랑으로 정鼎을 들어 올리다 다리가 부러져 죽자 귀국하여 18세로 즉위했다. 나이가 어려 모비 선태후宣太后가 섭정하며 그 친아우 위염魏冉을 장군으로 삼아 도읍 함양咸陽을 수비케 하였는데 얼마 후 무왕의 서제庶弟 영장嬴壯이 모반하자 위염이 영장을 포함 수많은 대신과 공족公族을 숙청했다. 이후 진의 정권은 선태후가 장악하고 저리질樗里疾과 위염이 전후로 번갈아 승상丞相이 되어 국권을 공실公室의 귀족과 위척魏戚이 전단하게 되었다. 소양왕 11년, 서기전 266년 왕은 위나라 출신 명재상 범수范雎의 계책을 받아 모후로부터 왕권을 돌려받고 위염 등의 귀척貴戚을 축출하였다. 위염의 후임으로 승상이 된 범수를 중용하고 백기白起와 사마착司馬錯 등을 장군으로 등용하여 관중關中에서 나와 동진하는 정책을 펴 군사적으로 획기의 성적을 거두었다. 서기전 290년에는 위나라를 공략하여 하

동하東을 점령하고 284년에는 도위都尉 사리斯離가 한 위 조 연 4국과 연합하여 제나라를 정벌하여 심대한 타격을 가했다. 278년에 다시 백기로 하여금 남진케 하여 초의 서울 영도郢都를 점령하여 그 근거지 동정호洞庭湖 일대에 남군南郡을 설치케 하니 초는 하남河南의 진성陳城으로 천도했다. 260년에 다시 조나라 45만 대군과 장평長平에서 대전하여 이기고 항복한 적군을 다 땅을 파 생매장했으며 거기에 상당군上黨君을 설치하여 영토로 삼았다. 255년에는 또 남진하여 천자국 주를 멸해 800년을 이어온 주왕실의 명맥을 끊었다. 왕은 재위 중 진의 국력을 관동關東 6국에 비해 압도적으로 우세케 하여 후일의 증손이 천하를 통일하는 기초를 마련하였다.

6국을 통일할 마음으로 백대지친百代之親[동성同姓은 백 대가 지나도 친족이라는 말]을 불고不顧[돌보지 않음]하고 대장 왕흘王齕*,

*왕흘[?-서기전 244년]의 흘齕은 흘訖로도 쓰고 또 의齮로도 오기된다. 호가 신량信梁이고 전국시대 말 진나라 장수로 3대의 왕을 섬겨 숙장宿將[나이와 공훈이 많은 장수]이 되었다. 서기전 260년 장평대전長平大戰에서 상장군 백기白起의 부장副將으로 나가 조군趙軍을 대파하고 이듬해 259년에는 조나라의 무안武安과 피뢰皮牢를 탈취하였다. 다음 258년에는 왕릉王陵의 통군권統軍權을 인수하여 조의 서울 한단邯鄲까지 에웠는데 함락하기 전에 초와 위의 연합군이

구원해 와 앞뒤로 삼면의 적을 맞아 분전하다 크게 패했다. 해를 넘겨 257년에도 계속 한단을 공타攻打하였는데 다만 전과 같은 공법으로 싸워 성을 함락시키지 못했고, 오히려 각국의 원근이 몰려와 왕흘군을 협공하여 한단 성 아래에서 진군을 공파하였다. 왕흘이 견디지 못하여 포위를 풀고 물러가 진군의 증원부대가 있는 분성汾城 부근에서 전열을 정비하여 미구에 분성을 공취하고 이어 위나라의 영신중寧新中[하남성河南省 안양시安陽市]까지 공취하였다. 10년 후 247년에는 조나라의 상당上黨 각성을 정복하여 일대에 진의 태원군太原郡을 설치하였다. 3년 후 244년에, 그동안 여러 번 패전했는데도 왕이 번번이 용서해준 데 대한 은혜를 갚겠다며 1천 정병을 이끌고 적진에 돌격하여 전사했다. 그 돌격으로 적진이 무너져 진군이 대승했는데 이때가 진시황 3년이었다.

왕전王翦*과,

> *왕전은 자가 유장維張이고 생몰년이 미상인 전국시대 군사軍事에 걸출했던 진나라 명장이다. 어려서부터 군사를 좋아하였으며 진왕秦王[시황始皇] 영정嬴政을 수시隨侍하며 군사를 통솔하여 조나라 도성 한단邯鄲을 공파하고 삼진三晉 지역을 정복하였으며 연나라 국도國都 계薊를 공파하고 초나라를 소멸시켰다. 그 아들 왕분王賁과 손자 왕리王離에 이르기까지 3대가 진시황을 도와 6국을 통일하고 천하를 개강확토開疆擴土한 최대 공신으로 탁저卓著한 공적에 따라

태사太師를 배하고 무성후武成侯에 봉해졌다. 통일천하 후 급류용퇴急流勇退하였는데 진왕이 덕정德政을 펴도록 보좌하지는 못했지만 국가의 근기를 공고히 하여 백기白起와 더불어 '척유소단尺有所短[한 자로는 모자라고] 촌유소장寸有所長[한 치로는 남음이 있다]'이라는 후세인의 평을 들었다. 탁월한 군사전략가로 백기 이목李牧 염파廉頗와 함께 전국사대명장戰國四大名將으로 꼽히고 후세에 낭야왕씨琅琊王氏와 태원왕씨太原王氏 두 성본의 공동시조로 존숭되었다.

황손皇孫[진秦의 왕손] 이인異人*으로,

*황손 이인은 성명이 영이인嬴異人으로서, 이인은 진 장양왕莊襄王[서기전 281-246]이 되는 영자초嬴子楚의 초명이다. 부왕 효문왕孝文王 영주嬴柱가 안국군安國君일 때 그 정비 화양부인華陽夫人에게 자식이 없어 20명의 서자 중 하나이던 그가 여불위呂不韋의 공작으로 부인의 양자로 들어가면서 자초子楚로 개명하는데, 이는 부인이 초나라 출신이어서 그 환심을 사기 위해 개명한 바였다. 그가 서왕족으로서 조나라에 볼모 가 있을 때 그 딱한 처지를 돌보며 기화가거奇貨可居, 즉 기이한 보배라고 미리 알아본 거부 여불위의 큰 후원으로 환국하여 즉위하고 장양왕으로서 3년 재위하였는데, 여불위에게서 헌납 받은 주희朱姬가 실은 사전에 여불위의 아이를 잉태한 상태였던 바람에 진나라 왕족 영嬴씨로 출생한 아들 영정嬴政, 실은 여정呂政이 뒤에 즉위하여 장양태상왕莊襄太上王으로 추존하였다가 또 시황

제가 되어서는 장양태상황제로 가존하여, 여기서 원작자가 이 서공자 영이인을 황손이라 높여 호칭한 것이다. 서기전 251년 가을 자초의 조부 진 소양왕昭襄王이 죽고 그 아버지 안국군 주가 효문왕으로 즉위하며 자초도 양모 화양부인과의 약조에 따라 진왕의 태자가 되었다. 이에 조나라에서도 자초가 그 처자를 데리고 탈신하여 환국하였다. 효문왕 원년, 서기전 250년 10월 신축일辛丑日에 효문왕이 기년朞年[햇수로 2년, 만 1년]의 복상服喪을 마치고 공식 즉위한 지 사흘 만에 별세하여 태자 자초가 곧 진 장양왕으로 즉위했다. 왕이 된 자초는 조나라에서 낳아 데리고 온 아들 영정을 태자로 삼고 후원자인 여불위를 불러다 진의 승상을 삼아 문신후文信侯로 봉해 하남河南 낙양雒陽 지역의 식읍食邑 10만 호를 하사했다. 장양은 즉위한 해에 여불위를 시켜 천자국 주왕조周王朝의 뿌리 동주東周를 공취해 멸하고, 이어 명장 몽오蒙驁에게 명하여 한韓을 공격해 성고成皐와 형양滎陽 지역을 함락케 했다. 이듬해에 또 몽오를 시켜 조나라를 공격해 태원太原 지역을 취하고, 왕 3년에는 몽오가 위나라를 쳐 고도高都와 급汲을 함락케 하는 한편 왕흘로 하여금 상당上堂 지역을 정복해 태원군太原郡을 설치케 하지만 위나라 공자 신릉군信陵君 무기無忌를 중심으로 5국이 연합하여 반격하자 황하 남쪽 하남으로 퇴각했다. 그리고 서기전 247년 5월 병오일丙午日에 재위 겨우 3년에 사망하여 18세의 태자 영정, 실은 승상 여불위의 친생자 여정이 진왕을 사위嗣位하게 되었다.

10만 대병을 거느리고 조趙나라를 치다가 조국 대장 염파廉頗*에게 대패大敗하여,

*염파廉頗[서기전 327-243]은 본성이 영嬴씨에서 염廉씨로 분적分籍[갈라져 나옴]했고 자는 홍야洪野이며 중산군中山郡 고형현苦陘縣[하북성河北省 정주시定州市] 출신 전국시대 말 조국趙國 명장으로 백기 왕전 이목과 함께 전국戰國 4대명장의 한 사람이다. 주 난왕周赧王 32년[서기전 283년]에 군사를 거느리고 제齊나라를 정벌하여 대승을 거두고 요양진了陽晉을 탈취하여 상경上卿에 책봉되고 용맹이 과감하여 거듭 전공을 세워 이름이 제후諸侯와 어깨를 겨누었다. 가시나무를 지고 죄를 청하여 인상여藺相如와 함께 장상화將相和[장수와 재상의 화합]를 실현하였다. 장평대전長平大戰의 전기前期에 성을 굳게 지키고 나가 싸우지 아니하여 진군秦軍의 진군을 방어하는 데 성공하였고, 연燕나라 군사가 침입해온 것을 격퇴하여 그 주수主帥 율복栗腹을 베고 진군하여 연나라 서울을 3월 동안 포위하고 5개성을 할양받은 다음 화친해 주어 상국相國을 배하고 신평군信平君에 봉해졌다. 그러나 조의 도양왕悼襄王이 즉위한 후 거듭 뜻을 얻지 못하기를 더하며 위魏나라와 초나라로 망명해 돌아다니다가 진왕秦王 정政[진시황] 4년, 서기전 243년 84세로 별세하여 수춘壽春[안휘성 회남시淮南市 수현壽縣 팔공산八公山]에 안장되었다. 당 덕종唐德宗 때 무성왕묘武成王廟에 64인의 하나로 이름이 열배列配되고 송 휘종宋徽宗 시 임성백臨城伯에 추증되어 무묘武廟에 72장의 1인으로 열배되

었다.

왕흘과 왕전은 죽기를 면하여 겨우 진국으로 들어오고 황손 이인은 사로잡혀 조국에 볼모되매, 조왕趙王[조나라 국왕]*이 대희大喜[크게 기뻐함]하여,

*조왕趙王 : 조의 효성왕孝成王[?-서기전 245] 조단趙丹으로 그 성이 진왕실과 같은 영嬴씨여서 영성조씨嬴姓趙氏라고도 한다. 혜문왕惠文王의 아들로 동주東周 전국시대 조나라 8대 군주이고 서기전 265년에 즉위하여 21년 재위하였다. 약년弱年에 집정하여 즉위 1년에 제나라와 연합하여 진범進犯해온 진군秦軍을 물리쳤다. 왕 4년, 서기전 262년에, 한韓나라가 진나라에서 취한 상당上黨 지역을 조나라에 공여供與하겠다 하자 토지를 탐한 조왕이, 이것이 한나라가 진의 반격을 감당 못해 그 예봉을 조나라로 돌리려는 것임을 알면서도 받아들이자 진군이 장평長平[산서성山西省 고평高平 서쪽]으로 진격해와 대전이 벌어졌다. 효성왕 6년, 서기전 260년 조왕은 노장 염파廉頗를 조괄趙括로 대체하여 공세攻勢로 바꾸어 대적케 했으나 진장秦將 백기白起가 오히려 이를 맞아 포위하고 조군의 양도糧道를 끊으니 조군이 46일 동안 굶주렸다. 조괄은 50만 대군을 네 길로 나누어 포위를 돌파하고자 사투를 벌였으나 다섯 차례를 싸워 뚫지 못하고 스스로 전사하였으며 남은 조나라의 정예병 45만이 포로로 생매장되었다. 이 패전으로 도읍 한단邯鄲이 포위되고 멸망의 위기에 빠졌는데 조왕이 염파를 다시

기용하고 제나라 등 여러 제후국과 연합하여 진군을 격퇴시켰다. 만년에 더욱 염파를 중용하여 연나라와 여러 차례 싸워 승리하며 북방을 견고히 위수衛守하였으나, 결국 후세에 조나라 최악의 군주로 평가되었다.

공손건公孫乾*을 불러 분부하여 왈曰[말하기를],

*공손건公孫乾은 조나라 왕손 장군으로서 별로 이름난 인물이 아니었으나, 13,4세에 볼모가 되어 온 진 왕자 영이인을 보호하며 감시하는 직임으로 늘 고락을 함께 한 사람이었다. 오랜 세월을 같이하면서 어렵게 볼모 살이 하는 이인과 인정이 통하였고, 이인은 이인대로 조나라 안의 여러 정보를 탐색하는 데에 공손건의 도움을 음양으로 많이 받았다 한다.

'이인을 네가 맡아 두되 십분 조심하여 도타지환逃躱之患[달아나 몸을 숨기는 우환]이 없게 하라. 무도한 진왕秦王이 다시 본국本國[우리나라]을 침노侵擄치 못할 것이니 본국에 다행이라, 어찌 일시一時인들 방수防守를 엄숙嚴肅지 아니하리오' 하더라.

공손건이 봉명奉命[명을 받듦]하고 이인을 데리고 집으로 돌아올 새, 양적대고陽翟大賈* 여불위呂不韋*라 하는 사람이,

*양적대고 : 양적陽翟은 양책으로 읽는데 사마천司馬遷은 사기史記에서 양적이라 하였다. 전국 7웅의 하나인 한韓나라 수도였고 지금의 하남성河南省 우주禹州에 있었다. 여불위가 여기를 근거로 거상巨商이 되었고 대고大賈는 큰 장사꾼을 일컫는 말이어서 양적대고라 하면 여불위의 별호이다.

*여불위[서기전 292?-235]는 출생지가 둘로 갈리는데 전한前漢 경학자 유향劉向은 위나라 복양濮陽이라 하고 사마천은 한나라 양적陽翟이라 했다. 복양설을 더 좇는 것 같다. 본래 부유한 상인 집안에서 태어나 여러 곳을 오가며 부를 쌓는 가운데, 양적에서 소금과 비단을 품목으로 장사를 크게 하여 뛰어난 수완으로 여러 나라를 상대하는 거상이 되었다. 또한 학문을 익혀 식견이 높고 견문이 매우 넓었다. 그가 조나라 수도 한단에서 거류하던 중 인질 노릇을 하던 진나라 공자 영이인을 만났다. 전국시대 제후국은 서로 볼모를 받고 보내는 것으로 화평을 유지했는데 강대국에서는 그리 중요치 않은 공자를 보내고 약소국은 태자를 보냈다. 영이인은 진 소양왕의 차남 안국군 영주嬴柱의 20인 공자 중 하나에, 왕위계승 서열의 맨 끝이며 그 아버지의 총애를 잃은 하희夏姬 소생이었다. 영이인은 조국에서도 냉대받고 본국에서도 물자를 챙겨 보내지 않아 생활이 곤궁했다. 그러던 중 진의 태자인 안국군의 형이 죽어 안국군이 태자가 되는 바람에 영이인의 위상도 태자의 공자로 격상되었으나 여전히 왕위계승력은 희박하였다. 이때 여불위의

혜안이 빛났다. 그는 토지를 사서 팔 때는 10배의 이득을 얻고 보석을 사다 팔 때는 100배의 소득이 났는데 나라의 주군을 세우면 그 돌아오는 명리를 헤아릴 수 없다 생각했다. 이에 불행한 영이인을 유명한 기화가거奇貨可居로 보아 투자하여 그를 임금 삼기로 작정했다. 여불위는 우선 금 500근[대략 300킬로그램]을 영이인에게 주어 하여금 조의 왕공과 명류를 사귀게 하고 자기는 따로 500근으로 조나라의 진품명품을 무역해 싣고 진나라로 향했다. 여불위는 안국군의 총애를 받는 화양부인을 공략코자 그 친형 저저姐姐와 형부 양천군陽泉君을 통해 친분을 맺고 자식이 없는 부인에게 이인을 양자로 들여 후사後嗣의 안정을 꾀하도록 조언했다. 조나라에 인질로 가 있는 이인이 곤궁한 가운데도 매우 어질며 효심이 지극함도 역설했다. 부인은 여불위의 말에 따라 이인을 양자로 삼고 이인은 초나라 사람인 화양부인의 자식이라는 뜻의 자초子楚로 개명하였다. 안국군은 사실상 자기 후사가 된 아들 자초에게 후한 예물을 보내고 여불위에게 그 보좌와 후견을 맡겼다. 자초는 성년에 한단에서 조희趙姬를 아내로 맞았다. 조희는 미모와 가무歌舞가 경국傾國인데 실은 여불위의 애희였고 이 주옥까지 그가 바친 것이며, 때에 조희는 잉신孕身이었다. 서기전 259년 조희는 생남을 하여 자초의 입이 벌어지게 하니 이 아이가 후일의 진시황 영정嬴政이다. 8년 후 서기전 251년 진 소양왕이 죽자 태자 안국군이 즉위해 효문왕이 되고 자초가 태자가 되었다. 햇수로 3년 재위하는 효문왕이 사위 1년 만에 별세하여 자초가 사위해 장양왕이 되었다. 장양왕은 여불위를 재상 삼고 문신후文信侯에 봉하며 낙양의 땅 10만 호를 식읍食邑으로 주었다. 장양왕이 재위 4년으로 서기전 247년에 별세하니 겨우 열세 살의 태자 영정이 진왕에 올랐다. 영정이 어리므로 태후 조희와 승상 여불위가 함께 섭정攝政하였다 영정은 여불위를 상방相邦으로 올려 중부仲父[버금 아비]라 존칭하고, 자기가 장성하여 친정親政할 때까지 백사를 맡겼다. 여불위가 진의 상국으로서 섭정이자 내연으로는 유왕幼王의 친생부요 태후의 구부舊夫이니 권세가 막강하여 찾아오는 인사가 문전성시門前成市이고 그 문객門客이 3천에 이르렀다. 여불위는 문객을 시켜 그때까지 천하의 온갖 학설과 사건 설화 등을 모아 책을 만들게 하였다. 그것이 여불위가 했다는 뜻의 여씨춘추呂氏春秋인데 이는 백과전서 식의 책으로 필람必覽 육론六論 십이기十二紀로 대분되어 도가道家를 비롯해 유가儒家 병가兵家 농가農家 형명가形名家 종횡가縱橫家 묵가墨家 음양가陰陽家 등의 내용을 담았다. 여불위는 이 책에 대한 자부심이 커 함양 성벽에 진열하고 그 내용에서 한 자라도 가감하는 사람에게 천금을 주겠다고 호언하여 이를 열독케 하였다. 그는 식객 중의 책사 이사李斯[?-서기전 208]를 진왕에게 천거하여 중용케 하고 동주를 공취하여 주나라를 멸하게 하는 등 진왕이 천하를 통일할 기반을 마련해 주었다. 여불위는 태후와의 통정이 부담스러워 식객 중에 남근이 출중한 노애嫪毒[?-서기전 238]를 환시宦侍로 꾸며 들여보내 대역케 했다. 노애와의 음락에 빠진 태후는 진왕의 눈을 피해 진의 구도 옹甕으로 옮겨 가 방탕하며 노애를 장신후長信侯에 봉하고 그 사이에 자식을 둘이나 낳아 길렀다. 여불위의 작위와 같은 후작侯爵이 된 노애가 점차 권세를 부리며 자기도 여불위처럼 친생자를 왕으로 등극시키고자 모반하였는데, 이때는 태후와의 불륜이 세상에 탄로나 어차피 더 부지 못할 판이었다. 모반은 진압되고 노애는 거열형車裂刑에 3족이 멸살되며 그 소생자들도 포대에 싸여 타살되었으나 태후는 간신히 죽음을 면하여 유폐되었다. 진왕은 이를 계기로 여불위도 죽이려 했으나 백관은 물론 빈객賓客과 세객說客이 모두 변호하므로 그만두고 서기전 237년 상방직을 벗겨 식읍 낙양으로 추방하였다. 그러나 여불위의 명성과 인망은 누그러지지 않아 제후국에서 찾아드는 빈객과 사자使者의 발길이 연이었다. 그의 변심을 두려워한 진왕이 2년 뒤 서기전 235년 중부 여불위에게 친서를 보냈다. '그대에게 어떤 공이 있어 진국은 문신후에 봉하고 10만 호를 주었는가. 그대와 진은 어떤 관계이기에 중부로 불리는가. 그대는 일가를 데리고 촉蜀으로 가라.' 친생왕의 이 친서에 감회가 격앙한 여불위는 한 해를 더 넘겨 독주를 마시고 숨을 거두었다. 그 장례에 사람이 운집하였는데 진왕은 거기서 눈물을 뿌린 자들을 잡아들여 처형하였다. 그뿐 아니라 여자에 대한 혐오가 골수에 차 평생 정비正妃와 황후를 두지 않고 광포한 폭군으로 종생하였다. 진의 문신군 여불위는 제나라 맹상군孟嘗君 조나라 평원군平原君 위의 신릉군信陵君 초의 춘신군春申君 등 전국4군자戰國四君子보다 조금 늦게 나왔지만 전자보다 걸출하게 세상을 풍미하였다. 그는 거상에서 경세가로 변신하여 세 가지 공을 세우고 한 가지 과오를 범했다. 먼저 그는 후사가 안정되지 않아 왕위 계승을 놓고 국난을 치를 뻔한 진왕조에 자초를 내세워 사위를 순조롭게 하고 거기서 진시황 같은 불세출의 영주가 나게 하였다. 둘째로 주변국을 정벌하고 천자국 동주를 멸하여 전국 칠웅의 하나이던 진나라와 나머지 6국과의 차이를 원격시키고, 장차 천자국이 될 토대를 쌓았다. 셋째로 사농공상士農工商을 진작하여 진의 산업문화를 중흥케 하였다. 그러나 태후 조희와의 불륜을 깔끔히 정리하지 못하고 노애 같은 건달을 대역시키는 치명적 과오로 그 친생왕이 천하를 통일하기 14년 앞서 스스로 목숨을 끊으며 패가망신하였다. 여불위에 관한 이야기의 출전은 사마천의 사기 여불위전과 유향의 전국戰國 및 설원說苑 등에서 나온다. 사마천은 여불위를 평하여, 공자의 논어 안연편顔淵篇을 인용하며 '명성만 많고 실속이 없는 자는 여불위를 두고 한 말'이라 하였다.

조나라에 갔다가 이인의 상相[관상觀相]을 보고 헤아리되 '이 사람이 장차 귀히 되리라' 하고 신기한 계교計巧[요리조리 생각한 교묘한 꾀]를 생각하여 집에 돌아와, 천금을 흩어 금은보패金銀寶貝를 많이 구득하여 가지고 공손건[과]의 친절한 사람[에]게 목을 연비連比[서로 이어지거나 연줄을 댐]하여 공손건을 볼 새, 황금 10만 냥과 백벽白璧[흰빛 옥] 1쌍을 드리니 공손건이 대희大喜하여 날이 맞도록[저물도록] 수작하며 '하상견지만야何相見之晚也[어찌 서로 봄이 이리 늦었으랴]'라 하더라. 이런 무렵부터 축일상종逐日相從[날마다 서로 좇아 사귐]의 정의情誼가 심히 두터운지라 1일은 단오절端午節을 당하여 후원後苑[집 뒤꼍의 정원]의 주연酒宴을 배설排設하고 여불위를 청하여 이인을 상면相面[시킨] 후에 주배酒杯[술잔을 돌림]로 화락和樂하다가, 여불위, 취한 체하고 집으로 돌아와, 익일翌日[이튿날] 또 공손건의 집으로 들어가니 마침 공손건이 조회朝會[백관이 조정에 나아가 임금을 뵈옴]에 들어갔는지라 후원에 급히 들어가 이인을 보고 일러 가로되,

"내 이 집에 자주 왕래하기는, 왕손王孫[영이인]을 위하여 계교計巧를 써 고국으로 돌아가시게 함이라, 비분발섭悲憤跋涉*[슬프고 분격하여 산을 넘고 물을 건너 나섬]하소서."

*원문에 '비분발설'이라 했는데 어색하여 바꾸었다.

한대[하니], 이인이 청파聽罷[듣기를 마침]에 눈물을 흘려 가로되,
"그대 날[나]로 하여금 고국에 생환生還하여 부모를 다시 보게 하면 나는 곧 재생지인再生之人[다시 살아난 사람]이라 내일에 부귀를 한가지[로] 함이니 부디 설로지환泄露之患[일이 누설되는 우환]이 없게 하소서."
[하였다.] 여불위[는] 이인을 하직하고 천금으로 써 기이

한 보물을 많이 얻어 행장行裝에 준비하고 진나라로 발행發行[출발]하니라.

• 진으로 간 여불위

각설却說, 진나라 안국군安國君은 진 소왕秦昭王의 태자요 이인異人의 부친이라. 이인의 생모는 일찍 죽고, 후궁後宮[소왕의 여러 첩]에 생자生子[소생 아들] 20여인이로되 그중에 이인이 무모지인無母之人[어미 없는 사람]으로, 겸하여 조국趙國에 볼모 되어 있으니 가장 가련한 신세요, 안국군의 총애하는 화양부인華陽夫人은 무자無子[자식이 없음]한지라 만일 춘화노골春花老骨[화려한 봄꽃과 늙어 해골이 된 몰골로, 한창때의 아름다움이 늙어 흉측하게 되는 사물의 현상을 비유]되면 자식 없는 신세라, 여불위 저간這間[그동안]에 이 허虛[허점]를 계교 중에 넣어두고 여러 날 만에 진나라에 들어가 황금 백 냥과 채단綵緞[온갖 비단] 백 필로 화양부인의 이모부 황이장黃爾章*으로 연통連通하여,

*이모부 황이장은, 다른 기록에 여불위가 연통한 것이 화양부인의 언니인 것으로 나오니, 그 설로 보면 황이장은 그 이모부가 아닌 형부가 될 것이다.

화양부인을 뵈옵고 이인의 편지를 드리며 아뢰되,
"황손 이인의 현철賢哲하옴은 천하 사람이 다 앙망仰望

하는 바요 주야로 부인을 생각하여 왈, 우리 어머님을 못 뵈와 그중에 한이라 하니 효심은 불언가지不言可知[말 아니하여도 알 수 있음]이옵고, 부인의 무자無子하심을 생각하건대 이인이 환국 후에 아들로 정하시고, 안국군에게 주달奏達하와 태자로 봉하옵시면 이는 곧 부인은 아들이 없다가 아들이 있음이요, 이인은 어머니 없다가 어머니 있음이라, 안국군 만세萬歲[천수天壽] 후에 천자天子[진왕秦王을 황제로 높여 일컬음] 되오면 부인은 곧 황태후皇太后라 그 아니 좋으리까."

[하니] 화양부인이 듣고 대희하여 이 사연과 이인의 편지를 주달하니 안국군이 왈,

"이인이 천행으로 돌아오면 부인의 아들을 정하리라."

하더라. 이렇듯이 약속을 정하니라.

각설, 여불위, 조나라로 돌아와 이인을 보고 저간사這間事[그동안의 일]를 종용慫慂히 설화說話하니 이인이 듣고 백배사례百拜謝禮하더라. 여불위, 집으로 돌아와 애첩愛妾 주희朱姬*로 희롱戲弄할새,

*주희朱姬[서기전 280-228년]는 그 본래 이름이고 뒤에 조나라 출신의 뜻 조희趙姬로 개명하였다. 주희는 조나라 서울 한단의 부유한 호가豪家의 딸인데 한단의 여러 희姬 중에서 미모가 절세이고 가무歌舞가 으뜸이었다. 거상 여불위가 많은 재물을 들여 18세의 주희를 애희愛姬로 삼아 애중

하였다. 주희가 또한 색정이 절륜하여 천하의 여불위로서도 그 하나로 감당이 넘었다. 여불위가 볼모로 와 있는 진 공자 이인을 기화가거로 삼아 많은 공력을 들이고 있을 때, 성인이 되도록 장가는커녕 여색을 접하지도 못한 총각 이인이 여불위 집에 왔다가 주희를 보고 반하여 혼이 나갔다. 여불위가 딸 같은 주희가 아직 미혼이라 하자 이인이 자기에게 달라 청했다. 여불위가 이인에게 천금을 주어도 될 처지였으나 주희만은 차마 내줄 수가 없었다. 그러나 더 큰 장사를 위해서는 이인과 골육으로 통하는 친이 되어야겠다는 마음으로 바뀌어 미인계를 쓰기로 하였다. 주희에게 이 뜻을 말하자 주희가 '달님을 보지 못하고 달을 넘겼다'며 잉신으로 어찌 시집을 가느냐 하였다. 거래에 수단을 가리지 않는 여불위가 그렇다면 더 잘 되었다 생각하고 자기 씨까지 심은 주희를 이인에게 헌납하였다. 주희는 이인에게 출가하여 그 아내가 되고 제 돌이 되어 이미 치아까지 생긴 아들을 낳으니 영정嬴政으로 후일의 진시황제이다. 세월이 지나며 진·조 양국 사이가 나빠져 자주 싸우더니 서기전 257년 진 소양왕이 명장 왕흘王齕로 하여금 조의 수도 한단을 포위케 하였다. 위급해진 조나라가 자초가 된 인질 이인을 해치려 했다. 여불위가 금 600근을 감시자에게 풀어 자초를 탈출시켰다. 황급히 추격해온 공손건이 자초를 도로 잡아가려 하니 자초가 소리쳐 이제 자기를 붙잡지 말고 돌려보내 달라 하였다. 공손건이 그래서는 제가 살지 못한다며 자초를 잡으러 들 때, 여불위의 수배手配로 출동해 기다리던 진의 명장 장한章邯[?-서기전 204]

이 우레같이 나타나 막았다. 공손건과 장한이 50합을 싸우다 공손건이 당하지 못하고 패퇴하여 자초는 무사히 환국하였다. 남은 주희와 영정 모자를 조나라가 또 죽이려 하였는데 주희의 친정집이 부유하여 뇌물을 써 빼돌렸다. 소설적 허구물인 심진기尋秦記 등의 설에 주희가 거록후巨鹿侯 조목趙穆의 부중府中[재상의 관아]에 숨어 들어가 아들 영정의 안위도 모르는 채 굴욕의 수금囚禁으로 피신하고 어린 영정은 한단성 밖 우가촌牛家村에서 노부老夫의 부양을 받다 조반趙盤이라는 아이로 바꿔치기 되어 항우項羽의 족숙族叔이라는 말도 있는 항소룡項少龍의 도움으로 탈주하였다는 등의 설도 회자되었다. 환국한 자초가 특히 양모가 된 화양부인의 영접을 받고 태자궁에 들어 만인의 앙시仰視를 한몸에 받게 되었음은 물론이고 뒤이어 생환한 며느리 주희가 이미 초츤髫齓[이를 갈 나이]의 동자가 된 원손元孫 영정까지 품에 안겨주니 화양부인 내외에게는 이보다 더한 기쁨이 없었다. 서기전 251년, 진 소양왕이 죽고 그 차남 안국군이 태자로서 효문왕으로 즉위함에 따라 자초가 태자가 되고 주희는 태자비가 되며 이름도 조희趙姬로 높였는데, 이듬해 250년, 효문왕이 또 죽어 자초가 장양왕으로 즉위하니 조희는 왕후가 되었다. 장양왕 내외는 대번에 여불위를 모셔 들여 상방相邦[방국邦國의 재상]을 삼고 문신후에 봉하여 낙양의 땅 10만호를 식읍으로 내렸다. 그런지 4년 후 서기전 246년에 장양왕이 겨우 36세로 졸하니 왕후 조희는 35세로 과부가 되었다. 열세 살짜리 아들 영정이 진왕으로 등극함에 따라 조희는 왕후보다 더 높은 태후가 되어 국상 여불위와 얼굴을 맞대고 섭정을 하게 되었다. 몸이 만승萬乘이었으나 그 심연에서부터 용솟는 색정은 주체를 못했다. 태후는 옛 지아비 여불위를 거침없이 탐하고 여불위는 점차 불감당이고 두려워 어찌 탈신해야 할지를 모르게 되는데 어린 왕은 날로 자라며 이런저런 철이 들었다. 일설에는 장양왕 자초가 즉위하여 여불위를 국상으로 불러들인 뒤부터 조희가 여불위와 통정을 하였다고 한다. 그러다 장양왕에게 목격되자 하독下毒[독을 먹임]하여 장양왕을 기사氣死[정기를 죽임]시켰다는 것이다. 아무튼 이리하여 태후 조희가 아주 부담스러워진 여불위는 궁리 끝에 노애라는 음경이 장대한 건달을 구하여 식객에 사인舍人을 삼고, 그로 하여금 남근으로 바퀴를 돌리게 하는 공연을 벌이게 하였다. 이 소문이 삽시에 퍼지고 태후전의 조희도 듣게 되자 조희가 대번 노애를 가지고자 하였다. 여불위는 사람을 시켜 노애를 모함하여 부형腐刑[생식기를 부식시켜 없애는 궁형宮刑]에 처했다. 거짓 부형을 행한 다음 실은 남근이 멀쩡한 노애의 수염과 눈썹을 없애 환시宦侍처럼 만들어 태후전에 들여보냈다. 젊은 장력의 노애에 대한 태후의 탐닉과 총애는 지극하고 여불위는 그 뇌리에서 지워졌다. 노애의 아이를 임신하게 된 조희는 사람 눈을 피해 진의 전 도읍 옹성甕城[섬서성陝西省 풍상風翔]으로 태후궁을 옮겼다. 술가術家를 매수해 태후궁이 그곳으로 가야 장차 나라에 이롭다는 점괘를 얻어서였다. 여기로 옮겨가 마음놓고 음락에 빠지며 조희는 노애의 아이를 둘이나 출산하였다. 이런 태후를 지근에서 모시는 노애는 많은 상을 거듭하여 받고 태후궁의 섭정사攝政事를 마음대로 처결하였다. 그러면서 마침내 장신후에 봉작되어 산양山陽과 태원太源 지역을 식읍으로 받게 되자 그 세도가 대단해졌다. 그의 사저에는 노복이 수천이고 벼슬을 얻으려는 식객이 천여 명씩 들끓어 여불위의 세도를 방불케 하였다. 이윽고 노애는 여불위와 진왕 사이를 이간하여 거세하고 제가 그 자리를 차지하려 책략하였다. 서기전 238년, 진왕 9년 4월 기유일己酉日에 금왕今王 영정이 태후가 있는 옹성에 와서 관冠을 쓰고 검을 차는 관례冠禮[성인식成人式]를 행하게 되었다. 그러는 중에 누군가 왕에게 노애가 실은 환시가 아니며 태후와 통정하여 자식을 둘이나 낳아 숨겨놓고 장차 왕이 승하하면 저희 자식으로 후사를 삼으려 한다고 밀고하는 자가 있었다. 이에 진왕이 유사를 시켜 태후궁 사람들을 심문하여 실정을 알아내게 하였다. 모역과 음행이 들통난 노애는 왕의 옥새와 섭정 태후의 옥새를 도용하여 옹현甕縣의 군사와 진왕의 호위군사, 관군 기병騎兵, 융적戎翟의 우두머리 및 가신家臣 등을 동원하여 진왕의 숙소 기년궁蘄年宮을 공격하는 기년궁지변蘄年宮之變을 일으켰다. 그러나 이미 영명해진 진왕이 상방相邦 창평군昌 平君과 창문군昌文君 등에게 정병을 내어 노애를 막게 하니 쌍방이 격돌하여 함양에서 노애의 반군 수백 명을 목베었다. 노애가 패하여 옹으로 도주하자 추격하는 진왕은 온 나라에 노애를 사로잡는 자에게 1백만 냥을, 죽이는 자에게 5백만 냥을 준다는 방을 내걸었다. 곧 노애와 그 무리가 모두 잡혔다. 모반에 가담한 위위衛尉 갈竭과 내사內史

사肆, 좌익佐弋 갈竭, 중대부령中大夫令 제齊 등 20명은 목이 잘려 효수梟首되고 노애는 사지를 찢는 거열형車裂刑에 처해 각처에 나누어 조리돌렸다. 태후가 낳은 의붓 동생인 그 소생자 둘도 자루에 넣어 타살하고 태후는 옹의 역양궁櫟陽宮에 유폐하였다. 노애의 난을 평정하고 함양으로 돌아온 진왕은 전권친정全權親政으로 돌려 섭정 태후와 승상 여불위의 권한을 몰수하고 여불위도 죽이려 하였다. 백관과 외빈外賓이 대경大驚하여 '여불위는 선왕을 옹립하여 사직社稷을 재조再造한 대공을 세웠고, 더구나 노애와는 대질對質도 아니하여 허실을 알 수가 없는데 그를 연좌할 수 없다'변호하니 진왕이 사면하고 승상의 인수印綬를 거두어 낙양으로 추방하였다. 이때 초여름 4월에 갑자기 서리와 눈이 내리는 한파가 닥쳐 백성이 많이 동사凍死하는 이변이 나 '진왕이 태후를 귀양보내니 어찌 자식이 차마 어미에게 그럴 수 있으랴' 하는 소리가 세상에 회자되었다. 대부大夫 진충陳忠이 간하였다. '세상에 어미 없는 자식이 없으니 태후를 함양으로 모셔 효도를 다 하소서. 그래야 천변天變도 물러가옵니다.' 진왕이 대노하여 진충의 옷을 벗겨 마름쇠에 눕히고 타살해서는 시신을 궐하闕下에 전시하고 방을 붙여 '누구든 태후의 일로 간하는 자는 이를 보라' 하였다. 그래도 충신의 간언은 그치지 않고 잇따라 죽임을 당해 궐하에 널린 숫자가 27인이었을 때 제나라 창주滄州에서 온 빈사賓士 모초茅焦가 나섰다. 함양의 여사旅舍에 들어 하룻밤을 묵던 과객이 그 이야기를 듣고 '자식이 어미를 가두다니 천지가 뒤집힐 일'이라며 나서는 그를 보고 합숙하던 사람들이 말렸으나 모초는 주인에게 더운 물을 청하여 목욕하고 날이 밝자 대궐을 향해 나갔다. 합숙자들은 혀를 차며 그가 두고 나간 행장을 풀어 나누어 가졌다. 모초가 궐하에 널려 있는 시신 앞에 엎드려 알현을 청해 외치므로 진왕이 알자謁者를 시켜 물으니 모초가 아뢰었다. '외신外臣이 듣건대 하늘에 28수宿[천체가 4궁宮, 각궁에 7개 성좌]가 있고 그 28성좌가 지상에 내려와 정인正人이 되었다 합니다. 지금 죽은 자가 27인이라, 28수에서 하나 모자라므로 외신이 이를 채우고자 왔나이다.' '미친놈이 나의 금기를 희롱하난다?' 노한 진왕이 망자妄者를 궁정宮庭에 끌어다 삶으라 하였다. 모초가 궐안으로 끌려 들어가 스스로 가마솥 옆에 가 엎드렸다. '외신이 듣건대 살고자 하는 자는 죽기를 두려워 말고 나라를 지키고자 하는 자는 망함을 두려워 말라 하였다 합니다. 무릇 사생존망死生存亡의 이치를 명주明主가 살피지 않을 수 없거늘 대왕께서 이를 듣고 싶지 않으시오니까?' '네 죽으면서 무슨 할말인지 한번 해보라.' '충신은 아첨을 아니하고 명주는 광포한 일을 행하지 않습니다. 주군의 광포를 보고도 말하지 않는다면 그는 신하로서 주군을 등지는 것이요 신하의 충언을 듣지 않는다면 주군으로서는 신하를 등지는 것입니다. 대왕께서 천륜을 무너뜨리면서 깨닫지 못하시거니와, 이제 외신이 마지막으로 거슬리는 충언을 아뢰고 가고자 하는데 대왕께서 듣고자 아니하시니 이로부터 진나라가 위태로울까 두렵습니다.' 진왕의 안색이 누그러지며 그늘이 스쳤다. '그대가 무엇을 말하든 과인이 듣겠노라.' '대왕께서는 천하를 도모코자 하십니까?' '그렇다.' '오늘 천하가 진나라를 받드는 것은 진의 위력이 클 뿐만이 아니라, 천하의 웅주雄主이신 대왕 밑에 충신열사가 모여들기 때문입니다. 지금 대왕께서는 가부假父[의부]를 거열車裂하였으니 이는 어질지 못한 것이며, 두 아우를 박살撲殺하였으니 이는 우애友愛롭지 못한 것이요, 어머니를 역양궁에 가두었으니 이는 불효한 것이며, 간하는 선비를 주륙誅戮하여 그 시신을 궐하에 전시하였으니 이는 걸주桀紂[하夏의 말왕 폭군 걸왕, 은殷의 말왕 폭군 주왕]의 통치이니 이러고서야 어찌 천하를 복종시키리이까. 옛적에 순舜임금은 계모를 섬겨 효를 다하여 제위에 오르고, 걸은 관용봉關龍逄[걸왕에게 충간한 대신]을 죽이고, 주는 비간比干[주왕의 숙부이자 현신으로 충간하다 심장이 적출되어 죽음]을 죽여 천하가 모반하였습니다. 이제 외신이 28인을 채우는데 외신이 죽은 후에 다시 간하는 자가 없어지고 원망과 비방이 천하에 차도 충신의 혀가 묶여 인심이 떠나면 제후가 배반할 터인즉 이로써 진나라의 제업帝業도 끝이 날까 두렵습니다. 외신이 할 말을 마쳤으니 어서 삶으소서.' 모초가 일어나 옷을 벗고 가마솥 곁으로 걸어가니 진왕이 급히 섬돌 아래로 내려와 그를 제지하며 좌우에게 가마솥을 치우라 하였다. 모초가 '이제 대왕께서 외신을 삶지 아니하시면 위엄을 세우지 못하십니다' 하자 진왕이 그를 데리고 올라가 빈객의 예로 대좌해 앉히고 말했다. '이전에 간한 자들은 다만 과인의 허물만 책망할 뿐 존망지계存亡之計를 일깨운 적이 없소. 하늘이 선생을 보내 과인의 막힌 마음을 열어주시었소.'

모초가 일어나 재배하고 아뢰었다. '대왕께서 외신의 말씀을 가납하신다면 속히 어가를 보내 태후를 모셔오고 궐하에서 상하고 있는 충신들의 유해를 거두어 예장하여 주소서.' 진왕은 즉시 사리관司理官에게 명하여 27인 시신을 수습해 용수산龍首山에 장사하고 회충묘會忠墓라 표表하게 하고 모초와 같이 어가를 내어 옹주雍州로 가 역양궁에 이르러 태후 앞에 머리를 조아리고 통곡하였다. 태후 역시 눈물을 쏟으니 진왕이 모초를 알현시키며 '이 사람이 소자의 영고숙穎考叔[정장공鄭莊公(서기전 743-701 재위)의 현대부賢大夫로, 아우 태숙 단太叔段의 모반을 진압한 후 이를 사주한 모친 무강武姜을 귀양보내자 그 부당함을 간하여 다시 모셔오게 함]입니다' 하였다. 다음날 진왕이 태후를 모시고 함양으로 돌아오자 백성이 그 효성을 칭송하고, 진왕은 모초를 태부太傅로 삼고 상경上卿의 작위를 주었다. 이후 조희는 감천궁甘泉宮에 살다가 진시황 19년, 서기전 228년에 53세로 서거했으며 제태후帝太后로 시호諡號되어 채양茝陽에 있는 장양왕 자초의 능묘에 합장되었다.

[주희가] 태기胎氣[잉태의 기운] 있음을 알고 은근히 주희더러 왈, '너를 황손 이인에게 드려 정실正室[본처]이 되게 할 것이니 타일他日[후일] 생남生男[아들을 낳음]하면 천하의 부귀가 다 가운데 있다' 하고, 이튿날 공손건을 보고 말하되, '황손 이인이 만리타국萬里他國[아득히 먼 외국]에 외로이 있으니 나의 소첩小妾으로 위로코자 하오니 공이 어떠하시니이까' 한대[하니], 공손건이 소왈笑曰[웃

으며 말하기를], '연즉然則[그런즉] 만만호사萬萬好事[만번 좋은 일]라'하고 즉시 이인을 청하여 주희를 보인대[보이니]. 이인이 대희하여 정실로 정하더라. 이러구러 과연 [주희가] 생남을 하니 용모가 비범非凡한지라 이인이 대희하여 이름을 정政이라 하니 실상은 여불위 아들이니라. 이후로 이인과 여불위, 진국秦國으로 도망할 꾀를 정하고 주희와 아들 정을 여불위 가솔家率[집안에 딸린 식구]로 비밀히 진국에 보내고 준마駿馬를 등대等待[미리 준비해 두고 기다림]하였다가 이날 밤 삼경三更[자정 전후 2시간]에 도주하여 겨우 2백 리를 행하매 날이 밝은지라 이인은 변복變服을 하고 하인下人 중에 섞여 진국에 돌아와 화양부인께 주희와 아들을 뵈오니 부인이 대희하여 안국군께 고하여 이인으로 아들을 삼아 태자를 봉하고 이름을 고쳐 초楚[자초子楚]라 하다. 이때 소양왕은 즉위한 지 56년 만에 죽고 아들 효문왕孝文王* 주柱가,

*효문왕[서기전 303-250년 11월 14일]은 진나라 29대 군주君主이자 왕으로는 4대이고 성명은 영주嬴柱 또는 영식嬴式이다. 소양왕의 차남으로 생모는 당태후唐太后이고 부왕 즉위시 안국군安國君을 수봉受封하였는데 장자인 형 탁悼이 위魏나라에 볼모갔다가 죽어 도태자悼太子가 되는 바람에 소양왕 42년, 서기전 265년에 39세로 태자에 피립被立되었다. 소양왕이 장수하여 서기전 251년 75세로 졸하자 부왕의 기년朞年[제돌 만 1년] 복상服喪을 마치고 이듬해 정식

즉위하여 3일 만에 매우 기이한 일로 졸하여 중국사상 최단명 재위 군왕이 되었다. 그러나 그 사위嗣位 기간이 다음 사왕嗣王이 공식 즉위할 때까지 세 해에 걸쳤다 해서 재위를 3년으로 친다. 효문으로 시호되어 수릉壽陵에 안장되었는데, 즉위하여 자초를 태자로 세웠고, 부왕 사후 사위태자로서 죄인을 사면하고 선왕의 공신을 포상하면서 종친宗親을 후대하고 정원政院을 개방하는 등 선정을 폈다. 그 급서에 대해 독살설이 있고 후사왕 자초가 또한 3년 재위로 죽는 것과 연관 짓기도 하나 근거가 없고 빙신되지도 않는다. 효문왕이 즉위 시 이미 54세이고 당시 평균수명으로 천수를 누렸다 할 것이며, 목적을 이루어 부귀영화가 보장된 여불위 측에서 그런 위험천만의 무리를 할 이치가 없다는 게 주류이다.

즉위하여 3일 만에 죽으니 태자 초楚[자초]가 즉위하여 장양왕莊襄王*이 되매,

> *장양왕은 앞서 나온 '황손 이인'으로 성명이 영자초嬴子楚, 그 초명이 이인異人이다. 태자 안국군이던 효문왕의 20인 아들 중 한 사람으로 생모는 하희夏姬인데 모자가 안국군에게 총애를 받지 못하던 터에, 하희가 그를 낳고 일찍 죽어 이인은 어려서부터 외롭게 자라고, 또 어미 없는 공자公子로서 조나라에 가 볼모살이를 하게 되어서도 어렵게 지냈다. 더하여, 당시 진조 양국은 관계가 악화되어 불시에 전쟁을 벌이는지라 볼모의 처지가 불안하였다. 이인은

진조 간 장평대전長平大戰이 있기 전부터 한단에 인질로 가 있었다. 이 대전에서 승리한 진장 백기白起가 45만 조의 정병을 생매장하였다. 이때 조 효성왕은 이인을 죽이려다 살려줬지만 대우는 형편없었다. 그런 그가 여불위의 혜안에 발견되지 않았더라면 몸을 보전하기 어려웠을 터였다. 장평대전 다음 해 진의 오대부五大夫 왕릉王陵이 한단을 포위공격할 때에도 조왕은 이인을 죽이려다 말았다. 서기전 257년 12월 이인의 조부 소양왕이 왕흘王齕을 시켜 한단을 또 공격해오자 조왕은 이번에는 참지 못하고 이인을 죽이려 했다. 일이 절박하여 여불위가 600금을 들여 요로를 매수하고 이인을 빼내 진군 진영으로 탈주시켰다. 이인을 놓친 조왕은 그 가솔 주희와 영정 모자를 잡아 죽이려 하였으나 주희가 조나라 호족의 딸이라 몸을 숨길 수 있었고 결국 모자도 목숨을 보전해 진나라로 도망할 수 있었다. 이런 고난에 살아나 곡절 끝에 아버지의 정실 화양부인을 배알케 되고, 여불위의 계책으로 초나라 옷을 입고 들어가자 부인이 반기며 '나는 초나라 사람이니 네가 이를 자字로 삼아라' 하여 이름을 자초子楚로 바꾸고 그 양자가 됨으로써 20명의 공자 가운데 일약 태자로 수봉되고, 부왕이 즉위 3일 만에 급서하여 진왕으로 등극하였다. 즉위 원년元年에 대사령大赦令을 선포하고 백성에게 시덕포혜施德布惠하며 명장 몽오蒙驁를 시켜 한韓을 공벌케 하니 압박을 못이긴 한이 성고成皐와 형양滎陽의 공巩 등지를 할양하고 이어 그 지역을 대량大梁까지 늘려 여기에 진이 처음으로 삼천군三川郡을 설치했다. 일변 나라를 갈라 영화를 나누기로 한 약조에 따라 국상國相이 된 여불위를 시켜 동주東周를 멸망시켜 그 제사를 끊음으로써 천하통일의 단초를 삼았다. 왕 2년 초에는 몽오로 하여금 원한의 조국趙國을 정벌케 하여 태원太原 유차楡次 신성新城 낭맹狼孟 등 37 성지城池를 탈취하고, 이어 3월에는 몽오에게 명하여 위국도 정벌하여 고도高都와 급汲을 점령케 하고 왕흘을 보내 상당군上黨郡을 공취하여 진의 태원군太原郡을 설치하니 천하가 진으로 기울었다. 이에 전국4군戰國四君의 으뜸이라는 위나라 신릉군信陵君 위무기魏無忌가 연조한위초燕趙韓魏楚 5국군을 연횡連橫하여 진군을 하북河北에서 황하黃河 이남으로 격퇴하니 몽오가 패주하여 함곡관函谷關 안에 들어가 굳게 지키며 나가지 않다가 해임되었다. 대노한 장양왕이 진에 인질로 와 있는 위 태자 증增을 죽이려다 사람들이 말려 못 죽이고 재위 3년, 서기전 247년 5월 병오일에 갑자기 서붕逝崩하여 통일천하의 대망을 접었다. 아들은 진시황 정 외에 성교成蟜가 있고, 그 능이 있는 채양茝陽은 서안西安 동쪽 교외의 한삼채韓森寨에 있어 속칭 한삼총韓森冢이라 하는데 1956년에 섬서성陝西省의 중점문물보호단위重點文物保護單位로 지정되었다. 둥근 언덕 모양 토봉土封인 능은 외연外延 10미터가 문물보호구역, 100미터 이내가 건축공제지대建築控制地帶, 기저基底는 지름 140미터, 높이 22미터, 부지 30여 묘畝[약 6㎢]이다. 여기에 제태후 주희도 합장되어 있다.

주희 미인美人으로 왕비를 봉하고 아들 정으로 태자를

봉하고 여불위로 승상에 겸 문신후를 봉하여 정병 5천여 명을 주며 가로되, '동주군東周君*을 급히 멸하라' 하시니,

*동주군은 천자국 주周나라의 최말주最末主이다. 성은 주왕실 희姬씨이고 시호와 이름이 다 불상不詳이라 하며 혹은 이름이 공巩이라 하고 현왕顯王 희편姬扁의 소자少子[막내아들] 동주혜공東周惠公의 소자少子이며 정공定公, 동주정공으로 불렸다 한다. 동주군은 동주의 임금이라는 뜻이다. 주나라 800년은 서기전 1045년에 무왕武王이 상商을 멸하고 개국한 이래 180년 정도가 천자국으로서 성세기이고, 거기에 120년쯤을 더해 300년이 통치권을 유지한 기간이며, 서기전 770년에서 403년까지 367년이 사실상 나라가 5패국霸國을 비롯 100여 개로까지 분열되었던 춘추시대, 그리고 서기전 476년에서 223년까지 253년이 7웅국雄國이 할거하던 전국시대여서 대개 500년 동안이나 실권을 쓰지 못해 왔다. 그런 주나라의 시호를 받은 사실상의 말주末主는 난왕赧王[?-서기전 256년]이다. 성명이 희연姬延인 난왕은 주의 37대 임군主任君主로 현왕顯王의 손자 신정왕愼靚王의 아들이며 동주東周 낙양洛陽에서 출생하고 재위는 서기전 315부터 257년까지 59년이다. 주나라는 무왕이 호경鎬京[장안長安, 지금의 서안西安]에 도읍하여 276년을 누린 것이 서주西周이고 서기전 770년에 낙양으로 천도하여 515년을 유지한 것이 동주이다. 난왕이 등기登基했을 때는 이미 주왕실의 형세가 십분 쇠미하여 실권이 없는 상징일

뿐이었다. 재위 8년인 서기전 307년 진 무왕秦武王이 동주를 병탄하고자 우승상 저리질樗里疾에게 수레 1백 대를 거느려 보내 주정周鼎[천자국 주나라 왕권의 상징인 세발솥]을 진나라에 양여할 것을 건의케 하니 난왕이 엄히 꾸짖어 거절하였다. 이에 노한 진 무왕이 난왕을 왕궁에서 축출해 서주로 강천強遷시켰다. 당시 진은 한위조韓魏趙 3국을 공점攻占하고 있어, 장차 천하를 통일하러 듦에 위협을 느낀 열국 가운데 초나라가 앞장서 난왕에게 사자를 보내 천자의 명의名義로 각국에 호령하여 진을 공벌하기를 청했다. 이에 분발한 난왕이 서주의 호족豪族 등에게서 모병한 5천여 병력으로 서주공西周公 구咎를 대장 삼아 진을 공벌케 했으나 병마를 내기로 한 6국 중 초와 연나라에서만 조금 출병하고 4국이 약조를 지키지 않으니 낙양의 이궐伊闕에 모인 연합군사가 몇 만에 불과하여 수십만 진군의 적수가 안되고, 석 달 만에, 밀려드는 진의 군영에 서주공이 황겁히 나가 굴복, 사죄하는 꼴이 되고 말았다. 난왕 시대의 주왕실은 서주 무공과 동주 정공의 세력으로 분열되어 있었고 그 영역은 낙양 부근 성주成周라 하는 지역에 한정되어 있었다. 동주의 현왕 시대부터 급속히 확대되던 진의 팽창에 밀려 세력을 회복하려는 여러 획책이 무효였다. 난왕 58년 열국이 연합하여 강진強秦을 대적하는 전쟁에 주나라가 참여하여 진 소양왕의 노여움을 샀다. 이에 진장 영규嬴摎의 공격을 받게 되어 서주 무공[서주군西周君]이 진국으로 달려가 돈수수죄頓首受罪하고 서주 관할 36읍邑 3만 인구를 바치니 진이 이를 접수하였고, 난왕도 진에 복속되었다가 한 해를 넘겨 분사憤死하여 주왕조가 망했다. 동주 정공은 이에 불복하고 통곡하는 주나라 유민과 함께 낙양을 떠나 동주東走하여 형양滎陽의 공읍珙邑으로 옮겨 관할 7읍을 가지고 독립, 스스로 난왕을 사위嗣位하여 주왕실 제사를 받자 진은 낙양의 주나라 구정九鼎과 온갖 보물을 앗아 자국 수도로 옮기고 정공을 주나라 임금이 아닌 동주군東周君으로 격하했다. 이러한 동주군, 즉 동주 정공이 그 7년에 6국과 연횡하여 진을 공벌하고 주나라를 복고시킬 획책을 한다고 하자 새로 즉위한 진 장양왕이 여불위를 보내 이를 진멸하고 동주군을 잡아갔다. 진왕은 잡아간 동주군을 양인취陽人聚[하남성河南省 여주시汝州市 서쪽]에서 유민과 함께 살게 했는데, 거기에서 주왕실 제사는 아주 끝났다고도 하고 동주군이 제사는 계속 지냈다고도 한다.

문신후, 군을 거느리고 가 동주군을 쳐 멸하고 돌아오니라. 동주군은 주나라 천자이나 나라 이미 약한 고로 진 장양왕[에 의해 그] 양손良孫[귀공의 자손]의 종사宗祀[조종祖宗의 제사]가 끊쳐난지라[끊진 것이니라]. 갑인甲寅[서기전 247년] 5월에 장양왕이 죽으니 태자 정政이 즉위하여 시황제始皇帝 되매 왕비王妃[장양왕비 주희]로 황태후皇太后[태후]를 봉하니 태후, 그 음탐淫貪함을 이기지 못하여 문신후로 더불어 무란이[무람없이] 행음行淫하거늘, 시황이 그 모태후母太后 궁중의 음탕함을 보고 부끄러움이 발하여 태후를 외궁外宮에 내치시니, 문신후 여불위 또한 득죄得罪할까 하여 스스로 죽[었]다. 그 신하 모초茅焦*라 하는 사람이,

*모초茅焦 : 앞서 태후 주희朱姬의 주기에 나온 사람과 동일인이다.

태후 환궁하심을 여러 번 간한대[하니] 상上[임금]이 허락하시더라. 이때에 대신大臣이 진종일 의논[하여] 왈,
"각 제후의 사람이 와서 벼슬하는 재[자가] 다 각각 저희 나라를 위하옴이니 원컨대 대왕은 일절 축객逐客[손을 쫓아냄]을 하여 보내옵소서."
하니 진왕이 올히[옳게] 여기사 크게 축객하거늘, 이 적[때]에 객경客卿[타국에 와 경대부가 된 사람] 벼슬을 하는 이사李斯*라는 사람이,

*이사李斯[?-서기전 208년]는 자가 통고通古라 하고 초나라의 여남汝南 상채上蔡[하남성 상채현 노강향蘆崗鄉 이사루촌李斯樓村] 출신으로 순자荀子의 제자이다. 젊어서 군郡의 말단 관리이다가 법가法家 사상을 설파하는 순경荀卿의 문하에 들어가 7년 동안 제왕학帝王學을 공부하여 학자이자 사상가로서 경세가經世家를 겸하고자 하였다. 초나라가 천하를 통일할 가망이 없고 이를 이룰 인물은 진왕 영정이라고 생각해 서기전 247년 진나라로 들어가 승상 여불위의 문객門

진으로 간 여불위

홈이 되었다. 처음에 여승상의 사인舍人[전국시대 왕상王相의 개인비서]이다가 입궐하여 낭관郎官이 되어 진왕을 시종侍從하게 되자 이사는 긴히 진왕에게 진언하여 '지금 진나라의 국력과 대왕의 현덕賢德이라면 능히 6국을 멸하고 천하를 통일할 수 있습니다. 진나라는 목공穆公 이래 거듭 부강해 오다가 효공孝公 이후 주 천자周天子는 철저히 쇠락하고 각 제후국은 연년連年으로 전쟁에 겨를이 없는 가운데 진나라는 이 기회를 타 홀로 강대한 국력을 길러 대업大業을 목전에 두었으니, 이 좋은 시기는 천만번 불능착과不能錯過[뒤섞여 지나가 놓쳐버릴 수 없음]할 일입니다'하니 진왕이 마음에 들어 곧 장사長史[승상부丞相府에 딸린 벼슬]로 임명하였다. 장사는 승상부와 궁궐의 서무를 총괄하던 요직이라 이사는 진왕 가까이에서 더욱 구체적인 계책을 진언하였다. 이사의 비결은 주로 타국 군신간君臣間을 떼어 놓는 이간책으로, 금은보화로 제후국의 여러 호걸을 내 편으로 매수하고 뇌물을 거절하면 자객을 보내 제거하거나 군대로 정벌하여 복속시켰고, 이 공으로 이사는 객경의 지위에 올랐다. 바야흐로 진왕이 이사의 책략을 써 대업을 진척 중이던 서기전 237년, 한韓나라가 진의 공멸攻滅을 두려워하여 그 동진東進을 막고 국력을 소모시키고자 수리水利에 밝은 수공水工 벼슬의 정국鄭國으로 하여금 관중關中에 정국거鄭國渠라는 운하를 파는 목적이 탄로되었다. 이 무렵 동방 각국에서 분분히 진나라에 파견한 간첩이 빈객으로 침투해 있던지라 뭇 신하가 외래 객경에 대한 의논을 일으켜 진왕에게 '각국에서 진나라에 들어온 내객은 대저 자국을 위해 아국의 파괴를 공작하는 무리이니 내객을 일절 구축驅逐하시라'하니 진왕이 축객령逐客令을 내리고 이사가 그 피축자의 열에 들었다. 이에 이사가 명언 '태산이 한 줌 흙을 사양하지 않아 그만큼 크고, 바다는 작은 개천도 가리지 않아 깊을 수가 있으며, 임금은 한낱 백성도 물리치지 않아 그 덕을 밝힌다'는 말로 시작되는 간축객서諫逐客書를 봉신封信[봉함 상소문]으로 올려 이를 읽은 진왕이 선 자리에서 축객령을 거두고 인하여 그를 내치는 대신 정위廷尉[진대 구경九卿의 하나로 형옥刑獄을 처리하던 장관]로 봉작케 하였다. 서기전 233년 이사는 한나라에서 사신 온 한비韓非[한비자]를 제거했다. 한비는 한나라 혜왕惠王의 서자로 순자의 문하에서 이사와 동문수학한 사이인데, 진왕이 한을 공략하자 이를 무마하기 위해 한에서 인질 격의 공자 사신으로 입진시킨 바였다. 진왕 영정이 법가法家의 집대성자인 한비의 고분孤憤과 오두五蠹 등을 읽고 존경하던 터라 그를 붙잡아 진에 머물게 하고자 하였다. 이에 이사는 한비가 자기 지위를 앗아 대신할 것을 직감하고 가차 없이 모략하여 옥에 가두고 독약을 건네 자진케 하였다. 서기전 221년 진왕 영정은 천하통일의 대업을 완성하였다. 서기전 230년에 한나라를, 228년에 조나라, 225년에 위나라, 223년 초나라, 222년 연나라, 221년 제나라를 차례로 멸한 것이다. 이사는 진왕의 명을 받들어 승상 왕관王綰 어사대부御史大夫 풍겁馮劫 등과 의정하여 진왕을 황제로 칭하기로 하니 영정이 스스로 첫 번째 황제라는 뜻의 시황제라 하였다. 진나라 31대 임금 영정의 나이 39세 때였다.

진왕이 황제가 되어 제도를 정비하며, 승상 왕관은 봉건제를 채택하여 황실인을 각지방에 나누어 후왕侯王으로 봉할 것을 주장하였으나 이사는 이를 극력 반대하여 직할 군현제郡縣制를 관철시켰다. 천하를 36개 군으로 나누고 군내에 현을 두며, 그 군과 현을 황제가 임명하는 관장이 다스리는 직할통치제를 택한 것이다. 실권에서 밀린 왕관이 물러가고 이사가 후임 승상이 되었다. 이사는 이어 도량형과 화폐를 통일하고 수레바퀴의 규격을 단일화하며 잡다한 문자체를 전서체篆書體로 획일시켰다. 이로써 진나라는 천하를 효율적으로 통치하기에 적절한 중앙집권제를 확립하였다. 서기전 213년 책을 불지르는 분서焚書사건이 발발했다. 제나라 출신 학자 순우월淳于越이 진나라 군현제를 비판하고 주나라 봉건제를 부활할 것을 간언하자 처처의 유생이 봉건제를 예찬하며 부활을 주장하고 나섰다. 시황이 이를 조정의 공론에 부쳤고, 승상 이사는 여기에서 순우월 같은 유생 등의 위험사상에 근원이 되는 학술과 시서詩書 백가서를 금지하고 30일 내에 진나라에 도움이 되는 역사와 의약醫藥 복서卜筮 농경에 관한 책 이외의 모든 서책을 태워 없애게 할 것을 주청했고, 시황이 이를 가납嘉納했다. 이듬해 서기전 213년에는 460인 도사道士와 유생을 생매장하는 참사가 일어났다. 시황은 47세 만년이 되자 불로장생不老長生을 몽상하며 방사方士[신선의 술법을 수련하는 도사]를 동원해 영약을 구해 오라 하였다. 방사 후생候生과 노생盧生이 이를 거역하며 오히려 그 부덕을 비판하고 도주하였다. 이에 격노한 시황이 부류를 다 잡아들여 함양

근교의 산곡에 구덩이를 파 넣고 산 채로 묻어버렸다. 이를 선비를 묻었다는 뜻의 갱유坑儒라 하는데 전년의 분서와 합쳐 분서갱유로 이르며, 시황과 이사가 삼엄한 법을 본보기로 시행하여 집권 초 진제국을 막강한 국체로 성장시키고자 벌인 무도한 짓이었다. 그 3년 후 서기전 210년 시황은 승상 이사와 중거부령中車府令[황제의 수레와 옥새 등을 관장하는 벼슬]인 환관 조고趙高와 함께 그 26째 황자이자 막내인 호해胡亥를 데리고 전국 순행巡幸에 올랐다. 진왕이 된 이래 이사와 함께 순행을 즐기던 시황의 5번째 순수巡狩였는데 회계會稽와 낭야琅琊로 가던 도중 사구沙丘의 평대平臺[하북성河北省 형대시刑臺市 광종현廣宗縣]에서 득병得病하였다. 병세가 위독해진 시황은 환궁도 하지 못하고 한여름 6월 14일 50세로 객사하였다. 시황은 병이 심해지자 명장 몽염蒙恬의 아우 몽의蒙毅를 시켜 산천에 기도드리라 하는 한편 북방에 가 있는 장자 부소扶蘇에게 서신을 보내 '군사軍事는 몽염에게 맡기고 함양으로 와 나의 영구를 장사하라'는 지시를 내리려 했으나 미처 사자를 보내기 전에 숨지게 되어 '태자 부소를 후사後嗣로 하고 군사는 몽염에게 맡기라'는 구두 유조遺詔[제왕의 유언]를 겨우 남겼다. 수행 신하 중 이러한 시황의 운명殞命을 아는 자는 황자 호해와 승상 이사, 내시 조고 등에 불과했다. 간사한 조고가 기지를 발해 호해를 찾아가 후사가 아직 정해지지 않았으니 불효한 부소와 불충한 몽염을 없애고 황위를 계승하도록 설득해 놓고 승상 이사에게 매달렸다. 앞서 이사가 분서갱유의 변을 강행할 때 태자 부소와 몽염은 반대하고 특히 부소는 극력 충간忠諫하다가 시황의 노여움을 사 만리장성을 쌓는 북방으로 유배당하듯 내침을 당한 바였다. 영명한 부소가 즉위하면 그 괴변을 자행한 이사가 무사할 수 없고 또 부소와 자별한 몽염이 득세할 터이니 이로울 게 없었다. 또 조고는 전에 득죄했다가 몽의에게 적발되어 죽을 뻔한 것을 시황의 용서로 살아난 일까지 있어 몽씨 형제에게 한을 품고 있었다. 처음에 펄쩍 뛰던 이사가 마침내 설득되어 조고가 위조한 시황의 유조에 승상으로서 승인을 하여 시행케 하였다. 거짓 유조는 호해가 황위를 잇고 불효한 부소는 자결하며 몽염은 북방을 제대로 수호하지 못한 죄로 자결하라 명하는 것이었다. 사자가 가져온 유조를 본 부소는 곧 안으로 들어가 독약을 마시려 하니, 몽염이 유조가 이상하니 사실을 알아보자고 만류했으나 강직한 부소가 부황의 유명을 어길 수 없다고 지체 없이 음독하였고 몽염은 자결을 거부하여 양주陽周[섬서성陝西省 안정현安定縣]에 구금되었다. 호해는 맏형 부소가 죽었다는 소식을 듣고 몽염을 용서하려 하였으나 조고가, 전에 부황이 호해를 태자로 삼으려 할 때 몽의가 반대했다고 주장하여 몽의를 대代[하북성 대성현大城縣]에 감금하게 하였다. 시황의 장사를 지내고 함양에서 호해가 2세황제로 즉위하자 최측근이 된 조고는 계속 몽염 형제를 탄핵하였고 호해는 그 조카 중 명민한 자영子嬰의 만류도 듣지 않고 몽의를 죽이고 양주로 사자를 보내 몽염에게 거듭 죽음을 명하니 몽염이 다시 한번 억울함을 호소하고 음독하였다. 2세 호해는 온갖 정사를 조고와 이사에게 맡기고 사치와 향락에 빠졌다. 방대한 규모의 시황제 능 축조와 아방궁 건설, 만리장성 축조 등을 무리하게 재촉하여 백성의 원성이 충천하고 정권은 조고와 환관의 무리에게 장악되어 혼란이 격화되었다. 시황이 죽은 지 1년에 진승陳勝의 봉기가 일어나며 천하가 무너져갔다. 보다 못한 이사가 2세황제를 면대하여 아방궁 축조를 중단하고 농민의 조세를 감면시키자는 등의 대책을 진언했으나 조고의 농간으로 충간은 받아들여지지 않고 되레 황제의 분노만 사게 되었다. 가제假帝 2세를 세워 겨우 두 해가 지난 서기전 208년 이사는 장남 이유李由가 모반한 진승과 친분으로 결탁되었다는 조고의 모함으로 부자가 투옥되었다. 이때 조고는 이미 황제 앞에서 지록위마指鹿爲馬[사슴을 가리켜 말이라 함]를 하였다. 결국 아들이 초군楚軍과 내통했다는 거짓 죄목으로 이사는 아들과 함께 자기가 만든 형법으로 관중 앞에서 허리가 잘리는 요참腰斬을 당하고 그 가족도 몰살되었다. 이사는 앞에 찾아온 기회를 놓치지 않고 잡아채 말단에서 시작해 천하통일제국의 승상에까지 올랐다. 중국의 통일천하제국을 그 생각으로 설계하고 말로 조작하여 대업을 이루는 데 가장 큰 공을 세웠다. 그러나 대의를 지켜야 할 때 사사로운 탐욕으로 이를 굴절시켜 자신을 망치고 제국을 패망의 길로 몰아 하루아침에 오유烏有가 되게 하였다. 사실은 낙후한 진나라에 법가사상을 도입하여 강력한 초강력의 중앙집권 국가를 만들고서도 시황제의 유조를 위조하여 통일 진국이 하루아침에 무너지게 하였다. 이사의 인생 성패는 곧 진의 흥체興替였다.

글을 올려 가로되,
"옛적에 목공穆公*은,

> *진 목공秦穆公[?-서기전 621년, 재위 전659-621]은 성명이 영임호嬴任好이고 춘추시대 진나라 제9대 군주이다. 덕공德公의 서자庶子로 선공宣公과 성공成公의 아우이다. 그 딸 회영懷嬴은 진 회공晉懷公에게 시집갔다가 다시 진 문공晉文公과 재혼하여 신영辰嬴으로 불렸다. 주周나라 양왕襄王 때 진의 영토를 크게 확장하였고, 백리해百里奚, 건숙蹇叔, 비표丕豹 등 많은 인재를 얻었다. 진 문공晉文公을 도와 유명한 성복城濮의 회전會戰에서 초나라를 격파하여 함께 춘추오패春秋五霸가 되었다. 형제 상속으로 왕공이 된 목공은 진晉 헌공獻公의 딸을 맞았고, 그때 백리해가 사신으로 따라가자 그를 신임하여 이후로 그에게 국정을 맡기게 되었다. 서기전 651년 장인인 진晉의 헌공이 죽으면서 후계 싸움으로 혼란 상태가 되었다. 진晉 공자 이오夷吾가 공의 자리에 오르기 위해 매부妹夫인 목공에게 원조를 청했다. 목공은 이오의 형 중이重耳에게 호감이 있었지만, 이오가 즉위하면 무언가 유리하다고 어림잡고, 자국에 와 있던 이오를 진국으로 보내 혜공惠公으로 즉위시켰다. 이때 이오는 목공에게 예로써 영토의 할양을 약속하였으나 돌아가 즉위해서는 약속을 파하고 악정을 행하였다. 서기전 647년, 진晉나라는 흉년이 들어 식량이 부족하자 진秦나라에 원조를 청했다. 신하들은 망은忘恩의 혜공에게 왜 식량을 보내주

느냐고 반대했지만, 목공은 '혜공의 일은 밉지만 그 백성에게는 죄가 없다'며 대량의 양곡을 보내주었다. 그다음 해에 이번에는 진秦나라에 흉작의 기근이 들었다. 목공이 진晉나라에 원조를 청하니 혜공은 양곡을 보내기는커녕, 기근으로 진秦나라 국력이 쇠약해졌으리라 생각하고 군사를 일으켜 침공해 들어왔다. 이에 대노한 목공은 다음해 출병하여 진군晉軍과 한원韓原에서 격돌하여 대승하고 혜공을 사로잡았다. 개선하여 돌아온 목공은 혜공을 죽이려 하였으나 그 누이인 아내의 간청에 죽이지 않고 태자 어圉를 인질로 잡아 두고 혜공은 귀국시켰다. 서기전 638년 혜공이 중병이 들자 태자 어가 도망쳐 귀국했다. 노한 목공은 18년을 외국에 유랑하며 초나라에 머물고 있던 혜공의 형 중이를 맞이해다 사위를 삼고 군사를 주어 귀국시켜 진국晉國의 문공文公으로 즉위케 했다. 서기전 624년 문공 사후 4년에 목공은 진晉을 정벌하여 대파하고, 서융西戎도 토벌하여 '서융의 패자'로 불렸다. 목공이 서기전 621년에 사망하였을 때 가신家臣 177명이 순장殉葬되었다. 이 순장의 참변으로 나라에 중심이 되는 가신이 많이 희생되어 국력이 크게 저하되고, 열국간 정략 무대에서도 소외되었다.

백리해百里奚*를 완宛[초나라 완읍宛邑으로 지금의 하남성河南省 남양南陽] 땅에서 얻고,

*백리해百里奚[서기전 700-621]는 성이 백리 이름이 해奚인데 혜侯라고도 하고 자는 자명子明 또는 정백井伯이며 백리

자百里子 혹은 그냥 백리라 경칭도 한다. 춘추시대 진秦의 명재상으로 노년에 종살이하는 것을 양가죽 다섯 장을 주고 사다 대부大夫를 만들었다 해서 오고대부五羖大夫라는 별호도 가진 현자賢者이다. 본디는 그가 우국虞國[지금의 산서성山西省 평륙현平陸縣] 사람이었다. 우나라 옆에 괵虢나라가 있는데 거기로도 가고 진晉나라로도 떠돌아다녔다. 괵나라는 원래 주 문왕周文王이 아우 괵중虢仲과 괵숙虢叔에게 분봉分封해준 나라인데 동서남북과 소괵小虢의 5개로 갈려 제읍制邑과 옹읍雍邑에서 동천東遷하여 하남河南의 삼문협三門峽 일대에 할거하다 말년에 서괵西虢으로 합쳐 낙읍洛邑[낙양洛陽 서쪽의 고도古都 지역으로 주초周初의 수도 호경鎬京 자리]에서 쇠락하고 있었다. 백리해의 전설은 여럿이다. 그는 원래 형荊[형주荊州, 호북성湖北省 한수漢壽와 호남성湖南省 양양襄陽 지역]나라 땅의 천한 사람인데 진 목공이 어질다는 소문을 듣고 진나라에 가 소를 치는 객客을 따라가 소먹이꾼이 되었다. 1년쯤 지나 사람을 잘 알아보는 목공이 그 어진 걸 알고 염소가죽 다섯 장으로 사들여 재상을 삼았다. 재상이 되어 6~7년에 정鄭나라를 치고 진晉나라의 임금을 세 번 세우며 모국 형나라를 한 번 구했다. 파인巴人[은주殷周 시대 서촉西蜀과 인접한 사천분지四川盆地 동부의 동파東巴에 분포한 파족인巴族人으로 뒤에 어리석은 촌사람의 비유어가 됨]은 공물貢物을 바치고 서이西夷[중국 서쪽 변방의 오랑캐]의 여덟 융족戎族이 복종하였다. 재상 백리해는 피곤해도 수레에 타 앉지 않고 더워도 일산이나 덮개를 하지 않으며 나라 안을 순시할 때 호위가 방패와 창을 들지 말게 하고 수레 뒤를 따르지도 못하게 했다. 그가 세상을 떠나자 진나라 사람은 남녀가 눈물을 뿌리고 아이들은 노래를 그쳤으며 절굿공이는 방아를 찧지 않았다. 여씨춘추呂氏春秋에 나오는 백리해 이야기는 다르다. 우나라 사람으로 괵나라에 가 일하다 괵이 망하여 진晉나라의 포로가 되었다. 거기서 진秦으로 흘러 들어가 소치는 목동 일을 하는데 진나라 대부大夫 공손지公孫支가 그 현자임을 알고 염소가죽 다섯 장으로 사 목공에게 천거하고 사흘 동안 설득하여 등용케 했다. 전한前漢 학자 유향劉向이 지은 설원說苑에는 또 다른 이야기가 전한다. 목공이 상인商人에게 소금을 운반해 오라 하자 상인이 종 백리해를 그 주인에게 염소가죽 다섯 장으로 사 일을 시켰다. 먼 길에 소들이 무거운 소금을 지고 왔음에도 살진 것을 보고 목공이 의아 하여 연유를 묻자 백리해는 여물을 잘 먹이고 난폭히 몰지 않으며 제가 앞장서 길이 험한지를 살펴 가며 이끄니 살쪘다고 했다. 이에 목공이 목욕하고 의관을 갖춘 다음 그와 대담하였다. 다음날 상경上卿 공손지가 '어디 성인聖人이라도 얻어 그리 기뻐하시느냐' 묻자 목공이 백리해 이야기를 하였다. 청파聽罷에 공손지는 자기 상경을 백리해에게 양보하겠다며 목공을 세 번 설득하여 스스로 차경次卿이 되었다. 또 맹자는 고족제자高足弟子 만장萬章이 백리해 말을 하자 '백리해는 본래 우나라 사람으로 가도멸괵假道滅虢[길을 빌어 괵나라를 멸함. 진晉나라가 우虞나라로 지나가는 길을 빌어 괵을 치겠다고 하니 신하들이 반대함에도 우의 군주가 길을 내 주었다. 진은 괵을 멸하고 돌아오는 길에 우국도

멸했다]을 알았음에도 우공虞公에게 간해야 부질없음을 알고 진秦으로 가니 나이가 70이었다'하였다. 진시황 때의 명장 몽의蒙毅는 목공이 백리해를 억울하게 죽였다 하였다. 백리해 같은 현인도 말년이 순탄치 않았던 것 같기도 하고, 사마천은 사기에서 이런 인물을 열전에 올리지 않았으니 불가해한 일이다. 백리해는 장성하여 아내 두씨杜氏를 얻고 아들 백리시百里視[진秦 용장勇將, 자 맹명孟明]도 낳았으나 가난에 시달리며 누구도 그를 알아주거나 천거해 주지 않았다. 이에 아내의 격려를 받으며 제齊나라로 일자리를 찾아 떠나고 거기서 그를 알아주는 건숙蹇叔을 만나 더부살이하였다. 제나라는 양공襄公이 죽고 장손무지長孫無知가 즉위했으나 건숙이 만류하여 임관하지 않아 변란에 휘말리지 않게 되고, 이어 주 왕자周王子 퇴頹를 섬기려다 또한 건숙의 만류로 그만두어 난화亂禍를 면했다. 하다 못해 우나라로 귀국해서 궁지기宮之奇라는 이의 천거로 중대부中大夫 벼슬을 얻었다. 그리고 진晉의 공벌로 우가 망하는 바람에 진의 포로가 되어 헌공의 딸에게 장가들어 온 진秦 목공을 따라 노예로 입진入秦하게 되었다. 도중에 탈주해 초나라로 가 소먹이 목동이 되었는데 소를 잘 기르기로 이름이 나자 초 성공楚成公이 불러다 어인圉人[마부馬夫]을 삼아 궁중의 말을 기르게 했다. 한편 장가들고 귀국한 목공이 노예 명단에서 백리해가 없어진 것을 알고, 또 초나라에 달아나 있는 백리해가 현자라는 소리도 듣게 되어 공손지의 계책으로 슬그머니 양가죽 다섯 장으로 속바치고 데려다 임관시켰다. 임관되자 백리해는 목공에게 건숙을 추천하여 초빙해다 정승 우서장右庶長을 시키고 자기는 좌서장이 되었다. 아들과 함께 진으로 들어와 남의 빨래를 해주던 아내 두씨가 노래를 지어 퍼뜨렸다. '백리해 양가죽 다섯 장, 이별하던 그날을 기억하나. 알밴 암탉 잡고 노란 조밥 짓고 문짝으로 불 때던 때를, 이제 부귀하니 날 잊었구나!' 이 노래를 들은 백리해는 달려나와 아내를 찾아 상봉하고 아들도 만나게 되었다. 목공이 정나라를 치려 하자 백리해는 만류했지만 목공은 듣지 않고 진군했다. 예상대로 목공은 그 처남인 진 혜공의 배신으로 정·진 양국의 협공을 당해 대패하였다. 백리해가 관직에서 물러나 죽은 뒤 나라의 온 백성이 어버이를 잃은 것처럼 애통하였다. 또 이런 이야기도 있다. 백리해는 집이 가난한데 40이 되어도 벼슬을 못하고 제나라로 가 건숙의 집에 더부살았다. 처음에 제나라 공족 공손무지를 섬기려 했으나 건숙이 오래가지 못한다고 말렸다. 공손무지가 난을 일으켜 무도한 양왕을 죽이고 즉위했으나 한 해를 못 넘기고 살해되었다. 백리해가 마소를 잘 치므로 이번에는 목축을 좋아하는 주 왕자 퇴를 섬겨 한 몸을 의탁하려 했다. 건숙이 퇴 왕자도 오래 못 간다고 주저앉혔다. 과연 주 혜왕惠王의 공격을 받아 퇴 왕자도 몰락했다. 우나라로 귀국해 벼슬하려 하자 건숙은 우공虞公도 위인이 어리석다며 말렸지만 간절히 원하는 백리해를 막지 못했다. 주 혜왕 22년, 서기전 655년에 진晉이 괵을 멸하고 우도 멸하여 백리해가 진나라의 포로로 전락했다. 진 목공秦穆公이 진 헌공晉獻公의 딸과 혼례하러 왔을 때 그 혼수로 딸려 보내는 노예로 편입

되어 신행차新行次를 따라 진秦나라로 가던 백리해는 감시가 허술한 틈을 타 초나라로 도망쳐 소치기가 되었다. 수행 명록에 백리해가 이름만 있고 사람이 없는 것을 보고 이상히 여긴 목공은 뜻밖에 그가 현자임을 알고 후한 예물로 초빙하려 했다. 그러자 신하들이 그랬다간 초나라가 그 현자임을 알고 내놓지 않을 거라며 그저 도망친 종을 추노推奴한다는 구실로 검은 염소가죽 다섯 장만 주고 사오게 했다. 진 목공이 초 성왕에게 사람을 보내 염소가죽을 바치며 달아난 종을 보내 달라 청하니 초 성왕은 무심코 이 국보國寶를 양가죽 다섯 장에 내주었다. 백리해를 거저 주워 횡재한 목공은 기뻐하며 그 식견을 듣고 대부로 등용하여 백리해로 하여금 오고대부라는 별호로 불리게 하고, 백리해는 게다가 건숙의 지혜와 자기에게 베푼 은혜를 상주하여 데려다 함께 등용케 하여 진나라로 하여금 빈집에 큰 소 두 마리가 들어온 격이 되게 하였다. 진 목공 36년, 서기전 624년 목공은 다시 진晉을 정벌해 이겼다. 이때를 끝으로 백리해의 기록이 실종되어 토사구팽兎死狗烹이 된 것이라는 견해가 있다. 사마천은 사기의 몽염전蒙恬傳에서, 몽염의 아우 몽의蒙毅가 죽으며 남긴 말에, 목공이 사후에 목穆[굳세고 엄혹하다는 뜻]이라는 악시惡諡[악한 시호]를 받은 것은 많은 인명을 순장殉葬했을 뿐만 아니라 정당하지 않은 죄를 걸어 백리해를 처벌한 때문이라 했다는 데에 근거하고 있다. 백리해의 덕망과 영향력이 임금을 능가하자 목공이 두려운 나머지 그와 건숙 일파를 제거했을 것이라는 추측이다. 진사秦史에서 백리씨는 백리해와 그 아들 백리시에서 이음이 없고 건搴씨도 건숙과 두 아들 건술搴術 건병搴丙에서 끝나는데, 건술은 그 자가 서걸西乞임에 따라 후손이 서걸술西乞術로 개성改姓하고, 건병은 그 자 백을白乙에 따라 후손이 백을병白乙丙이라 개성하여 후세의 명장 백기白起와 같은 백씨의 선조가 되는 것 등이 심상치 않다. 백리해에 대한 중국의 역사적 평가는 이렇다. '모책謀策은 부당한 것이 없고 일을 하면 반드시 공을 세웠다. 진목공을 보좌하여 문명교화文明敎化를 창도하고 백성에게 무거운 혜택을 베푸는 정책을 실행하며 인민에게 거듭하여 좋은 처우가 많이 이르게 하였다. 안으로 국정을 다스리고 밖으로 패업霸業을 도모하여 천리의 국토를 개척하고 서융西戎의 패자霸者 소리를 들었으며 지금의 감숙성甘肅省과 영하성寧夏省 등 지역을 통일하고 진나라가 굴기崛起를 시작케 하여, 이 한 시대를 진 효공孝公이 아주 광미光美한 시대라 이르게 하였다. 역사에는 백리해가 삼치진국지군三置晉國之君[함곡관 밖의 사천성四川省 땅 진晉나라 지역을 한韓 위魏 조趙 셋으로 갈라 놓은 군자], 구형주지화救荊州之禍[형주의 화란을 구제함]를 한 사람으로 기록되고, 봉강封疆에 교화를 발흥시키니 파인치공巴人致貢[파족巴族이 공물을 바침]하고, 제후諸侯에게 시덕施德하니 팔융八戎[8개 융족戎族]이 나와 복종하였다.' 그리하여 진국으로 하여금 춘추오패春秋五霸의 하나가 되게 하고 진국이 최종에 중국통일을 전정奠定하는 기출基礎[기반과 주춧돌]을 뇌고牢固히 다지게 하였다.

건숙蹇叔*은 송宋[주대周代 서기전 1039-286년에 하남성河南省 지역에 있던 후국侯國]나라에서 맞아 오고,

*건숙蹇叔[서기전 690-610년]은 앞의 백리해百里奚 주기에서 소개되었다. 춘추시대 말 송宋나라 질읍銍邑[안휘성安徽省 수계현濉溪縣 임환집臨渙集] 사람으로 동주열전東周列傳에 오른 명현이자 경세가經世家 군사가軍事家이며 목공穆公 시대 진秦의 상대부上大夫이다. 본디 질읍 산곡중 명록촌鳴鹿村의 신선 같은 은사隱士인데 백리해가 40이 넘도록 쓰일 자리를 얻지 못하여 굶다가 처자와 이별하고 타국 진晉나라로 가 유랑 끝에 걸인이 되어 송나라 명록촌에 이르러 건숙을 만났다. 백리해를 우연히 본 건숙이 그 위인이 걸개乞丐 행색에도 기위奇偉한지라 말을 걸어보니 대꾸가 달랐다. 그를 모려茅廬[띠풀로 인 오두막]로 데리고 들어와 대좌하여 담론을 펴니 말이 유수와 같았다. 날이 저물고 새는 걸 잊고 이야기를 나누다 보니 두 사람은 지기知己가 되고, 건숙은 이 과객이 언제 어디로 떠날까를 걱정하며 같이 지내게 되었다. 제나라 공자 장손무지가 양공을 죽이고 스스로 임금이 되어 방榜을 붙이고 현사를 부를 때 백리해가 투신코자 하니 건숙이 막으며 '양공의 아들이 밖에 망명해 있고 공손은 명분과 지위가 바르지 못해 반드시 성공치 못하리라' 하더니 미구에 무지가 옹림雍林에 사냥 갔다 옹름인雍廩人에게 주살되어 무리가 폭망하였다. 주나라 여왕厲王의 아우 왕자 퇴頹가 소싸움을 좋아하여 두터운 대우와 보수로 양우인養牛人을 구했다. 백리해가 지원하자 건

숙이, 사람이 섬길 사람을 택하는 게 막중하다면서 낙읍洛邑까지 동행하여 왕자 퇴를 만나보고 나와서는 '왕자 퇴는 뜻은 큰데 재능이 어설프고 그 신임 받아 쓰이는 사람이 다 비천하고 호리好利를 탐하는 무리이니, 이는 의고依靠[몸을 맡겨 의탁함]할 사람이 못된다. 어서 여기서 작별하고 돌아감만 같지 못하다' 하고 데리고 돌아왔는데, 뒤에 왕자 퇴가 조반造反[반란]하다 실패하여 피살하니 백리해가 또 한 번 몰사를 면했다. 백리해가 처자를 두고 고향을 떠나온 지가 너무 오래되어 고국에의 상회想回에 잠기는 게 보기 딱했다. 건숙에게 궁지기宮之奇라는 고구故舊가 있어 당시 우나라에서 벼슬하고 있었다. 건숙이 그도 만날 겸 집을 그리워하는 백리해를 데리고 우국에 동행하였다. 그리고 궁지기를 만나 회포를 풀며 백리해의 현능함을 성찬盛贊하니 궁지기가 인천引薦하고자 두 사람을 데리고 우공虞公에게 갔다. 우공을 보고 돌아온 건숙이 '작은 편의나 애탐愛貪하니 유위有爲한 주군이 되지 못하겠다'면서 만류했으나 백리해가 워낙 오래 곤궁하여 생계를 도모치 않을 수 없는지라 그 말을 차마 듣지 못하고 남아 궁지기의 주선대로 우공의 중대부가 되었다. 미구에 건숙의 걱정이 현실로 다가와 주 혜왕周惠王 22년, 서기전 655년에 진 헌공晉獻公이 우를 거쳐 들어가 괵을 치는 차도공괵借道攻虢[길을 빌어 괵을 침]책을 쓰고자 대부 순식荀息을 보내 후한 예물을 드리니 회뢰를 탐하는 우공이 진군晉軍으로 하여금 자국을 관통케 하는 차도를 응낙했고, 진군은 쉽게 괵을 멸하고 돌아오는 길에 우국을 거저 멸하여 우공과 백리해를 포로로 잡아 개선하였다. 이 일이 가도멸괵假道滅虢과 순망치한脣亡齒寒[입술이 없으면 이가 시림]이라는 명언으로 성어成語되고 망국지신亡國之臣이 된 백리해는 노예로 전락했다. 백리해가 오고대부로 진 목공에게 발탁되는 날 너무 늙은 70객이라고들 하자, 젊은이처럼 땅 파고 돌을 들어 옮기며 전장에서 치달리지는 못하나 목사이령目使頤令[눈짓으로 시키고 턱짓으로 명함]으로는 천군만마를 움직인다 하였다. 목공이 그를 상경上卿으로 삼고자 하니 백리해가 사양하며 '신의 재능은 친구 건숙의 10분의 1이 못됩니다. 주군께서 왕업을 이루시려면 청컨대 건숙을 데려다 상경을 삼고 신으로 그를 보좌케 하소서' 하였다. 목공이 '그대의 재능은 이미 과인이 보았소. 허나 건숙의 현능함은 아직 듣지 못했소' 하니 백리해가 '주군만이 아니라 제齊와 송宋에서도 역시 그의 현능함을 모릅니다' 하고 앞서 건숙과 제 주 우 3국에서 겪은 세 가지 신상의 큰일을 설파하였다. 목공이 공자 칩縶을 장사꾼으로 변장시켜 소 두 마리에 보화의 예물을 가득 실려 명록촌 산중으로 보내 건숙을 모셔오게 하였다. 백리해는 또 공자 칩에게 별도의 서신을 써 주었다. 칩이 명록촌에 이르니 밭두렁에서 농부가 노래하되 '산 높은 구렁에서 농사지어 배불리 먹으니 수레가 소용없고 모두가 천명天命이니 영욕榮辱이 없도다' 하였다. 칩이 종자에게 '군자가 사는 곳에 고둔지풍高遁之風[고고히 은거하는 기풍]이 있구나' 하고 농부에게 건숙의 집을 물어 찾아가니 푸른 대숲에 싸여 너른 백석白石과 흰 구름이 떠도는 운치가 그윽하고 아름다워 속세를 떠난 낙원이었다.

칩이 예물을 드리고 찾아온 연유를 말하며 '우리 주군께서 고묘망우枯苗望雨[마른 논의 모가 비를 기다림]로 선생을 기다린다' 하니, 건숙이 '지난날 우공이 정백井伯을 올바로 쓰지 못해 패망하였소. 이제 진군秦君께서 허심虛心으로 현자에게 국정을 맡기신다면 정백 한 사람으로 족하오. 이 노부老夫는 세사와 인연을 끊은 지 오래라 공자를 따르지 못하오' 하였다. 칩이 '만약 선생이 가지 않는다면 정백도 반드시 혼자 남지 않을 것입니다' 하고 백리해의 편지를 내놓았다. 건숙이 읽어보고 '정백은 현덕을 가지고 그 재능을 펴지 못하였다. 오래 방황하다 노령에 비로소 명주明主를 만났는데 내 어찌 그 뜻을 성취치 못하게 하겠는가. 한번 가서 그를 격려하고 오리라' 하고 이튿날 아들 건병蹇丙을 데리고 공자 칩을 따라 진으로 갔다. 목공이 섬돌 아래로 내려와 맞아들여 건숙에게 물었다. '정백이 수차 선생의 현능을 말했는데 선생은 과인에게 무엇을 가르쳐주시겠습니까.' '진나라는 서쪽 변방에 있어 융적戎狄과 인접했는데 지세는 험하고 병사가 강하니 나아가면 족히 싸우고 물러서면 족히 막습니다. 중화中華에 비해 결코 불리하지 않으나 다만 위덕威德이 부족합니다.' '위엄과 덕 중에 무엇을 갖추어야 합니까.' '덕을 근본으로 삼아 위엄으로 다스려야 합니다. 덕은 있되 위엄이 없으면 나라는 밖으로부터 위협받고 위엄은 있되 덕이 없으면 나라는 안으로부터 무너집니다.' 줄 잇는 물음에 응답이 청산유수이니 시각의 지남을 잊었다. 끝으로 건숙이 목공에게 '진이 서융西戎을 정복하느냐 못하느냐가 화복의 관건입니다. 지금 제후齊侯

는 늙고 패업은 쇠할 것입니다. 주군은 옹위雍衛의 백성을 선무宣撫하시고 융적을 호령하여 불복하는 자는 정벌하소서. 제후諸侯가 모두 복종한 후에 군사를 몰아 중원中原의 변란을 기다려 제齊나라가 버린 것을 주워 덕을 베푸소서. 그러면 주군이 원치 않더라도 저절로 패업이 이루어질 것입니다' 하니 목공이 대희하여 '과인이 두 노인을 얻었으니 참으로 서민庶民의 장長[어른]이로다' 하고 건숙을 우서장右庶長 백리해를 좌서장으로 삼으니 모두 상경이라 이들을 이상二相으로 불렀다. 그리고 건숙의 아들 건병 백을白乙을 대부大夫로 삼으니 이로부터 진나라가 크게 다스려졌다. 한편 생계를 찾아 타향을 전전하던 두杜씨는 부군이 진의 재상이 되었다는 소문을 듣고 찾아와 가족이 상봉하고 목공은 곡식을 많이 하사하며 그 아들 백리시 맹명孟明을 대부로 삼았다. 맹명과 백을 그리고 공자 칩이 천거한 건숙의 장자 서걸술西乞術이 다 장군이 되어 세인이 이 셋을 삼수三帥라 하였다.

비표斐豹* 공손지公孫枝*는 진晉나라에서 맞아와,

*비표는 진晉나라 평공平公[서기전 557-532년] 시대 노예이다. 소시에 득죄하여 붉은 글씨의 죄적 단서丹書에 오른 노예인데 진 평공 8년, 서기전 550년에 귀공족 간에 상쟁이 일어나 도병刀兵으로 싸우는 대란으로 번졌다. 대부大夫 난영欒盈과 그 친족이 위魏씨와 칠여대부七與大夫와 연결하여 한韓 조趙 지智 범范 중행中行씨 등을 상대로 격전하다

가, 난영이 곡옥曲沃의 갑병으로 진의 강도絳都를 기습하니 다 집안에서 한 사람도 대적하여 손을 쓰지 못하고 재상 범선자范宣子는 평공을 감싸 안고 퇴각하여 궁궐로 피해 굳게 지키는데 난영의 가신 대력사大力士 독융督戎이 선봉으로 날뛰므로 모두가 두려워 떨며 속수무책이었다. 이때 비 표가 몸을 날려 높은 담을 넘어 들어와 독융을 배후에서 쳐부숴 베고 난영을 멸족시키니 범선자가 대희하여 비표의 단서를 태우고 속량贖良[노예에서 양민으로 해방]시켰다.

*공손지는 춘추 진 목공秦穆公 시대 기주歧州[섬서성陝西省 봉상鳳翔] 사람으로 성은 영성嬴姓 공손公孫씨, 이름이 지支 또는 지枝, 자는 자상子桑이다. 젊은 시절 진晉나라에 편력遍歷하고 있었는데 뒤에 진秦의 공자公子 칩縶을 따라 진나라로 갔다가 목공의 존대를 받아 사師가 되어 많은 헌책獻策을 하였다. 중요한 대책을 허다히 의논함에 항상 형세 판단이 정확하고 균형이 잡혀 목공의 결책이 적절히 작출되도록 도왔으며 특히 사람을 식별하는 재능을 갖추어 양가죽 다섯 장으로 산 백리해를 목공에게 천거하여 상경上卿을 삼게 하고 스스로 차경으로 내려앉아 그를 보좌하여 진의 패업을 성취케 하였다. 서기전 651년 목공이 처남 중 하나인 진국晉國 공자 이오夷吾를 진후晉侯로 세우려 하자 주의를 깨우쳐 이오의 시기하고 이기기 좋아하며 대부對付[협상하여 화합함]하기 싫어함을 들어 간하였으나 목공이 듣지 않아 후일의 화근이 되었다. 그러나 서기전 647년 혜공이 된 이오가 한재旱災로 식량을 청하자 여부를 묻는 목공

에게 재앙을 기화로 진을 치는 대신 원조를 하여 그쪽의 민심을 사도록 진언했다.

나라 열둘을 아울러 서융西戎*의 으뜸이 되고,

*서융 : 서융西戎은 중국에서 서쪽에 사는 이민족을 일컬음이다. 융적戎狄이라 하면 서융과 북적北狄의 합칭이다. 중국 사람은 중원中原 또는 중화中華에서 동서남북의 이민족異民族[오랑캐]을 각칭하여 동쪽의 활을 잘 쏘는 족속을 동이東夷, 서쪽의 창을 잘 쓰는 족속을 서융西戎, 남쪽의 벌레 많은 곳을 남만南蠻, 이리가 많은 북쪽을 북적北狄이라 했다. 서융은 주로 감숙성甘肅省[간쑤성] 일대에 거주하였다. 귀방鬼方 험윤獫狁 견융犬戎 등이 은주殷周 시대에 나타났으며 특히 주나라와 오랫동안 적대하였다. 또 산서성山西省[산시성]과 하북성河北省[허베이성] 북부 일대에 주거하는 민족을 산융山戎이라 하였는데 이들은 춘추전국시대에 연燕과 제齊를 자주 침범했다. 견융은 서기전 8세기 주도周都 호경鎬京을 함락하여 서주西周를 몰락시키고 동주東周와 춘추 및 전국시대를 야기시킨 원인이 되었다. 이들 제융諸戎을 진秦이 정벌하여 서서히 흡수 병탄하였다.

소양왕昭襄王*은,

*소양왕[서기전 325-251, 재위 전 306-251]은 앞서 간략히 주기한 바와 같이 소왕昭王이라고도 하며 전국시대 진秦의

28대 군주이자 제4대 왕이다. 혜문왕惠文王의 제8서자이며 성명은 영직嬴稷 또는 영칙嬴則이고 무왕武王의 이모제異母弟요 효문왕孝文王의 아버지이다. 재위 56년으로 진나라 최장수 국군이며 재위중 이궐지전伊闕之戰 오국벌제五國伐齊 언영지전鄢郢之戰 화양지전華陽之戰 장평지전長平之戰 등이 있었다. 그는 일찍이 연燕나라에 인질로 가 있었는데 장대한 체구에 괴력으로 힘겨루기를 좋아하던 이복형 무왕이 역사 맹열孟說과 1천 근 청동솥 들기를 하다 경골脛骨[정강이뼈]이 부러져 재위 4년 만에 23세로 죽고 그 아들도 없는 바람에 어머니 선태후宣太后 등에 의해 갑자기 즉위하였다. 공자 영직은 연나라에서 귀국이 쉽지 않고 본국의 여러 신하가 옹립을 반대하여 어려웠으나 연왕 뿐 아니라 조趙나라 무령왕武靈王의 도움으로 대군代郡의 재상 조고趙固의 호송을 받아 연조 양국을 관통하여 귀국하고, 본국에서는 우상右相 저리질樗里疾과 위염魏冉 및 모친 선태후의 도움과 주선으로 왕위를 이었다. 즉위초에는 선태후가 섭정攝政하고 위염이 함양장군咸陽將軍으로 병권을 총괄하며 왕숙王叔과 저리질이 이상二相이 되어 내정을 진정시켰는데 서기전 304년 왕의 나이 22세가 되어 관례冠禮를 행하고 선태후의 섭정이 걷혀 친정을 시작하자 이듬해 서장庶長 영장嬴壯의 모반이 일어나 연루된 대신과 여러 후侯가 처형되며 부왕의 비 혜문후惠文后도 죽고 선왕비 도무왕후悼武王后는 본국 위나라로 돌아갔다. 3년 후 서기전 301년에는 동기형제 촉후蜀侯 영휘嬴煇가 반란하여 사마천의 8대조 명장 사마착司馬錯을 보내 평정하였다. 왕 41년 당시

4귀四貴로 일컫던 양후穰侯 위염, 화양군華陽君 미융羋戎, 경양군涇陽君 공자 패芾, 고릉군高陵君 공자 이悝가 권력을 천단하고 사사로이 재부財富를 취하는 게 왕실의 병폐였다. 왕이 위나라 사람 범수范睢의 건의를 좇아 선태후의 정권을 회수하고 이들 사귀를 구축하고는 범수를 재상에 앉혔다. 재위중 백기白起를 장군으로 임용하여 전후로 세 차례 진晉 제齊 초국楚國과 싸워 이기고, 위나라의 하동河東과 남양군南陽郡을 공취하였으며 초나라의 검중군黔中郡과 영도郢都를 취하고 장평지전長平之戰을 일으켜 조군趙軍에 대승하고 동주東周의 왕도 낙읍洛邑을 함락시켜 주 난왕周赧王을 포로로 잡고 구정九鼎을 함양으로 옮겨 주나라 8백년 통치를 결말지었다.

상앙商鞅*의 법을 써 제후를 치니 스스로 와 항복하여 이제까지 이르러 크게 다스리시고,

*상앙[서기전 395-338]은 원래 위衛나라 왕의 서공자庶公子로 희성姬姓 공손公孫씨여서 공손앙公孫鞅, 또는 위나라 왕실에서 나서 위앙衛鞅이다가 상군商君이라는 별칭을 얻은 뒤에 상앙商鞅이 된 사람이다. 그가 위국의 도읍 제구帝丘에서 났을 때 위나라는 국력이 쇠하여 위魏와 조趙의 속국처럼 되어 있어, 그는 공자임에도 스스로 벼슬자리를 얻으러 떠돌아야 하였다. 후일 한비자韓非子가 정립한 법치주의 형명학刑名學의 원조로서 공부가 깊고 재주가 뛰어났는데, 처음에 위나라 재상 공숙좌公叔座의 식객이 되었다. 공숙좌

가 상앙의 능력을 일찍부터 알아보고 아꼈는데 노병이 들어 정사를 못 보게 되자 주군 혜왕惠王에게 청하여 상앙을 재상으로 삼으라 하고, 불연이면 그를 죽여 타국으로 가지 못하게 하라 진언하였다. 상앙에게는 또 혜왕이 등용치 않을 것이면 멀리 도망하여 살길을 구하라 일렀다. 상앙은 혜왕이 공숙좌의 말을 안 들어 자기를 재상삼지 않을작시면 그 말을 들어 자기를 죽이지도 않을 것이라 하여 떠나지 않았고, 혜왕 또한 공숙좌가 노병이 깊어 헛소리하는 줄 알고 믿지 않았다. 서기전 361년 즉위한 진 효공秦孝公은 동방의 잃은 땅을 수복하고 자국을 무시하던 제후국을 복속시키고자 천하에 인재를 구했다. 이에 진나라로 간 상앙은 효공의 측근 환관 경감景監에게 접근하여 효공을 알현했으나 깊은 인상을 주지 못했다. 효공을 네 번째 알현했을 때 상앙은 포부를 역설하여 엄격한 법과 제도를 확립하여 진나라를 강력한 중앙집권국가로 개조하고 농업생산과 군사력 증강을 설파하여 이른바 변법變法의 시행을 주장하여 효공을 설복시켰다. 그러나 상앙의 변법에 대해 법고法古[옛것을 법받아 고치지 않음]를 고수하려는 중신衆臣과 국인의 저항이 커 국론이 분분하고 효공은 유예불결猶豫不決타가 조회朝會를 소집하여 이 일을 상의商議케 했다. 귀공족貴公族을 대변하는 감룡甘龍과 두지杜摯 등이 출반出班하여 변법을 반대하여, 이불리로 따지며 변법이 백번 부당하고 공헌으로 보아도 공기公器를 바꾸는 것이 열 번 부당하다면서 '법고에 과실過失이 없고 순례循禮[예도를 좇음]에 삿됨이 없다'고 주장하였다. 이에 상앙이 침봉針鋒으로 상대의 핵심을 찔러 '이전 세상과 지금은 교화敎化가 같지 않은데 어찌 옛것만 법받을 것인가. 제왕은 서로 반복하지 않는데 어찌 예도를 좇기만 할 것인가. 세상을 다스림에는 한 가지 도리로만 하지 않고, 나라를 편하게 하자면 옛것만 법받을 수 없습니다. 탕湯과 무武가 왕이 됨에는 옛것을 좇지 않아서 흥했고 하은夏殷이 멸망한 것은 예도를 바꾸지 않아서입니다. 그런즉 법고를 반대하는 것이 반드시 옳지 않은 것이 아니고, 예도를 좇는 것이 그리 크게 옳은 것만이 아닙니다' 하여 중론을 압도하였다. 기원전 359년 효공은 상앙을 중용하여 변법 시행의 책임자로 삼고 좌서장左庶長을 배하였다. 좌서장이 된 상앙은 거침없이 1차 변법을 시행하여 오십제도五十制度라는 연좌제를 고안해 백성이 서로 감시하며 범법자를 고발하게 하였다. 왕실과 귀족층에도 등급을 매겨 소유재산의 양과 의복에 규제를 가하고 군공에 따라 신분을 상승시키거나 특권을 부여하고 공이 없으면 신분을 박탈했다. 그리고 농경을 중시하여 황무지를 개간하였다. 상앙은 변법의 엄격한 실행을 위한 본보기로 도성 남문에 있는 세 길 높이의 나무를 북문으로 옮기는 자에게 금화 열 냥을 준다 했다. 백성이 이를 믿지 않고 아무도 옮기지 않자 상앙은 다시 백 냥을 주기로 했고, 반산반의하던 한 백성이 이를 옮기자 약속대로 백 냥을 주니, 이로부터 백성이 법을 믿게 되었다. 한편 범법자는 무자비하게 엄벌했다. 태자가 법을 어기자 벌하려 했으나 왕위를 이을 지존이므로 그 후견인 공자 건虔과 공손가公孫賈를 대신 벌했다. 뒤에 공자 건이 범법하자 상앙은 법에 따라 그 코를 베는 의형劓刑에 처했다. 이처럼 삼엄하고 평등한 법 집행에 모두가 전율하고 나라는 변법을 실시한 지 10년이 안가 부강대국이 되었다. 효공은 강대국이 되자 옛 목공의 위업을 재현하고자 영토전쟁을 시작해 서기전 352년 상앙을 장군으로 삼아 위魏나라를 쳤고, 상앙은 그 수도 안읍安邑을 공격하여 대승하였다. 서기전 350년 효공은 동방 제압을 위해 수도를 동쪽 함양咸陽으로 옮기고 상앙으로 하여금 2차 변법을 시행케 했다. 상앙은 규제를 더욱 강화했다. 작은 촌락과 도회를 통합하여 전국을 31개의 현縣으로 나누고 중앙관을 파견했다. 황무지 개간을 더욱 장려하고 밭두둑과 경계를 없애 경작지를 넓혔다. 조세를 공평히 매기고 도량형을 통일하며 중앙집권체제를 더욱 강화하니 농업생산력이 증진되어 국가 재정이 풍부해졌다. 서기전 340년 진나라는 제나라와의 싸움에 패해 약해진 강대국 위魏나라를 쳤다. 상앙은 위의 공자 위앙魏央에게 친서를 보내 자기가 한때 위국인이었음을 상기시키고 거짓 동맹을 맺자고 불렀다. 상앙은 속아 동맹연에 나온 위앙을 사로잡아 대승을 거두고, 진군에 괴멸된 위나라는 진나라에서 가까운 수도 안읍을 버리고 동쪽 대량大梁으로 천도하여 혜왕이 맹자에서 불리듯 양혜왕梁惠王으로 별칭되었다. 혜왕은 전일에 상앙을 재상으로 쓰거나 아니면 죽이라고 진언한 공숙좌의 충언을 듣지 않았던 것을 후회하였다. 상앙은 이 공으로 진의 열후列侯에 봉해져 어於와 상商 등 15개 고을을 받고 상군商君으로 불리게 되었다. 상앙의 엄혹한 변법 집행에 피해한 백성과 귀공족의 원성이 빗발쳤으나 그는 아랑곳 않고 반대자와 범법자를 한층 더 엄벌했다. 이에 조량趙良이라는 선비가, 정세와 민심이 너무 안 좋으니 그만 정사에서 물러나 낙향할 것을 충언하였으나 상앙은 무시했다. 서기전 338년 효공이 죽고 태자 사駟가 즉위하여 혜문왕惠文王이 되었다. 효공이 없는 조정에서 상앙은 끈 떨어진 뒤웅박이었다. 전일 그에게 코를 베인 공자 건虔과 공손가公孫賈가 필두가 되어 상앙을 모함하고 왕이 된 태자 사는 그런 모함이 없어 한이었다. 건과 공손가는 상앙이 금상을 제거할 역모를 꾸민다 밀고하고 왕은 이를 빌미로 상앙을 잡아들이라 했다. 상앙은 황급히 함양을 탈출하여 국경 지대의 객사에서 밤을 묵으려 했다. 객사 주인이 여행권 없는 사람을 재우면 엄벌을 받는 변법 조목을 대며 거절했다. 비로소 상앙은 자기가 만든 변법이 너무 가혹함을 깨달았다. 자기가 쳤던 위나라로 도망친 상앙은 다시 그 영지인 상읍商邑으로 돌아와 군사를 모았다. 거기서 정鄭나라를 공격하며 재기를 노렸으나 본국에서 보낸 정예군에 덜미가 잡혀 함양으로 호송되고 대로광장에서 거열형을 당하였다. 일족도 몰살되어 살아남음이 없었다. 상앙은 이렇게 사라졌지만 그가 다스린 20년 동안에 진국은 전국시대 초의 강대한 패자가 되었고 그가 뿌리박은 변법은 그대로 시행되어 후일 진시황이 중원대륙의 패자로 우뚝 서게 하였다.

혜왕惠王*은 장의張儀* 꾀를 써서 6국 종합縱合[합종合縱과 연횡連衡의 합종]하는 일을 스스로 다 버리고 진나라를 섬

기[게 하]고,

*혜왕은 혜문왕惠文王[서기전 356-311, 재위 서기전 338-311년]이 완칭이다. 진의 26대 국군, 성은 영성조씨嬴姓趙氏, 이름은 사駟 또는 인駰으로 효공孝公의 태자로서 혜공惠公으로 즉위했다가 재위 14년, 서기전 324년에 칭왕稱王하여 혜왕惠王으로서 진나라 제1대 왕이 되고 사후에 혜문惠文의 시호를 받아 혜문왕으로 공칭되었다. 태자 시절 상앙商鞅이 가혹한 변법을 시행함에 반발하던 사부師傅 공자 건虔과 공손가公孫賈의 사주를 받아 고의로 신법新法을 어겼다. 상앙은 그 사부들을 잡아 코를 베는 의형劓刑을 가하고 시종들을 사형에 처했다. 왕은 즉위하자 이러한 상앙을 거열車裂에 처하고 멸족滅族하였으나 상앙이 시행하던 신법은 폐하지 않고 대외 확장과 내정개혁에 더욱 박차를 가했다. 수차에 걸쳐 위魏나라를 공격해 황하 서쪽의 위령魏領 하서河西지역을 수복하고 계속 진군하여 북쪽 상군上郡을 점령했다. 사마착司馬錯의 헌책을 받아들여 촉蜀 저苴 파巴 등을 멸해 진나라 관중關中의 배후 광활한 곡창 일대를 진의 영토에 편입시킴으로써 국력을 획기적으로 신장시켰다. 제齊와 초楚나라가 합종合縱을 행하여 진에 대항코자 하자 장의張儀의 연횡책連衡策을 써 6국을 분리시키고, 재상 장의를 초나라에 보내 6백리 땅을 할양한다고 속여 초로 하여금 제와의 우호관계를 끊게 하였다. 이어 초나라가 군사를 내 진격해오자 단양丹陽과 남전藍田의 2차에 걸친 회전에서 초군을 대파하고 초령 한중漢中의 6백리 땅을 차

지하니 국세가 기울기 시작한 초는 결국 수도까지 빼앗기고 하남의 진현陳縣으로 천도하였다. 한편 혜문왕은 상앙을 제도除掉한 후 그 모반했다는 것이 조사에서 실증이 나오지 않고 공자 건과 공손가의 모함인 것이 밝혀지자 그 두 사람과 많은 당우黨羽를 차례로 제도하였다.

*장의張儀[?-서기전 309 또는 310년]는 희성장씨姬姓張氏로 이름은 의儀, 위魏나라 안읍安邑에서 귀족 출신으로 출생하였다. 이른 나이에 친구 소진蘇秦과 함께 귀곡자鬼谷子 문하에 들어가 종횡지술縱橫之術[열국을 세로로 연합하고 가로로 엮는 계략]을 수학하고 출산出山하여 연횡책連衡策을 수창首創하며 6국을 유세遊說하는 동안 갖은 수모를 겪다가 진나라에 들어가 혜왕의 상식賞識을 받았다. 그 정치 고문이 되어 얼마 지나지 않아 국상國相이 되어서는 촉蜀을 평정하고 위魏나라의 일부를 공취하였다. 진의 재상 노릇을 한 지 6년 지나 혜왕과 밀약하고 진을 떠나 위나라로 가 재상이 되어서는 위나라로 하여금 진을 섬기도록 책략하였으나 위왕이 말을 듣지 않자 진왕에게 몰래 연통해 위나라를 공략케 해 진군이 대승케 하였다. 이듬해 제나라가 위국을 공격하자 이를 기화로 진나라도 대군을 일으켜 나가는 길에 먼저 한韓나라를 쳐 8만 군을 섬멸하였다. 장의는 계제에 위왕을 설득하여 소진이 이룩한 합종책의 약속을 깨고 진나라와 연횡의 화친을 맺게 하였다. 그런 다음 장의는 다시 진으로 돌아가 재상에 복귀하니 3년이 지나 위국이 진을 배반하고 초나라와의 합종으로 재귀하였다가 진이 또

공벌하자 다시 돌아서 진과 화친하였다. 이번에는 강대국 초楚나라로 들어가 유세하여 합종을 못하게 하며 결국 초로 하여금 망국의 위기에 빠지게 하고 돌아 나와 한韓나라로 들어가 그 임금을 위협하여 진을 섬기게 하고 진나라로 회귀해서는 혜문왕한테 무신군武信君으로 봉작되었다. 혜왕 14년, 서기전 311년에 장의는 또 제나라에 파견되는 동유東遊를 떠나 제 민왕齊湣王을 설복하여 합종책을 좇지 않게 하고, 제를 떠나 서향 길에 조나라에 이르러 무령왕武靈王에게 '지금 제나라가 진나라와 상약相約하므로 한과 위국 군대가 조나라를 협격할 준비를 하고 있으니 진실한 정황을 감히 알려드리지 않을 수 없다' 하여 진나라와 동맹하도록 설득했다. 그리고 다시 북향하여 연나라에 가서는 정세의 이불리와 명분으로 소왕昭王을 설복하여 연나라까지 진을 섬기도록 엮어 넣는 연횡책을 완성하고 돌아왔다. 그러나 그가 귀국해 보니 군주가 혜문왕에서 태자 무왕武王으로 바뀌어 있었다. 무왕은 또 어릴 적부터 장의를 좋아하지 않았는데 이를 눈치챈 간신배가 장의를 비방하기 시작했다. 군주와 장의의 관계가 예전만 같지 못하다는 소문이 돌더니 열국이 그의 연횡책을 버리고 소진의 합종책을 택하며 그를 외면했다. 실의한 장의는 스스로 원하여 진을 떠나 고국과 같은 위나라로 가 재상 자리에 오른 지 1년에 죽었다.

다만 희왕[소양왕昭襄王]은 범수范雎*의 공功과 심心[마음]을 [힘]입었으니, 이 네 임금은 다 객客의 공을 썼[활용]사오니, 이사李斯는 어찌 진나라를 배반하리오.

*범수范雎[?-서기전 255]는 범차范且 또는 범저范雎라고도 하며 자는 숙叔이고 변성명은 장록張祿으로 위魏나라 예성 芮城[산서성山西省 예성현芮城縣] 사람이다. 전국시대 저명한 종횡가縱橫家이자 전략가 외교가이고 진국秦國 재상으로서 그 봉지封地가 응역應域이어서 응후應侯로도 불렸다. 소년에 가빈으로 불우하게 살다가 중대부中大夫 수고須賈를 섬기게 되어, 수고가 왕명으로 제나라에 사신 갈 때 동행하였다. 제나라에서 몇 달을 머무는데 제 양왕襄王이 범수의 말을 탐내어 금 열 근과 소와 술을 하사했으나 범수는 받지 않았다. 그런데 수고가, 그게 범수가 나라의 기밀을 누설한 대가가 아닌가 의심하여, 귀국하여 재상 위제魏齊에게 보고했다. 위제가 사인舍人을 시켜 고략拷掠하자 범수가 갈비뼈와 이빨이 부러지며 늘어지므로 측간廁間에 끌어다 버려 빈객들로 하여금 소변을 보게 하여 욕보였다. 몰래 깨어난 범수가 간수를 보고 자기를 놓아주면 후히 보답하겠다고 빌었다. 간수가, 그가 죽어 갖다 버려야겠다고 아뢰고 거적에 씌워 싣고 나가 놓아주어 살아난 범수는 정안평鄭安平이란 무인武人의 도움으로 숨어 이름을 장록으로 바꾸었다. 진나라 사신 왕계王稽가 입국했을 때 정안평은 장록을 진나라에 데려가 달라 부탁했다. 왕계가 응하여 장록을 데려가 소양왕에게 천거했으나 등용되지 않았다. 1년 남짓 왕계의 식객으로 보낸 장록이 소양왕에게 상소하자 왕이 그를 불렀다. 왕을 알현하고자 장록은 후궁이 왕래하

는 영항永巷[궁중의 좁고 긴 골목]을 통해 들어가다가 왕의 행차와 마주치게 되어 환관들이 노하여 그를 쫓아냈다. 이에 장록이 '이 나라에 무슨 왕이 있느냐, 진나라에 태후와 양후穰侯가 있을 뿐'이라고 하는 소리를 왕이 듣고 무슨 소리냐고 물었다. 당시 진의 재상은 양후 위염魏冉으로 소양왕의 모친 선태후의 친동생인데 전권을 쥐고 명장 백기白起를 등용해 주위의 여러 나라를 토벌해 영토를 획득했으나 그 영토를 양후와 그 아우 화양군華陽君, 그리고 소양왕의 아우 고릉군高陵君 경양군涇陽君 등이 나누어 취해서 그들의 부귀가 왕실을 능가하여 외친 소리였다. 이에 불현듯 깨우친 소양왕이 장록을 맞아들여 의견을 청했다. 왕을 면알하자 장록은 대번에 원교근공책遠交近攻策을 설파하여 왕으로 하여금 위나라를 공략하여 영토를 넓히고 한나라를 압박케 했다. 성과에 만족한 소양왕은 장록을 신임하고 신임을 얻은 장록은 양후 등을 배척하지 않으면 왕권이 위험하다고 경고하였다. 왕은 곧 양후와 선태후 화양군 고릉군 경양군을 함곡관函谷關 밖으로 내보내 거세하였다. 재상으로 권력을 장악한 장록은 응 땅의 후작으로 봉해져 응후應侯가 되었다. 진이 위나라와 한나라를 정벌하려 한다는 소문에 위나라가 수고를 사신으로 파견했다. 수고가 입국하자 장록은 초라한 행식으로 그 앞에 나타났다. 수고가 그게 범수임을 알고 죽지 않고 살아 있음에 놀라고 가책하며 두터운 비단 솜옷을 주어 입히고 진의 재상 장록후를 만나고 싶다 하였다. 범수는 자기 주인이 장록 재상을 잘 안다며 앞장서 그를 데리고 장록의 집 승상부로 갔다. 앞서 들어간 범수가 아무리 기다려도 나오지 않으므로 수고가 문지기에게 물으니 '아까 들어가신 어른이 바로 장승상'이라 하였다. 초풍을 한 수고가 황망히 들어가 섬돌 아래 엎드려 사죄하니 범수가 일렀다. '네가 그래도 두터운 명주옷을 주고 개전하였으니 옛정을 생각해 살려 준다. 돌아가거든 위왕에게 전하라. 즉시 위제의 목을 보내라. 그렇지 않으면 대량성大梁城을 허물고 백성을 도륙하겠다.' 귀국한 수고가 위제에게 이를 알리니 위제는 급히 달아나 조나라 평원군平原君에게 숨었다. 소양왕은 장록의 원수 위제가 조나라 평원군의 식객으로 있는 것을 알고 평원군을 불러들여 위제의 머리를 베어 들이지 않으면 함곡관 밖으로 못 나간다 하였으나 평원군이 듣지 않았다. 그러자 소양왕은 조의 효성왕孝成王을 겁박해 위제의 머리를 보내라 하였다. 겁이 난 효성왕이 군사를 내 평원군의 저택을 포위하자 위제는 조의 재상 우경虞卿과 같이 탈주하여 위나라 신릉군信陵君에게 도움을 청했다. 진나라가 두려워 청을 받아들이지 못하던 신릉군이 그 식객의 말을 듣고 고쳐 생각하여 국경까지 맞으러 나가는 사이 위제는 신릉군마저 자기를 버린다는 소식에 절망하여 자결했다. 효성왕이 그러한 위제의 목을 진으로 보내 평원군도 풀려났다. 한편 범수는 자기를 진나라로 탈출시켜 진왕에게 천거한 왕계를 하동태수河東太守로 나가게 해주고 정안평을 불러다 장군을 삼았다. 재물을 나누어 자기가 가난하게 살 때 신세진 사람에게 일일이 보답하고 단 한 끼의 식사에 대한 은혜도 반드시 갚았지만 한번 노린 원수는 끝까지 보복하였다. 세월이 흘러 백기의 명성이 높아지자 그러한 성품의 범수가 그 꼴을 보지 못하더니, 백기가 조나라 서울 한단邯鄲을 공략하려는 것을 저지하고, 결국 중상하고 모함하여 백기가 죽음을 맞게 했다. 그리고 후임 장군으로 정안평을 앉혔으나 정안평은 조나라를 공격하다 적군에 포위되어 항복해 버리고 하동태수로 나간 왕계는 외국과 내통한 죄로 처형되었다. 이러한 일로 범수는 지위가 위태로워졌지만 소양왕의 신임이 변치 않아 천거자의 죄에 연좌되지 않았다. 이때 유세를 다니던 세객說客 채택蔡澤이 상앙商鞅 오기吳起 문종文種 등의 전례를 들어 은퇴를 권유하였다. 이후로 범수에 대한 기록이 없는데 1975년에 발굴된 수호지진간睡虎地秦簡이라는 죽간竹簡의 편년기編年記에 '소왕昭王 52년에 왕계 장록이 죽었다'는 기사가 있어 범수도 왕계와 같은 해 병사病死한 것으로 밝혀졌다.

태산泰山[중국 5악중 가운데 있는 1535미터의 영산靈山으로 산동성山東省 소재]이 불양토양不讓土壤[흙과 먼지를 사양 아니함] [하는] 고로 능성기대能成其大[능히 그 큰 것을 이룸]하고 하해河海가 불택세류不擇細流[실개천물도 가리지 않음][하는] 고로 능취기심能就其深[능히 그 깊이를 이룸]하오니, 이제 백성을 버리면 도적을 도울 것이요, 빈객을 쫓아 제후諸侯를 이利케 하리니 이는 도적의 양식糧食을 싸게 [구할 수 있게] 함이라 한대[하니], 진왕이 이사로 하여금 객을 불러 그 벼슬을 회복[시키게] 하고 축객령을 거두니라.

• **이사의 책략**

진왕이 다시 이사의 꾀를 써 천하를 아우르게 할 새 17년[진시황의 진왕 17년, 서기전 230]에 내사승內史勝*이 한나라를 쳐 멸하고,

*내사승은 내사등內史騰으로도 쓰고 이름이 승과 등이며, 내사는 벼슬 이름인데 본래 성이 없어 이를 성으로 쓰게 된 진의 장수이다. 진왕 14년에 한 안왕韓安王이 진에 신하를 칭하고 16년에 한국의 남양南陽 일대를 갈라 진에 헌납하자 진왕이 승을 보내 이를 접수하고 남양태수를 대리케 하니 승이 포고문을 발하여 백성을 무정撫定시키고 불법행위를 엄금했다. 이듬해 진왕이 한을 공취하라 명하자 진군하여 한군을 대파하고 한왕을 사로잡아 그 전국토를 점유하여 거기에 진이 영천군潁川郡을 설치케 했다. 이어 남군南郡을 맡아 다스리게 되어 조리가 정연하고 법령이 엄명嚴明케 하여 진왕 23년[서기전 224] 명장 왕전王翦이 초나라를 격멸할 때 견실한 주군駐軍 기지가 되게 하였다. 진왕 26년 통일천하 후 미구에 수도 함양의 서무를 부책負責하는 내사에 임명되어 직수職守를 각진恪盡히 하다가 생졸년 미상에 재임중 노사老死하였다.

21년[진왕영정 21년, 서기전 226]에 왕분王賁*이 위나라를 쳐 파하고,

> *왕분은 진나라 4대명장 왕전王翦의 아들이며 왕리王離의 아버지이다. 빈양頻陽 동향東鄕[섬썽陝西省 부평현富平縣] 출신에 자는 전무典武 또는 유장維張이나 생몰년이 미상이고 소시부터 군사軍事를 좋아하여 진왕 정을 수종隨從하며 전공을 세웠다. 위 연 제 등을 차례로 멸하여 아버지와 같이 중국 통일에 큰 공을 세우고 통무후通武侯에 봉작되었다. 진시황 21년, 서기전 226년에 초군楚軍을 무찔러 대승하고 돌아오는 길에 위나라를 공격하였다. 이듬해 위를 공격하던 중 하구河溝의 물을 끌어다 수도 대량大梁으로 흘려보내 수몰시키고 성벽을 허물어 마침내 위나라 말왕 가假를 사로잡아 멸하였다. 시황 24년, 서기전 221년에는 이신李信과 함께 제나라를 공략하니 말왕 건建이 상국 후승后勝의 말을 듣고 항복해와 이로써 제를 멸했다. 시황 25년, 서기전 222년 연의 요동遼東을 쳐 말왕 희喜를 사로잡아 멸하고 귀로에 조나라의 잔당 대代를 쳐 가왕嘉王을 사로잡아 천하가 마침내 통일되었다. 시황 28년, 서기전 210년 황제가 낭야를 순행할 당시 통무후 왕분 또한 아들 왕리와 함께 황제를 수행하였는데 2세황제 때[서기전 210-207년]에는 부자가 다 죽어 없었다 하였다.

24년[서기전 223년]에 왕전王翦이 초나라를 쳐 멸하고, 25

이사의 책략

년[서기전 222년]에 왕분王賁이 연나라를 쳐 멸하고, 26년 [서기전 221년]에 왕분이 제나라를 쳐 멸하니 진왕이 처익 [처음]으로 천하를 아우르니 덕은 삼왕三王[삼황三皇 천황天皇 지황地皇 인황人皇, 또는 수인燧人 복희伏羲 신농神農]의 덕을 겸하고 공은 오제五帝[황제黃帝 또는 소호少昊 전욱顓頊 제곡帝嚳 요堯 순舜]의 공에 지난다 하여 자칭 황제皇帝라 하고, 영令은 조서詔書라 하고, 스스로[는] 짐朕이라 하고, 황제가라사대 후세後世[를] 이세二世 삼세三世로 [하여] 지우만세至于萬世[1만세에 이름]하여 전지무궁傳之無窮[끝없이 대대로 유전함] 바라더라.

이때에 아방궁阿房宮*을 지을 새 동서는 5백 보步[1보는 6자]요 남북은 50경更[장丈이고 1장은 10자]이요 위로는 가히 만인萬人이 앉을 것이요 아래로는 오장기치五丈旗幟[50척 높이의 깃발]를 세울러라.

*아방궁은 진시황의 궁전으로 호화로운 집의 상징인데 실은 시황이 미완 상태에서 죽어 정식 이름을 짓기 전 임시 명칭이며, 그 뜻이 하나가 아닌데 대개 아阿는 산언덕, 방房은 곁이어서 산기슭에 지은 궁전이라는 뜻이라 한다. 시황은 '주 문왕은 풍豊에 도읍하고 무왕은 호鎬에 도읍하여 풍과 호 사이는 제왕의 소재로 하였다'면서 위수渭水의 남쪽 상림원上林苑[어원御苑이라고도 하며 섬서성陝西省 장안현長安縣 서쪽]에 조궁朝宮을 짓게 한 것이 이것이다. 동서가 660 내지 990미터, 남북이 110~165미터 건평에 위에는 1

만인이 앉을 수 있고 아래로는 5장 높이의 기치를 세울 규모에 둘레에 수레와 말이 다닐 각도閣道를 만들어 궁에서 남산南山에 직접 이를 수 있게 하였다. 남산의 가장 높은 곳에 궁궐을 짓고 복도를 만들어 아방궁에서 위수를 건너 함양에까지 이르게 했는데 이로써 하늘 끝의 천극각도天極閣道에서 은하수를 비껴 건너 영실성營實星에 이르는 것을 상징케 하였다. 사마천의 사기에 의하면 사치와 호화의 극인 아방궁은 후일 함양에 진격한 항우군項羽軍이 불질러 석 달을 탔다 하였다. 그러나 사실은 항우가 태운 것이 아방궁인지 함양궁인지에 대한 기록은 없으며, 고고학자 중에는 항우가 태운 것이 함양궁이라고도 하고 있다. 후세 당의 문호 두목杜牧은 아방궁부阿房宮賦를 지어 그 웅장한 모습을 묘사하는 동시 진나라를 멸망시킨 것은 바로 진나라 자체였음을 강조했다. '여섯 나라가 망하고 천하가 하나 되었다. 촉산蜀山이 민둥 되더니 아방이 솟아났다. 3백리에 자리잡아 하늘과 해를 가리고 여산驪山 북쪽에서 시작한 궁전은 서로 꺾여 함양에 이르며 위수와 경수涇水가 유유히 성안을 흐른다. 5보마다 누대樓臺가 서고 10보마다 전각이 섰다. 궁의 복도는 끝없이 잇고 높이 솟은 처마는 새의 부리 같았다. 지세에 따라 세운 궁각은 중앙에서 지붕이 갈고리로 휘어진 처마가 저마다 뒤섞여 뿔을 맞대고 싸우는 모양이었다. 수많은 궁실이 벌집처럼 이웃하고 소용돌이로 치솟아 기왓골이 몇 천 몇 만인지 알 수 없었다. 긴 다리가 물결 위에 누워 구름도 일지 않는데 무슨 용이며, 다락 복도가 공중을 가로질러 비온 끝도 아닌데

웬 무지개인가.' 과장인지 사실인지 두목은 이렇게 묘사하고 '위수에 넘치던 미끄러운 것은 궁녀가 연지와 분을 씻은 물이요, 궁중에서 피어오르는 연기와 안개는 궁녀가 사르는 초란향椒蘭香이었다'면서 열국에서 모아다 첩첩이 쌓은 보화가 태산인데 옥이 돌덩이로, 금이 흙덩이로, 진주가 조약돌로 버려져 굴러도 궁인이 발로 차고 다니며 아까워하지 않았다 하였다.

만리장성을 쌓고 방사方士[신선의 술법을 닦는 사람] 서시徐市* 등으로 동남동녀童男童女[소년 총각처녀] 5백인을 배에 싣고 봉래蓬萊 방장方丈 영주瀛洲 삼신산三神山*으로 불사약不死藥을 구하러 보내고,

*서시는 서복徐福으로 많이 쓰이고 자는 군방君房이며 진조秦朝의 저명 방사로 제나라 낭야琅琊 사람인데 일설에는 강소성江蘇省 연운항連雲港 또는 사홍현泗洪縣에 있던 서국徐國 사람이라 한다. 시황 때 상서하여 동방의 해양 가운데 삼신산三神山이 있는데 이름은 봉래 방장 영주이며 선인仙人이 살고 있다 하였다. 시황이 수천 동남녀를 선발해 딸려 해양으로 들어가 선약仙藥 불로초不老草를 구해 오라 하였는데 3년 먹을 양식과 의복 약품이며 농경구 등 거대한 자재를 싣고 떠나가 수년이 지나도록 돌아오지 않았다. 혹은 평원광택平原廣澤한 곳에 당도하여 그곳의 온난한 기후와 명미明媚한 풍광에 감동하고 순박한 백성과 선우善友하며 농경과 고기잡이, 고래잡이에 역지瀝紙[닥나무 껍질을

걸러 종이를 만듦]법 등을 가르치다 그곳 왕이 되어 영영 돌아가지 않았다 한다. 혹은 첫 번 동정東征에서는 귀국했다 재차 동행하여 불귀하고, 그가 정착한 곳이 노산嶗山 밑이어서 노崂 또는 노勞씨로 개성하였고 일본에 '서복지묘徐福之墓'라는 그의 무덤이 있다고도 한다. 우리 한반도의 금강 지리 한라산이 실은 그가 찾던 삼신산이어서 별칭이 금강산은 봉래, 지리산은 방장, 제주도는 영주로 되었다고도 한다.

*삼신산은 중국 고대 전설에 발해渤海, 즉 중국의 동해東海, 우리의 서해 동쪽 한반도나 일본에 있다는 봉래蓬萊 방장方丈 영주산瀛洲山이다. 우리는 이 삼신산이 금강산 지리산 한라산이라 하여 별칭하고 일본에는 그런 별칭의 산이 없다. 중국의 사기史記에는 삼신산에 신선이 살고 있으며 불사약이 있다 하여 진시황과 한 무제漢武帝가 수천 동남 동녀를 보냈으나 돌아오지 않았다는 일이 전설로 회자된 것으로 나온다. 중국에 유구히 구전하는 설은, 삼신산이 발해 동으로 몇 억만리에 밑이 없는 구렁골 귀허歸墟에 있는 세 산으로, 둘레가 3만리인데 정상은 사방 9천리이며, 거기에 신선의 어전御殿이 있고 그 주위에 불로불사不老不死의 과목果木이 있다는 것이다. 그리고 선인은 이들 세 산을 하루에도 몇 번씩 비행 왕래한다. 이런 전설에서 중국인은 정상에 천지天池가 있는 백두산이 삼신산의 하나로 믿기도 하면서 이들 세 산에서 때로 이적異蹟이 일어난다고 생각했다. 이를테면, 서복이라는 방사가 노아의 방주

같은 거선을 타고 이상향 삼신산을 찾아 해동으로 떠나 사라진 것으로 여겼다.

천하 병기兵器를 함양 성중에 모아 두고, 금인金人* 열둘을 만들어 장안長安[서울] 대도大道 상에 세우고,

> *금인은 구리로 만든 사람의 형상, 대동인상大銅人像이라는 것이다. 사기 진시황본기에 '천하의 병기를 거두어 함양에 모으고 녹여 종거鍾鐻[종걸이]와 금인 열둘을 만드니 각기 무게가 천석千石[또는 24만 근]인데 궁중 뜰에 세웠다' 하였다. 시황은 6국을 통일한 후 인민의 반항을 방지하고자 금속의 유통을 금하며 천하의 병기를 수집하여 대우大禹의 구정九鼎을 주조하고 십이금인十二金人을 만들었다. 공자는 주나라에서 금인을 말을 삼가라는 삼함三緘의 뜻으로 만들어 종묘 뜰에 세운 것이라 하였다.

또한 만 권 시서詩書 백가어百家語를 불지르며 유생儒生을 다 죽이고, 또 새로 법령을 들여 행공行公[시행]하니 도불습유道不拾遺[길거리에 떨어진 물건을 줍지 않음]하고 산무도적山無盜賊[산속에 도적이 없음]하나 천하 어찌 편하리오. 이때 [시황이] 즉위한 지 27년[진왕즉위 37년, 시황즉위 28년, 서기전 210년]에 동으로 순행巡幸할 새 사구沙丘 평대平臺에 이르러 붕崩[제왕의 죽음]하시니 승상 이사李斯와 환관 조고趙高* 등이 거짓 조서詔書를 만들어,

*조고[?-서기전 207]는 진나라 환관이자 형법가刑法家이며 재상이고 전서篆書의 대가요 공자公子의 사부師傅였다. 본디 조나라 공족公族으로 그 어머니가 득죄하여 은궁隱宮[생식기를 없애는 궁형宮刑을 당한 사람이 석 달 동안 갇혀 조리하는 캄캄한 집]에서 비천하게 살았는데, 지식이 많고 힘이 세며 옥법獄法에 능통하였다. 일설에는 그가 은궁에서 자랐지 궁형을 받은 고자는 아니었다고도 한다. 그가 재주가 많다는 소문을 듣고 진시황이 찾아오게 하여 귀애하던 막내아들 호해胡亥에게 결옥법決獄法을 가르치는 스승을 삼고 신임하게 되어서는 거마車馬를 관장하는 중거부령中車府令으로 기용하였다. 어느 날 조고가 득죄하자 시황의 측근인 명장 몽의蒙毅가 사형에 조율하고 환적宦籍[관원 명부]에서 삭거하였다. 시황은 그가 열심히 일했고 또 호해가 스승이라 좋아하므로 사면하고 복작시켰으며 총애를 계속하더니 부새령符璽令을 삼아 옥새도 관장케 하였다. 시황 37년, 서기전 210년 한여름 7월 황제가 동순東巡 중 낭야에서 급환하여 환도할 겨를 없이 사구沙丘의 평대平臺에서 객사했다. 운명하면서 시황은 북방 상군上郡에 적배謫配되어 있는 장남 부소扶蘇에게 함양으로 돌아와 자기의 장례를 치르라는 유조遺詔를 남겼다. 장자를 불러 장례를 유탁한 것은 그 황위를 승습하라는 고명顧命이었다. 유조를 아는 것은 옥새를 가진 조고와 이를 날인하여 공표할 수 있는 승상 이사李斯 뿐이었다. 부소는 분서갱유焚書坑儒를 반대하다 부황의 노여움을 사 명장 몽염蒙恬과 함께 만리장성을 쌓는

벽지 상군으로 추방되어 있던 바라 그가 돌아와 즉위하면 분서갱유를 강행한 이사가 무사치 못하고 조고도 자기를 죽이려 했던 몽염의 아우 몽의가 득세할 터이니 불안했다. 부소는 강직 명석하여 조고 따위 환관이 친압親狎할 엄두가 아니지만 호해는 좋아하여 따르는 터수였다. 조고가 먼저 호해를 설득해 황위의 후사가 정해지지 않았으니 부황을 계승하라 부추기고 이사에게 이해로 설득하니 둘이 죽이 맞았다. 황제의 붕서崩逝를 아는 건 이사 조고 호해 3인과 황제의 지근환시至近宦侍 5,6인이어서 극비로 하고, 폭염에 죽은 황제의 시신에서 악취가 나자 포어鮑魚[소금에 절인 생선] 한 가마를 수레에 실어 희석은폐하며 환궁하였다. 시황의 유조는 이를 가지고 부소에게 달려갈 사람이 떠나기 전에 황제가 운명했으므로 내용을 바꿔 부소와 몽염 두 사람에게 자결을 명하는 것으로 위조해 급송하였다. 위조僞詔를 받은 부소는 몽염이 말리는데도 곧이곧대로 자결하고 몽염은 저항하다 잡아 갇혀 핍박 끝에 자결했다. 함양에 돌아온 호해는 9월에 부황의 장사를 치르고 이세황제二世皇帝로 즉위했다. 2세 1년, 서기전 209년 들어 호해는 조고를 낭중령郎中令으로 삼아 국사를 전임시켰다. 이 무렵 호해가 대신과 공자公子[황자皇子]들이 나를 따르려 하지 않는다'며 불안해하자 조고가 위엄을 무섭게 세우라고 부추겨 호해로 하여금 제 동기 형이자 누이들인 공자 12인을 함양 저자거리로 끌어내 처형하고 공주 10인은 두현杜縣에서 사지四肢를 찢어 죽이게 하며 그 재산은 몰수하니 연좌되어 죽은 사람이 부지기수였다. 2세는 이듬해 즉위 2년에 조고한테서, 아직 젊고 미숙하여 대신들 앞에서 실수라도 하면 위엄이 떨어진다는 등의 주장을 들었다. 이를 곧이들은 호해는 짐짓 구중궁궐에 박혀 대신들을 직접 대면하지 않고 만기萬機를 오직 조고하고만 의논했다. 승상 이사가 아차 했을 때는 철부지 호해가 조고의 최면에 빠져 너무 멀리 격리된 지 오래였다. 진작부터 2세가 조정에 나오지 않음에 전전긍긍하는 이사를 보고 조고는 같이 걱정하는 척하며 황제를 알현할 기회를 마련해 준다는 게 하필 호해가 미희들과 음연淫宴을 벌일 때로 하여 산통을 깨곤 했다. 이럴 때 함곡관 바깥 초나라 지역에서 오광吳廣과 진승陳勝의 반란이 일어나고 멸망했던 열국이 되살아나는 봉기가 번지려 하였다. 황겁한 좌승상 이사를 필두로 우승상 풍거질馮去疾 장군 풍겁馮劫 등이 상소하여 오광 진승의 모반을 말하고 나라가 위태로움을 토로하며 아방궁 축조를 중지하고 만리장성 변방의 수자리와 물자의 수송을 줄일 것을 급간急諫하였다. 이에 놀라고 노한 호해는 조고의 역주逆嗾를 받아 반란을 미리 막지 못한 이사 등을 질책하여 옥리를 불러 모두 잡아 가두고 족치라 하였다. 풍거질과 풍겁 등은 이미 사세가 기운 것을 알고 능욕을 피해 자결하였으나 책략의 대가 이사는 그래도 반전의 희망을 버리지 않고 붙잡혀 들어갔다. 이보다 앞서 이사는 감천궁甘泉宮에서 각저角觝[맞붙어 힘을 겨루거나 활쏘기 말타기 등도 겨루는 각희角戱, 씨름]놀이나 음연으로 소일하는 2세에게 봉소封疏하여 조고의 죄상을 매거枚擧 탄핵하였다. 조고만 믿는 2세는 이사가 조고를 죽일까 두려워 이를 조고에게 토설했다. 역공에 능한 조고는 이사가 자기를 죽이고 나면 반드시 황위를 찬탈할 것이라며 호해를 세뇌시켰다. 이때에 이르자 조고는 이사의 장남 이유李由가 진승과 내통한다는 무함誣陷을 더하니 2세는 수감된 이사를 조고가 직접 국결鞠決하게 하였다. 조고는 옥중의 이사를 1천 번 매질하여 자백을 받아냈다. 그래도 이사가 억울함을 호소하는 소를 2세에게 올리자 조고가 중도에 가로채 없애고 식객 10여인을 더 보내 심문케 하여 이사가 자백을 번복할 때마다 매질을 가해 다시는 누구에게도 번복을 못하게 했다. 2세가 직접 사자를 보내 심문케 하자 이사는 매질이 두려워 그대로 자백을 반복해주었다. 이사는 그해 7월 혹은 이듬해 겨울 아들과 함께 저자에서 거열되고 그 삼족이 멸망하였다. 모든 정적과 대신을 숙청하고 2세황제를 궁궐에 가두어 놓은 조고는 스스로 중승상中丞相이 되어 제 막대권력을 백관에게 시험키 위해 사슴 한 마리를 구해 2세에게 바치며 이를 좋은 말이라 했다. 2세가 웃으며 '승상이 잘못 본 것 아닌가, 사슴을 보고 말이라니?' 하고 의아해하였으나 주위의 신하 거의가 승상의 말이 맞다 하였다. 그중 몇 사람이 황제의 말이 맞다 하였는데 이윽고 그들은 다 모함으로 죽거나 쫓겨났다. 이것이 유명한 성어 지록위마指鹿爲馬[사슴을 가리켜 말이라 함]이다. 조고는 오광 진승의 난을 두고 '관동關東[함곡관 동쪽]의 도적은 아무것도 하지 못한다'고 호언했는데 진승에 뒤이은 초나라의 항우가 거록鉅鹿대전에서 진국 명장 장한章邯을 격파하고 왕리王離를 사로잡자 수십년 전 진에게 멸망했던 연 조 제 초 한

위 등 열국이 후왕侯王을 다시 세우고 부흥하여 함곡관 밖 중원대륙이 다 진을 배반했다. 장한이 사마흔司馬欣을 보내 보하게 하니 조고는 장한을 무시해 사마흔을 만나주지도 않았다. 이에 장한이 사마흔과 함께 항우에게 항복해 버렸다. 황제가 이를 알면 큰일일까 두려워진 조고는 병을 칭탁하고 집에 누워 조회에도 안 나갔다. 한편 조고와 뭇 신하가 사슴을 가리켜 말이라 하는 걸 목도한 2세는 자기가 정녕 이상해진 것인가 하여 태복太卜을 불러 점을 치게 했다. 태복은 종묘에 크게 제사해야 하고 그러기 위해 맑게 재계齋戒해야 한다 하여, 2세는 상림원上林苑에 들어가 재계하며 소일하다가 무심결에 쏜 화살이 사람을 맞춰 죽였다. 조고가 '아무리 천자라 하여도 무고히 사람을 죽이면 하늘의 노여움을 산다' 하여 망이궁望夷宮으로 들어가 하늘에 기도하기를 권했다. 2세 또한 마침 호랑이가 어가御駕의 왼쪽 백마를 무는 꿈을 꾸어 해몽을 시키니 '경수涇水의 신이 괴이한 일을 일으킨다'는 괘가 나왔던지라 망이궁에 들어가 목욕재계하고 백마 네 필을 경수에 던져 수신에게 제사케 하였다. 이렇게 망이궁에 칩거하던 2세가 뒤늦게 관동의 반란과 중원 열국의 모반 소식을 듣고 사람을 보내 조고를 질책하였다. 조고가 즉시 사위 함양령咸陽令 염락閻樂과 아우 조성趙成 등을 불러 2세를 살해하고 공자 자영子嬰을 세우기로 모의한 다음 군사를 몰아 망이궁으로 쳐들어가 2세를 죽이게 하였다. 기록에 따라 조고가 염락 등을 보내 호해를 핍박해 자살케 하였다고도 하고 또는 조고가 제 군사를 관동의 반군으로 위장시켜 망이궁을 포위

공격하니 호해가 겁에 질려 자살하였다고도 한다. 일설에는 조고가 2세를 죽이고서 옥새를 쥐고 스스로 황제가 되려 하였으나 좌우가 따르지 않고 전각을 오를 때마다 궁전이 무너질 듯 흔들려 하늘의 뜻인 줄 알고 인망이 있는 공자 자영을 급히 골라 세웠다고도 한다. 2세 2년, 서기전 207년 8월 염락으로부터 2세가 죽었다는 보고를 받은 조고는 백관과 제공자를 소집하여 이를 공표하였다. 그리고 멸망했던 6국이 다시 흥립興立했기 때문에 진은 이제 더 칭제稱帝를 못한다 선언하고 공자 중 인망이 가장 두터운 자영을 진왕秦王으로 옹립하기로 의논을 정했다. 그리고 제국을 잃고 자결한 2세는 평민의 예로 격하시켜 두현杜縣의 남쪽 의춘원宜春苑에 장사지냈다. 조고는 자영에게 사람을 보내 목욕재계하고 종묘에 몸소 제사드리고 나서 옥새를 받고 즉위하도록 아뢰게 하였다. 그러나 조고 때문에 억울하게 죽은 시황의 장자 부소의 아들이라는 설이 유력한 자영은 조고를 내심 사갈시蛇蝎視하였고 또 그가 초나라와 밀약하여 진을 안에서 멸하고 한중왕漢中王이 되려 한다는 기미를 간파하고 있어서 두 아들 및 한담韓談과 밀의하고 칭병하며 조정에 나가지 않았다. 수차 사람을 보내도 자영이 나오지 않자 몸소 문병차 자영을 찾아간 조고는 재궁齋宮에 들어섰다가 자객에게 급소가 찔려 절명하였다. 조고의 수급을 거둔 자영은 부대시不待時로 그 삼족을 잡아다 멸하고 시신을 함양의 저자에 조리돌렸다. 그런 지 46일에 한 고조 유방이 함양에 들어와 진나라는 멸망하였다. 후세에 조고는 진한秦漢 시대 서법대가書法大家라 일컬어졌다. 동한東漢 허신許愼은 설문해자說文解字 서문에서 조고가 원력편爰歷篇을 지었다 하였다. 북위北魏의 왕정王愔은 고금문자지목古今文字志目 중권에서 조고를 진한오秦漢吳 3조三朝의 서법대가 59인 중 1인으로 꼽았고, 남조송南朝宋의 양흔羊欣은 채고래능서인명采古來能書人名에서 조고가 대전大篆을 잘 썼다 하고, 당나라 장회관張懷瓘은 서단書斷 상권 대전大篆에서 조고가 전서篆書를 잘 쓰고 시황의 어린 아들 호해에게 글씨를 가르쳤으며 원력편爰歷篇을 지었다 하였다.

장자 부소扶蘇*를 내치고,

*부소[서기전 241-210]는 영성조씨嬴姓趙氏이고 시황 영정嬴政의 적장嫡長이어서 본성명이 영부소嬴扶蘇일 터인데 거개 조부소趙扶蘇로 쓰고 있다. 설에 따르면 그 생모가 정鄭나라 또는 초楚나라 출신 미희美姬인데 음창吟唱을 좋아하고 고장에서 유행하던 정가情歌 '산유부소山有扶蘇'를 잘 불러 부황이 이름을 부소라 짓고 그 명민함을 애중하여 이 맏아들에게 무한기망無限期望을 기탁하였다는데, 부소는 시경詩經 출전으로 향초가목香草嘉木의 뜻이고 옛사람이 수목이 지협무성枝協茂盛함을 형용하여 쓴 말이라 한다. 연소시부터 부소는 기지機智가 총영聰穎하고 나면서 비천민인悲天憫人에 전일부응專一副應하는 자비심장慈悲心腸을 갖추어 일찍부터 자기 나름의 정견政見을 지니고 부황의 포학暴虐이 도리에 어긋나게 치달리는 것이라 생각하니 시황이 이를

알고 편집偏執한 인지로 부소가 성품이 연약한 소치라 하여, 대장군 몽염蒙恬을 협조하여 만리장성을 축조하고 북방의 흉노匈奴를 제어制御하도록 하지下旨하여 하여금 부소가 강의剛毅하고 과감한 사람으로 배양培養되기를 소망하였다. 사마천이 사기에서도 부소를 인仁[어질다]하다 하였는데, 영명한 시황이 일찍 부소를 편시偏視하지 말고 태자로 책립하여 그 충간을 들었더라면 우리 조선의 태종이 세종에게 사위嗣位함을 얻을 뻔하였다 하여 과언이 아니었다. 시황 35년, 서기전 212년에 한韓나라 출신 황제의 빈사賓士 후생侯生과 연나라 출신 방사方士 노생盧生이 서로 기풍譏諷[풍자]하며 시황의 폭려暴戾를 평의評議하다 함께 북방으로 도망하였다. 시황이 이를 문신聞訊하고 발연대노勃然大怒하여 어사御史에게 명하여 잡아오게 하였으나 행방이 묘연하자 유생방사儒生方士 460명을 위법범금자違法犯禁者로 잡아들여 친처親處[친국親鞫]로 활매活埋[생매장]시키는 갱유坑儒와 함께 분서焚書를 강행하였다. 이때 부소가 이를 극간極諫하다가 부황의 격노를 사 몽염과 함께 북변 상군上郡으로 방축되었다. 이 분서갱유가 진시황 포학의 극치이고 단명한 진제국 멸망의 조종弔鐘인데 겨우 2년 뒤 지상의 염라대왕 진시황이 동순 중 사구에서 급서急逝하고 이어 2년 내에 제국이 분해 섬멸되었다. 시황 37년, 서기전 210년 동천冬天[겨울인데, 8월 염천炎天과 양설이 있음]에 시황이 천하 순행에 나섰다가 사구沙丘에 이르러 급환이 침중沈重하자 중거부령中車府令 조고에게 부소에게 보내는 유조遺詔를 받아쓰게 하였다. 유조 내용은 '병권兵權은 몽염몽념蒙恬에게 교급交給하고 급히 함양으로 돌아와 상사喪事를 주지主持하고 아울러 제위帝位를 계승하라'는 것이었다. 이 유조를 시황이 확인하고 단단히 봉하였는데, 미처 사자使者에게 교급해 급송하기 전에 시황이 거세去世하였다. 이를 뜻밖의 기화로 포착한 조고는 승상 이사와 소공자 호해와 음모하여 유조를 찬개簒改하여 호해를 태자太子로 삼고, 위조한 일봉유조一封遺詔를 부소에게 사급賜給하였다. 사자가 가져온 위조는 부소에게 '너는 위인爲人이 불효하고 사졸士卒을 많이 소모할 뿐 척촌尺寸의 공이 없으며 상서하여 직언으로 비방誹謗하니 몽염과 함께 자살하라'는 말도 안되는 내용이었다. 이를 봉독한 부소가 곡읍하고 착급着急히 안으로 들어가 숙배肅拜하고 자결하려 했다. 그러나 조서를 의심한 몽염이 쫓아 들어가 '폐하께서 지금 외지에 나가 계시고 태자를 책립하지도 않았으며, 나를 파견하여 30만 대군을 영솔하고 나가 변강邊疆을 파수케 하시고 공자를 보내 이를 감독케 하시니 이는 천하의 안위에 관계되는 중대임무인데, 지금 단지 일개 사신이 내도한 것으로 공자가 바로 자살코자 하니 공자는 어찌 이것이 간사한 궤계詭計임을 아지 못하시는가? 내가 조서의 중신重新[새로 고쳐 바룸]을 청해 보낼 터이니 하시下示를 기다린 후에 거듭 자결해도 늦지 않다'고 힘써 만류하였으나 곁에 있는 사자는 재삼 핍박하고 결행을 재촉하였다. 위인이 인약仁弱한 부소는 몽염에게 '과연 부친이 자식에게 자살하라는 명령이라면 어찌 사소한 무엇을 재차 청시請示하리오'말을 마치며 자결해 죽었다. 부소가 죽은 뒤 호해가 등기登基[등극]하였다. 부소가 평소 어진 이름이 퍼져 있었는데 민간에서는 그 죽음을 오히려 모르고 있었다. 이 때문에 오광吳廣과 진승陳勝이 대택향大澤鄕에서 진2세의 폭정에 반항하여 봉기할 때 진승이 설포說布하였다. '천하가 폭진暴秦의 통치를 받은 것이 이미 오래인데 내 듣기에 진2세는 시황의 막냇자식이라 응당 계위繼位를 할 수가 없고 마땅히 제위를 이을 공자는 부소인데, 부소가 누차 황제에게 규권規勸을 한 연고로 시황이 군사를 거느려 외지로 내보내 주수駐守케 한 것이라 한다. 현재 전문傳聞하기로 부소가 유죄로 병몰幷沒하였는데 2세가 그를 살해해 버렸으며 백성이 모두 부소가 현명하다고 칭설稱說하면서 그가 이미 죽은 것을 도무지 모른다.'

황제 병이 중하여 정사政事를 못한다 하여, 수레 위에 한 섬의 향포香苞[향풀 꽃턱잎]를 섞어 황제 신체身體[시신屍身] 썩는 냄새를 감추고 함양에 돌아와 비로소 국상國喪을 발표하고 차자次子[계자季子] 호해를 세워 천자를 봉하고 비로소 이세황제二世皇帝라 법령法令과 정모旌旄[천자와 궁궐 및 군중軍中의 여러 기치旗幟]와 집기什器를 다 개색改色하고, 조고로 승상을 삼고 대신大臣을 많이 죽이며, 법령을 행하니 초야草野의 신민臣民이 다 도망하는 자 부지기수不知其數일러라.

• 진승의 반란

차설且說[이야기를 돌려], 손성[미상. 진승은 하남河南 양성陽城 출신] 땅에 사는 진승陳勝*이라 하는 사람의 자字는 섭涉이니,

> *진승[?-서기전 208]은 자가 섭涉이고 그 출신지가 하남河南 양성陽城인데 그의 적관籍貫에 대해 여러 설이 있다. 일설은 하남 등봉登封이라 하고 일설은 하남 상수商水, 일설은 하남 방성方城, 일설은 안휘성安徽省 숙현宿縣이라 하여 청초清楚가 안되는데 여기 원문에서는 '숀셩'이라 하고 있다. 진2세 원년, 서기전 209년에 진승은 지금의 안휘성 숙주시宿州市인 대택향大澤鄕에서 오광吳廣과 함께 기의起義하여 폭진暴秦에 반항 창의한 최초의 선구先驅가 되고 진군陳郡을 점거하여 진왕陳王을 칭하고 나라를 세워 초나라를 확장한다는 뜻의 장초張楚라 하였다. 미천한 농민이던 진승은 머슴을 살고 남의 땅을 빌어 지으며 형제 같이 고락을 같이한 지기知己들에게 자기가 후일 부귀하면 모두 잊지 않고 종전種田[농사지을 토지]을 나누어 주어 보답하겠다 호언했다. 듣는 이가 다 남의 땅을 빌어 짓는 주제가 무슨 소리냐고 실소하자 '연작안지홍곡지지재燕雀安知鴻鵠之志哉

[제비와 참새가 어찌 큰 기러기와 고니의 뜻을 알랴]'라 하는 명언을 발하여 천하에 남겼다. 진2세 원년, 서기전 209년 7월, 조정에서 대거 정병征兵을 징발하여 어양漁陽[지금의 북경 밀운密雲 서남지역]에 결집하라 하였다. 진승도 거기에 징발되어 관리의 압송 하에 밤낮없이 행군하였는데, 그 수졸守卒[수자리 서는 군졸]의 둔장屯長[130인 병력의 중대장]에 피임되어 거느린 농군이 900이나 되었다. 기현蘄縣 대택향大澤鄉[안휘성 숙주宿州 서쪽 사파향寺坡鄉]에 이르렀을 때 연일 퍼붓는 억수로 홍수를 만나 길이 끊겨 건너갈 방법이 없는데 어양에 당도할 기일은 임박해 있어 뜨거운 화로 위의 개미떼와 같고, 진법秦法에 정수征戍에 징발된 병정이 기일내 집결처에 도달치 않는 자는 일률 참수하게 되어 있었다. 밤중에 초초悄悄히 잠을 못 이루던 진승이 같은 처지의 둔장으로서 양하陽夏 출신인 오광吳廣을 찾아가 상의하니 의기가 투합하여 무활결사無活決死의 붕우로서 함께 기의起義키로 했다. 다음날 진승이 무리에게 '어양에 당도할 기일이 닥쳤는데 우리는 홍수로 건너갈 방도가 없다. 무사히 도달해도 참수를 면할 수 없고, 설사 면하고 부역에 종사해도 열에 예닐곱은 살아 돌아오지 못한다. 부역에 나갔다 돌아온 사람을 보았는가? 이래도 죽고 저래도 죽을 작시면 뜻을 이루다 죽느니만 못하다. 어찌 왕후장상王侯將相에 씨가 있는가. 저들도 우리와 다르지 않은 사람일 뿐이다'하고 외치는 진승의 말에 모두 분기奮起하여 기세가 등등하였다. 왕후장상에 어찌 씨가 있느냐, 즉 왕후장상영유종호王侯將相寧有種乎[왕과 제후와 장군과 재상에 어찌 종자

가 있느냐]라는 이 말이 또한 만고의 명언이 되었다. 호통치며 봉기를 막으려는 압송관 등을 타살하고 일어난 무리는 순식에 대택향을 점령하고 병장기를 갖추었다. 바람같이 퍼지는 소식에 원근의 농군이 나무를 잘라 무기를 만들고 대나무를 베어 장대를 삼아 의기義旗를 날리며 모여들었다. 진승이 스스로 대초장군大楚將軍, 오광이 도위都尉가 된 봉기군은 오광이 선봉이 되어 기현을 공취하였다. 그러자 장이張耳 진여陳餘 무신武臣 주문周文 등의 명망 있는 인물이 찾아와 가담하면서 농군의 무리가 처처에서 구름같이 몰렸다. 크게 대오를 지은 봉기군은 오광이 군사를 갈라 가지고 나가 한 달이 못되어 질현銍縣[안휘성 수계현濉溪縣]과 찬현酇縣[영성永城 서쪽] 고현苦縣[녹읍현鹿邑縣] 자현柘縣[자성현柘城縣] 초현譙縣[안휘성 박주시亳州市 초성구譙城區] 등 5개 현을 연파하고 자기 가향家鄕이 있는 중원대지中原大地에 이르렀다. 안휘와 하남河南 접경의 너른 지역을 석권한 진승은 전략적 요충인 진현陳縣을 공략했다. 진현은 서동양주西東兩周와 춘추시대까지 진陳나라 도성이었고 전국시대 후기에는 초나라 국도이다가 진나라가 6국을 멸한 후 여기에 진군陳郡을 설치하여 그 지위를 중시하였는데 누구든 이곳을 나취拿取하면 진나라에 중대한 타격이 될게 틀림없었다. 진승이 직접 본군을 거느리고 진성陳城을 진공하니 전차戰車가 6,7백 승乘에 기병이 1천여, 보졸이 수만이었다. 풍문에 간담이 떨어진 군수郡守와 현령縣令이 달아나고 다만 군승郡丞[부군수副郡守]가 남아 완강히 항전하였으나 수비군이 봉기군의 공세와 화살에 놀란 새떼처럼 흩어지는 바람에 토붕와해土崩瓦解되어 봉기군이 군승을 목베고 호호탕탕 입성하였다. 진승은 현지의 교화관敎化官 삼로三老와 호걸豪傑을 소집하여 대계大計를 상의하였는데 진승이 겨우 한 달에 여러 현과 진성을 연극連克하고 잔폭무도殘暴無道한 진국秦國을 토벌하여 초나라의 사직을 회복하였으니 그 공을 경중敬重하여 마땅히 칭왕稱王해야 한다 하였으나 일부는 그가 명망 높은 시황의 장자 부소扶蘇와 항량項梁의 명을 받들어 기의함을 명분으로 하였으므로 스스로 칭왕하지 말고 기다리자고 반대하였다. 이에 재삼 숙려熟慮하였으나 다소 성급한 진승이 결단하여 초나라를 크게 넓힌다는 뜻의 장초張楚를 건국하고 진왕陳王으로 즉위하여 장초를 국호이자 국기國旗로 표방하였다. 진왕이 된 진승은 오광을 가왕假王[부왕副王]으로 임명하고 대군을 나누어 주어 진나라로 직진케 하였다. 오광이 주문과 함께 함양으로 진군하니 폭진의 학정에 시달리던 백성이 물밀 듯 동조하여 군세가 수십만으로 산야를 뒤덮었다. 그러나 너무 쉽게 소향무적所向無敵이 된 봉기군은 반년을 못 넘겨 내부에서 분열을 일으켰다. 자기과신의 진승이 한군데 집중하지 않고 여러 갈래로 병력을 분산케 한 것도 원인이었다. 오광은 함곡관으로 가는 또 하나의 요충지 형양滎陽을 치고자 방향을 틀고, 주문이 따로 함곡관을 돌파하여 함양으로 직진하는데, 무신 장이 진여는 북으로 나누어 진격하여 조나라를 평정하고는 서진하여 함곡관으로 가라는 진승의 명을 듣지 않고 눌러앉아 그곳의 왕과 승상 대장군이 되었다. 주력의 오광은 휘하 부장部將이던 전장田臧에게 피살하고 연나라를 평정하라 보낸 한광韓廣도 그곳 왕이 되면서 돌아올 생각이 없었다. 질현의 송류宋留를 남양南陽으로 진군시켜 무관武關을 정복하고는 관중關中으로 우회하라 하고, 무신과 유종劉宗 주시周市 소평김平 등을 장군으로 보임하여 각자가 분별分別로 황하를 북도北渡하여 조나라 지역인 산서성 북부와 하북성 서남부를 정복하고 남진하여 구강군九江郡을 공취하고, 다시 회남淮南지구로 깊이 들어가 광릉廣陵[강소성江蘇省 양주揚州 북부]을 공취한 다음 위국魏國 땅 장강長江을 공취하고 하유下遊하여 황하 이남의 대량大梁[개봉開封] 등지를 석권케 하였다. 이렇게 중앙집중에서 너무 떨어져 나간 장군들이 진승의 자칭왕을 본뜨듯 자주분봉自主分封하여 진승의 명을 잘 따르지 않았다. 특히 형양은 진나라 군량을 저장하는 곡창이고 동에서 관중關中으로 서진하는 통로여서 자고로 병가兵家의 필쟁지지必爭之地이고 이곳을 취하면 관중의 문호門戶가 열리는 바인데, 오광이 분전하여 형양을 점령하고는 부하 장령 전장과 의견이 충돌하여 더 서진을 못했다. 오광과 갈래를 달리한 주문이 홀로 함곡관을 돌파해 파죽지세로 진군하여 함양성 백리 밖 임동臨潼에까지 이르면서 그 봉기군은 눈덩이로 불어나 전거가 1천 승에 10만 병력이었지만 실은 배후에 증원군이 없는 셈이었다. 반면 진2세 호해는 봉기군이 함곡관을 넘어 함양 부근까지 밀어닥치도록 까맣게 모르고 있다가 승상 조고趙高의 장막을 뚫고 스며든 소식을 듣고 대경실색하여 소부少府[진대 9경卿의 하나로 산천과 바다의 국세를 징수] 장한章邯을 급선하여 방어케 했다. 함양에는 대적할 병력도 겨를도 없이 공허하였으나 장한이 기책奇策을 내어 시황의 여산릉驪山陵에 부역하던 형도刑徒[수형하는 무리] 기십만幾十萬을 특사하는 조건으로 대군을 급조했다. 그래도 봉기 전 농사꾼에 불과하던 주문의 봉기군은 장한이 훈련시킨 진군을 능가할 수 없어, 실제 접전을 하자 진군의 공세에 격파되고 말았다. 승세를 잡아 주문군을 궤멸시키며 함곡관을 역으로 돌파하고 나간 장한은 동진하여 형양에 이르러 성을 에우고 공격하였다. 성중에 포위된 오광은 고립된 데다가 불화하던 전장이 '가왕이 교만하고 병권兵權을 모르니 죽이지 않고 더불어 계교計巧를 쓸 수 없다' 하고 진승의 이름을 가차假借하여 살해하여 전군이 복몰覆沒하는 결과를 초래했다. 함양의 턱밑까지 이르렀다 허망하게 무너진 주문의 대군과 뒤이어 형양에서 피살된 오광군의 몰락은 진승에게 큰 타격이었다. 진승이 이들을 구원하고자 서진을 명한 조 연과 위나라 지역의 봉기군 장군들이 하나같이 등지고 앉아 움직이지 않으니 속수무책이었다. 진승이 어느 날 수레를 타고 나갔는데 길거리에서 고향의 옛 지인이, 그의 소아 적 이름을 부르며, 전일에 부귀하면 고구故舊들에게 후대하겠다던 말은 다 어디로 갔느냐고 외쳐대는 것을 보고 수레를 돌려 회궁回宮하니 한 수하가 '주군의 객인客人이 우매하고 무지하여 호설胡說[터무니없는 헛소리]을 전문삼아 팔도八道[팔방 또는 온 나라]에 퍼뜨려 주군의 위엄을 손상한다' 하였다. 진승이 십분 수뇌羞惱[수치와 번뇌]에 잠겼다가 필경은 '망언妄言'이라 하고 그를 잡아다 죽였다. 이에 '구부귀물상망苟富貴勿

相忘[진실로 부귀하면 서로 잊지 말아야함]'이라는 말이 떠돌고 진승의 '노붕우老朋友[옛친구]'가 다 그 주변을 떠나갔다. 진 2세 2년, 서기전 209년 12월 진승은 진성의 본진 장병을 친솔하고 나가 진군秦軍과 격전을 벌여 분력奮力을 떨치며 병박拼搏하였으나 끝내 형세를 만회치 못하고 패국敗局에 처하여 진성을 내주고 성보城父[안휘성 몽성蒙城 서북]로 후퇴하여 새롭게 역량을 모아 반격할 준비를 하였다. 이때는 이미 배후 각처에서 항량과 항우를 필두로 유방과 팽월彭越 등이 봉기하였으므로 그들의 힘을 얻어 합세하면 권토중래捲土重來[진흙덩이를 말아 굴려 중량이 도래하게 함]를 기할 수 있었다. 그러나 전혀 상도想到치 못한 바, 여러 달째 수하에서 수발들던 거부車夫[마부] 장가庄賈가 진장 장한에게 매수되어 주인을 암살하는 바 되어, 천추의 유한遺恨을 품은 채 절명하여 그의 세상은 6월천하로 끝났다. 이보다 석 달 전 9월에 초나라 귀족 출신 항량과 항우는 강동江東 오중吳中에서 회계태수會稽太守 은통殷通을 죽이고 봉기하여 8천 병력을 이끌고 서진하던 중 진승이 진의 장한군과 싸우는 것을 보고 진군의 배후를 공격했다. 진승이 암살되고 진가秦嘉가 그 무리를 이끌자 항량이 이를 공격해 진가를 죽이고 진승을 암살한 장가도 잡아죽여 그 거느리는 무리를 흡수하였다. 유방은 진승보다 두 달 뒤, 항량보다 한 달 앞서 기의하였는데 병력이 2,3천이어서 더 큰 항량에게 귀부 합류하였고 후일 한 고조로 등극하자 진승을 은왕隱王으로 추봉追封하였다.

용맹이 과인過人[남보다 지나침]하고 지모智謀 활달豁達하되 가세家勢가 빈한貧寒하여 남의 집 농부 되었더니 나이 30에 이르매 울울鬱鬱[답답한]한 마음을 정定치 못하더니, 이때 천하 인심을 살펴보매 정사政事가 해이駭異하고 백성이 안정치 못하여 황황분주遑遑奔走하는 중에 조고의 간계에 민심이 더욱 요동하는지라 진승이 그때를 살핀 후에 성성城에 나아가 그 땅 사람 5백 인으로 더불어 의논[하여] 왈,

"남아 세상에 처하여 죽으면 말려니와 살진대 큰 이름을 세상에 전할지라. 왕후장상王侯將相이 어찌 씨가 있으리오. 그대 등은 내 뒤를 따르라."

하고 각읍各邑[여러 고을]에 발령發令하되,

"진秦이 부도不道하여 부소扶蘇를 내치고 법령을 고쳐 천하 인심을 요란케 함은 다 이세二世[호해胡亥]의 우매함과 조고趙高의 간계奸計라, 이때를 당하여 진국秦國을 멸하고 무도한 자를 베어 도탄塗炭[진흙과 잿더미] 중에 든 억조창생億兆蒼生[억만백성]을 건져 천하를 태평케 하리라."

하니 백성이 서로 전통傳通하고 심응心應하여 진민秦民[진나라 백성]이 다투어 제 고을 관원을 죽이고 인수印綬[직인 職印과 인끈]를 진승에게 드리니, 불과수일지간不過數日之間[며칠을 넘기지 않는 동안]에 여러 고을을 얻은지라 진승이 스스로 초왕楚王이라 칭하다. 이때에 대량大梁[하남 개봉開

封] 사람 장이張耳* 진여陳餘* 두 사람이 문밖에 와 뵈옵기를 청하거늘, 진승이 문에 내려[가] 맞아 예필禮畢[맞는 예를 마침] 후에 마음이 기꺼[워]하여 즉시 장이로 상장上將 진여로 차장次將을 삼아 조趙나라를 치라 하더라.

*장이[?-서기전 202]는 전국시대 위魏나라 사람으로 진말秦末에 부활한 조趙의 대신이고 한漢의 제후로 조경왕趙景王에 이르렀다. 젊어서 공자公子 신릉군信陵君 무기無忌의 문객이다가 지방 부호의 딸과 혼인하여 임관任官하여 외황현령外黃縣令이 되어 어질다는 평을 얻고 젊은 진여陳餘와 친분을 맺어 부자父子의 의를 맺었다가 이윽고 문경지교刎頸之交[목이 함께 베이는 벗]가 되었다. 진이 대량을 멸하자 외황에 있으면서 복속치 않았는데 이때 초야의 유방劉邦이 왕래하며 여러 달 같이 지냈다. 서기전 225년 진이 위나라를 멸했을 때 그가 진여와 함께 위국의 명사로 지목되었는데 시황이 이를 듣고, 장이는 현상懸賞 1천금, 진여는 5백금을 걸어 잡아들이라 하였다. 두 사람이 진현陳縣으로 도주해 변성명變姓名하여 향리의 정위正衛[문지기]로 연명하다가, 진여가 향鄕의 소리小吏[아전]에게 작은 과실로 매질당하며 폭발하려 하자 장이가 말리며 '이제 작은 치욕으로 일개 소리에게 죽으려는가' 귓속말로 나무랐다. 그러면서 자기들을 잡으라는 시황의 조서를 전파하는 일을 맡기도 하였다. 진승이 기의거병하자 진알進謁하여 모두에게 환대받으며 교위校尉가 되었다. 무리가 진승을 왕으로 옹립하려는 움직임이 일어나 진승이 이를 자문諮問하자 장이는

진여와 함께 '아직 왕이 되는 것은 급하지 않다. 먼저 진나라에 망한 전국7웅의 6웅을 복국시켜 진의 적을 늘여야 한다'고 조언했으나 진승이 듣지 않고 왕이 되었다. 진승이 진여의 진언으로 조나라 정벌을 결정하고 무신武臣에게 별동대를 주어 보내자 둘이 좌우교위로서 무신을 따라 출정하였다. 무신군武臣軍이 황하를 건너서는 하북河北의 여러 현에 권유해 조나라의 10여 성을 얻고 수만 병사를 더해서는 무신이 군호君號 무신군武臣君을 일컬었으나 옛 조국의 여러 성은 항복을 거부했다. 이에 세객說客 괴철蒯徹의 계교를 받아 저항하던 영역도 손에 넣고 마침내 도읍 한단邯鄲에 입성했다. 장이는 진여와 함께 진왕 진승이 자기들 계책을 써주지 않고 스스로 칭왕하였으며 둘을 교위로 박대함에 불만하여 마침내 무신을 조왕趙王으로 추대하고 장이는 우승상右丞相 소소邵騷는 좌승상 진여는 대장군이 되었다. 이 소식을 접한 진승이 노하여 무신과 장이 진여 소소의 일족을 멸하고 조나라를 공격하려 했는데 그 상국相國이 서둘러 말려 오히려 무신을 회유하여 함께 진을 치기로 하고 장이의 아들 장오張敖를 성도군成都君으로 봉했다. 이후로 장이 등은 서진하여 진을 공략하는 봉기군을 증원하라는 진승의 탁명託命을 거듭 듣지 않고 후일 자기들끼리 분열하여 장이가 조헐趙歇을 조왕으로 따로 세워 갈라져 나와 진여와의 문경지교가 견원지간犬猿之間의 원수로 되고 항우와 유방 사이를 오가기도 하였다. 종내에는 장이가 유방에게로 귀부하여 환대를 받으며 아들 장오가 한 고제漢高帝 유방의 부마가 되고 장이는 개국공신에 조경왕이 되며 사후에는 아들 장오가 사위嗣位하였다.

*진여[?-전 204]는 간자체 진여陳余로도 쓰고, 장이와 같은 대량大梁 사람으로 유가학설儒家學說을 애독하였는데 젊어서 조趙나라를 여러 차례 유력遊歷하며 고형苦陘을 겪었다. 넉넉지 못한 가세에 부유한 집 딸을 맞았으나 처가에서 그를 평용平庸하고 무위無爲한 사람으로 괄시하는 처지에 장이를 만나 부형으로 시봉侍奉하다 문경지교가 되었다. 진시황이 위국을 멸한 후 장이와 같이 현상에 걸려 구명도생苟命圖生하다 진승이 기의하여 기주蘄州를 취하고 진성陳城을 타도하여 무리가 수만이 되었을 때 알현을 청하여 진승과 뭇사람의 환대를 받고 헌책獻策하였다. 진승은 장이와 진여를 본 일이 없었지만 그 재능과 명성을 익히 듣던 바라 그들을 얻은 것에 매우 고무되고 기뻐하였다. 이때에 진현일대의 호걸과 부로들이 진승에게 한목소리로 '장군이 몸에 견고한 개갑鎧甲[쇠미늘 갑옷]을 입고 손에 예리한 무기를 잡고 군사를 거느리고 독려하여 포학暴虐한 진국을 토벌하여 초나라 정권을 다시 세워 멸망한 국가가 부존復存하고 단절된 자사子嗣[대를 이을 자식]가 연속延續[더 이어 계속됨]케 하였으니 이러한 공덕으로 응당 칭왕稱王을 해야 하거니와, 하물며 또한 각로各路의 장령將領을 솔령率領하고 독찰督察하자면 칭왕을 아니하고는 불능이니 장군이 초왕楚王으로 옹립되어야 합니다' 하니 진승이 이를 취하여 장이와 진여에게 자문하였다. 두 사람은 장고 끝에 '장군이 지금 진지陳地만으로 칭왕하면 천하가 사욕私慾이라 하

여 따르지 않을 것이다. 간쾌赶快히 폭진暴秦을 멸하고 무도한 진이 단절한 6국의 국가와 사직 백성 후왕侯王을 회복하고 옹립擁立시켜 자기 당우黨羽를 크게 이룬 연후가 아니면 각처에서 기의하는 무리가 이를 본받아 각립하여 말을 듣지 않고 영이 서지 않아 제왕의 대업을 이루기 어려울 것'이라는 요지로 장문의 회답을 올렸다. 그러나 진승이 불청하고 칭왕하자 충심衷心을 잃고 기회를 보던 진여가 다시 진승에게 규권規勸하여 '대왕이 양梁과 초楚의 군대로 서향정진西向挺進하여 함곡관函谷關을 공파하는 것이 당무지급當務之急이라 황하 이북지구以北地區를 수복할 겨를이 없는데, 내가 일찍 조국趙國을 편유遍遊하여 그곳의 걸출 인물과 지리형세에 숙실熟悉한즉 원컨대 한 갈래 군대를 보내 북향하여 출기불의出其不意[뜻밖에 나타나 침]로 조나라 땅을 탈취케 해달라'하였다. 이미 진여와 장이가 못 미더운 진승이 신우信友가 된 진현 사람 무신武臣을 장군에, 소소邵騷를 호군護軍으로 삼고 장이와 진여는 좌우교위로 딸려 3천군을 내주었다. 백마진白馬津으로 황하를 건넌 별군別軍은 실제 진여가 앞장서 이끌며 각현各縣의 걸출인물을 찾아 유세遊說를 벌여 순식간에 10여 성지城池를 점령하고 나머지 복속을 거부하는 조나라의 동북지역 30여 성좌城座는 진여가 잘 아는 조나라 범양范陽 사람 명세객名說客 괴철蒯徹[후개명 괴통蒯通]을 앞세워 다 정복해버렸다. 도읍 한단邯鄲에 입성하여 일개 별군으로 조국을 석권한 진여는 바로 진승이 노붕우老朋友로 칭하는, 무신군武臣君을 자칭하고 있는 무신을 조왕趙王으로 즉위시키며 소소를 좌승상, 장이를 우승상에 앉히고 스스로는 대장군이 되어 진승을 격분케 하였다. 이로써 의군義軍은 분열하고 진승은 자꾸 참언讒言을 청납聽納케 되어갔다. 무신 등의 배신에 격노한 진승이 발병發兵하여 공타攻打하려다 기겁한 방군房君[진대의 국상國相]의 만류에 오히려 포상하였지만 무신 장이 등의 마음은 회귀되지 않았다. 후일 조국인에게 무신과 소소가 살해되자 진여와 장이는 그 거느린 군사 5만을 수습하여 옛 조왕의 후대 조헐趙歇을 찾아 조왕으로 옹립하여 민심을 안정시켰다. 진장 장한章邯이 조국에 진격해 한단을 공취하자 유약한 조헐은 거록鉅鹿으로 패퇴하여 포위되었다. 거록의 성북은 대장군 진여의 수만군이 주둔해 방어하고 성남은 좌승상 장이가 수천 병력으로 지키며 진장 왕리王離에게 포위되어 경각의 위기에 처했다. 장이가 진여에게 거듭 구원을 청했으나 진여는 같이 함몰할까봐 끝내 내원치 않았다. 항우가 황하를 북도北渡 돌진하여 장한군을 무찌르고 왕리를 사로잡아 거록을 해방시켰다. 장이가 진여를 불러 '당초에 생사지교生死之交를 맺어 동생공사同生共死키로 한 교정交情은 어디로 갔느냐'고 문책하며 격렬히 다투다가 진여가 대장군 인수印綬를 끌러 팽개치고 나가 버렸다. 장이가 진여를 기다려도 돌아오지 않자 그 방치된 인수와 5만 병력을 거두었는데 오래도록 화를 삭이지 못하고 돌아다니던 진여가 나타나자 또 불화가 야기되고, 결국 장이가 인수와 군사를 돌려주지 않자 진여는 친위병 수백인만 데리고 변경으로 떠나 장이와 결별했다. 한편 항우가 논공행상論功行賞으로 조국을 분할하여 장이를 상산왕常山王에 봉하고 남피南皮에 머물고 있는 진여는 그 주변 3개 현을 딸려 주어 후侯로 봉했다. 이에 진여는 '장이와 내 공로가 상등相等한데 장이는 봉왕하고 나는 겨우 봉후封侯하니 항우가 불공평하다' 불만하며 제왕齊王 전영田榮이 초를 배반하는 것을 기다려 세객을 보내 '항우가 천하를 주재하기에 불공평하니 남피를 거두어 대왕의 대초병장對楚屛障으로 삼도록 직할 군사를 보내달라' 하였다. 제왕이 쾌락하고 군대를 파견하자 진여는 남피 3현의 군병을 조동調動하여 파견군과 함께 양국襄國이 된 장이의 상산을 공격했다. 장이는 패퇴하고 진여는 여세를 몰아 조나라의 구토를 전부 수복하고 분할시 대국왕代國王으로 축소되어 밀린 조헐을 조왕으로 복원하여 조나라 전토의 왕이 되게 하였다. 이에 감은한 조헐은 자기의 대왕을 진여에게 분봉分封해 주고 남피의 3군을 분할해 주었다. 진여는 조헐이 연약하고 국내의 형국이 온정穩定되지 않아 봉지로 돌아가지 않고, 하열夏說을 국상 신분으로 대국代國에 보내 대신 다스리게 하고, 한단에 남아 조왕을 보좌하여 실제 조국 전체를 통치했다. 한편 패주하던 장이는 옛 교분이 있는 한왕 유방에게보다 자기를 양왕으로 봉해준 초왕 항우에게 가 의탁하려 했는데 수하의 감공甘公이 '한왕이 관중關中에 들어가니 오성五星이 천구天區의 정수井宿에 모였는데 정수천구는 곧 진나라 분성分星'이라면서 지금은 초국이 강대하지만 일정 기간이 지나면 한에 귀속된다 하였다. 이에 한왕에게 찾아간 장이는 교구交舊로서 후한 대접을 받았는데, 이윽고 유방이 팽성彭城의 항우를 치고자 제후와 연합책을 쓰면서 조나라의 동참을 구했다. 이에 진여가 장이의 목을 보내면 응하겠다 하니, 조국의 동참이 요긴한 유방은 장이와 똑같이 생긴 자의 목을 얻어 진여에게 보내고 진여는 유방 편이 되어 조군을 이끌고 팽성대전에 출정했다. 유방의 공격군이 궤멸의 참패를 당했다. 진여는 유방 말을 듣다 같이 패한 데다 장이가 그저 살아 있음에 분노하여 유방과 단교하고 항우에게 귀부했다. 유방의 팽성 패전을 수습한 한신韓信이 위나라를 평정한 지 오래지 않아 장이와 함께 조나라를 공략하여 정형井陘[하북성 서변 석가장石家莊]을 취했다. 자기 전략의 실전에서 패한 적이 없는 진여는 모사 이좌거李左車의 건의를 접하기 전에 출병하여 한신의 배수진背水陣을 보고 비웃으며 돌진했다 지수泜水에서 목이 베였다.

각설, 이때에 천자 사자使者를 보내어 사방 소식을 수탐搜探하라 하더니, 사자 돌아와 고하되 도적이 처처에 대발大發하여 기병起兵한다 하거늘 이세二世 대노왈大怒曰,
"여차如此[이와 같은] 태평시절泰平時節에 도적이 어찌 있으리오."
하고 사자를 명하여 하옥下獄하라 하니, 조고趙高 왈,
"그는 다 서절투구鼠竊偸狗[쥐나 개처럼 몰래 훔치는 좀도둑]라 염려 없거늘 어찌 도적이라 하여 초야草野 민심을 경동驚動케 하오니 즉시 사자를 베이옵소서."
하고 일점一點 염려함이 없더라. 이때에 패沛[패현沛縣, 강소성江蘇省 서주시徐州市 풍현豐縣] 땅에 한 사람이 있으되 성은 유劉요 명은 방邦이요 자는 계季라. 그 모친 온씨溫氏 일몽一夢을 얻으니, 홀연 큰 [연]못 가로 오색五色 채운彩雲이 영롱하고 서기瑞氣[상서로운 기운] 공중에 어렸더니 황룡黃龍이 오운五雲[5색 구름]에 싸여 내려와 부인 품에 들거늘, 놀라 깨달으니 남가일몽南柯一夢[꿈속의 허황한 한바탕 환상]이라, 그 부친 태공太公[유방의 아버지 유단劉煓 집가執嘉]으로 더불어 몽사夢事를 의논하니 태공이 대희하여 태기胎氣 있음을 기다리더니, 과연 태기 있어 유방을 탄생하니 준수俊秀한 골격이 융준隆準[콧날이 오똑함] 용안龍顔이요, 왼편 다리에 72흑자黑字 있는지라. 유방이 점점 자라매 마음이 인후仁厚하고 의사意思 활달豁達하여 지모智謀 장략將略[군사를 쓰고 부리는 책략]과 지인지감知人之感[사람을 알아보는 감각]이 억만 사람에 지나는지라. 이때 선보單父[산동성 하택시荷澤市 선현單縣] 땅에 여공呂公이라는 사람이 있으되 사람의 상相보기를 잘하더니 마침 유계劉季[유방]의 상을 보고 대찬大讚[크게 기림] 왈,

"내 사람의 상보기를 많이 하였으되 계季의 상 같음은 보지 못하였노라."

하고 인因하여 유계에게 청하여 왈,

"내 일찍 일녀一女[딸 하나]를 두었으되 지덕智德[지혜와 덕성]은 용렬庸劣하나 그대께 끼치고자 하오니 원컨대 유계는 허락을 사양치 말으소서."

[하니], 유계, 사례謝禮하고 취聚[아내로 맞음]하니 마침내 여후呂后[한 고조 유방의 후로 중국 최초의 황후] 되었는지라. 이때 시황始皇을 여산驪山[섬서성陝西省 서안시西安市 임동구臨潼區 여산의 진시황릉] 하에 장사葬事할새, 천하 사람이 다 모이는지라 이때 유계도 사상정장泗上亭長[사수정장泗水亭長, 정亭은 10리마다 설치한 관급官給 여관, 정졸亭卒이 치안도 겸임]이 되어 역군役軍 3백여 명을 거느려 여산驪山을 향하여 가더니, 중로中路에 큰비를 만나 수일 지체하였더니 기회期會[모이기로 기약]한 일日[날짜]이 지난지라 마음이 불편하여 방황하더니, 마침 각처의 기병起兵 소식을 듣고 심중心中이 쾌락하여 역군을 불러 가로되,

"그대 등도 기한에 불참하였으매 응당 큰 죄를 당할 것이니 다 각각 돌아가라. 나도 또한 가노라."

하더라. 유계, 술이 대취大醉하여 한곳에 다다르니 큰 못이 있는지라 월야月夜 삼경三更[자정 전후 2시간]에 못 가로 지나더니 큰 뱀이 길을 막아 누웠거늘 칼을 빼 그 뱀을 베고 갔더니, 그 후 한 사람이 뱀 베인 곳에 닿으니 어떤 한 노고老姑[늙은 할미], 울며 가로되,

"내 아들은 백제자白帝子[가을을 맡은 서쪽의 신 백제白帝의 아들]러니 적제자赤帝子[여름을 맡은 남쪽의 신 적제赤帝의 아들] 칼에 베히[었]노라."

하고 인홀因忽[인하여 홀연] 불견不見[보이지 않음]이어늘, 그 사람이 괴이히 여겨 유계에게 말하니, 유계 듣고 심히

기꺼[워]하더니 그 후로 유계를 따르는 자가 부지기수不
知其數[그 수를 모름][일]러라. 유계, 패현沛縣으로 돌아오니
패현 부로父老[나이 많은 어른]들이 모여 이르되,

"유계는 주 문왕周文王[주나라 8백년의 창업주로서 그 건국주
무왕武王의 아버지]의 성덕盛德이며 관인장자寬仁長者[너그럽
고 인자하며 덕망 있고 경험 많아 세상사에 밝은 사람]라 족히
천하天下[하늘 아래 온 세상]를 도모圖謀[일을 이루고자 수단과
방법을 꾀함]하리라."

하더라. 패현인沛縣人 주리州吏[고을 하관下官] 소하蕭何, 조
참曹參[패현의 옥리獄吏]으로 더불어 패현 관원官員[정식 벼슬
아치]을 죽이고 유계를 맞아 패공沛公을 삼고 복색服色[복
장의 빛깔]과 기치旗幟를 다 붉게 하니 과연 적제자란 말
이 옳은지라.

• 항우의 출현

차설且說, 함양咸陽[진나라 서울, 섬서성陝西省 지급시地級市] 땅 사람 항량項梁*은 초 장왕楚莊王*의 아들[후손]이라, 대대代代[로] 초장楚將[초나라 장수]일러니,

  *항량[?-서기전 208]은 초나라 귀족으로 명장 항연項燕의 아들이고 항우項羽의 숙부로 하상下相[강소성江蘇省 숙천宿遷]에서 나서 오중吳中에 살았다. 진나라가 초국楚國을 멸할 때 부친 항연이 항전 중 전사했고, 소시의 항량이 진의 서울 함양에서 인접한 역양櫟陽[섬서성陝西省 서안시西安市 염량구閻良區 무둔진武屯鎮]에서 범법하였는데 감옥관監獄官이던 사마흔司馬欣이 숨겨 주어 생식生息했던 일 등으로, 혹시 여기에서 항량이 함양 사람이라 한 것이 아닌가 한다. 진2세 원년, 서기전 209년 7월 진승陳勝과 오광吳廣이 대택향大澤鄉에서 기의하고 두 달 지난 9월에 회계군수會稽郡守 은통殷通이 항량에게 '대강大江[양자강揚子江] 서쪽이 다 조반造反[모반]하니 이는 상천上天이 진조秦朝를 멸하려는 시후時候'라면서 기의하자면 '그대와 환초桓楚 별인別人이 초군楚軍을 통령統領해야 한다'하니 항량이 '환초는 지금 외지로 도망하여 없고 별인은 어디로 갔는지 거처去處

를 모르며 다만 항우가 있음을 안다'하고 다음에 기회를 보아 대좌한 자리에서, 데리고 간 항우를 불러들여 눈짓으로 칼을 뽑아 은통의 머리를 베게 하였다. 그리고 은통의 인수印綬를 거두어 차고 손에 그 머리를 들고 나가 호령하자 크게 경황驚慌한 은통의 부하들이 벌떼같이 일어나 덤비는 것을 항우가 1백여 명을 베어 진압하고 항량이 군을 장악하여 군수가 되고 항우는 도위都尉가 되었다. 오중에 사람을 보내 기의를 설명하여 산하 각현各縣의 정병 8천을 모아 대오를 편성하여 교위校尉 후侯 사마司馬 등으로 각처의 호걸을 임용하여 군사를 통솔하고 고을을 다스리게 하였다. 광릉廣陵 사람 소평召平이 진승을 위해 광릉을 공탈攻奪하는데 함락을 못했다. 들으니 진승이 진장秦將 장한章邯에게 패주敗走하였다 하자 장한군이 광릉으로 몰려올 게 큰일이었다. 거짓 진왕陳王의 전명傳命이라 하여 항량에게 상주국上柱國의 관직을 주고 '장강이동長江以東은 이미 평정하였으니 화속히 솔군서향率軍西向하여 진군秦軍을 공타하라'하였다. 항량이 즉시 8천 정병을 조발하여 장강을 건너 서진하면서 진영陳嬰이 동양東陽을 함락하였다고 하자 사람을 보내 연합을 제의했다. 동해군東海郡 동양현의 영사令史이던 진영은 청년들이 현령을 죽이고 그를 동해왕으로 추대하려 하니, 그 모친이 꾸짖어 작파하고 있던 차라 '항씨項氏는 대대의 장문將門 출신으로 초나라에 성명盛名을 누리고 지금 회계 오중을 평정하여 강군을 거느리니 대사를 도모하려면 이런 인물이 아니고 안된다'하고 부대를 거느리고 귀부하여 그 휘하가 되었다. 한편 진승이 패퇴하자 그 부장이던 진가秦嘉가 배반하여 경구景駒를 초왕楚王으로 세우고 팽성彭城 동면東面에 주둔하여 항량에게 대항하였다. 항량이 '진승이 수선首先 기사起事하였는데 작전이 불리하여 거향去向을 모르는 지금 진가가 초왕[진승]을 배반하고 경구를 옹립함은 실로 대역부도大逆不道'라면서 즉시 진군하여 공타하니 진가군이 패주하였다. 항량이 추격하여 호릉胡陵에 이르자 진가가 회군하여 대전對戰하였고 하루를 싸워 진가가 전사하자 그 군대가 항량에게 귀항歸降하니 경구는 달아나 대량大梁에서 죽었다. 항량이 진가의 군사까지 겸병하고 호릉에서 서진하려 하는데 장한의 군대가 달율達栗을 압박해 왔다. 별도로 일군一軍을 주계석朱鷄石과 여번군餘樊君에게 통솔시켜 장한군을 막으라 보내니 여번군은 교전중 전사하고 일군은 패하여 대오도 없이 굶주리며 호릉으로 도망쳐 왔다. 항량은 우선 전군을 거느리고 설현薛縣으로 진공해 들어가 주찰駐扎하며 패장 주계석은 베었다. 이때 유방이 1백인을 데리고 찾아와 배알하였다. 항량은 군사 5천과 오대부五大夫[주대周代 하대부下大夫로서 소재小宰 소사도小司徒 소사공小司空 소사구小司寇 소사마小司馬] 급 군관 10명을 내주었다. 이를 거느리고 돌아온 유방은 풍읍豐邑을 공함攻陷하고 태수 옹치雍齒는 위魏나라로 투분投奔하였다. 항량은 항우에게 따로 일군을 주어 양성襄城을 진공케 하였는데 수성守城이 워낙 견고하여 일시 공격으로 떨어지지 않았다. 노한 항우가 때를 기다려 공함한 뒤 수성 군민軍民을 모두 활매活埋[산채로 묻음]하고 항량에게 돌아와 고하였다. 항량은 진승의 죽음이 확실해지자 설현에 각부 장령將領을 소집하여 대사를 의논하였다. 거소居鄛 사람 범증范增이 나이 70에 줄곧 집에 은거하며 기이한 계책을 잘 내기로 이름났는데 앞에 나타나 항량에게 '진승이 실패한 것은 진이 멸한 6국 중 초왕실이 유일하게 무과無過하고 국인이 지금까지 초왕을 회념懷念하는데 그 후예를 옹립하지 않고 스스로 왕이 된 게 원인'이라면서 회왕懷王의 후손을 찾아 옹립하라 건의하였다. 항량이 이로부터 민간을 두루 찾아 남의 집에 양을 치며 의탁하고 있는 초 회왕楚懷王의 손자 미심芈心[미성芈姓의 심心], 웅심雄心[웅씨에 이름이 심]을 찾아내 서기전 208년 여름 6월에 회왕懷王으로 옹립하였다. 진영을 상주국으로 삼아 5개 현을 봉지封地로 주고 항량 자신은 무신군武信君이 되어 회왕 웅심과 함께 우이盱眙[강소성江蘇省 회안시淮安市 우이현盱眙縣]에 도읍을 세웠다. 한韓의 공족公族 장량張良이 항량을 찾아와 '공은 이미 초왕의 후대를 옹립하였으니, 한국의 각위 공자公子 중 횡양군橫陽君 한성韓成이 가장 현능하여 왕으로 세울 만하니 한왕으로 삼아 당우黨羽를 넓히시라' 하였다. 항량이 즉시 장량을 보내 한성을 찾아 한왕으로 세우게 하고 장량은 한국의 사도司徒를 삼으니 한왕을 따라 1천여 군사로 서진하여 한나라 영지를 탈환하여 여러 성을 얻고 진군을 쫓아내며 영천潁川 일대를 수복하면서 항량의 편이 되어 유동遊動하였다. 동년 9월에 항량은 동아東阿에 있으면서 장한의 군대를 격파하고 서진하여 정도定陶[산동성山東省 서남부 하택시荷澤市]에 이르러 재차 진군을 무너뜨렸다. 항우는 유방과 함께 또 옹구雍丘에서 진군과 교전하여 대승하고 삼천군수三川郡守로 있는 진 승상 이사李斯의 아들 이유李由를 참수하였다. 항량은 이에 진군을 더욱 경시하면서 신색에 오만한 기운이 서렸다. 휘하의 책사 송의宋義가 규권規勸하여 '승전하여 장수가 교오驕傲하면 사병이 태타怠惰하여 반드시 실패한다' 하였으나 항량이 듣지 않고 진군이 날로 증파되어 오는데 송의를 제나라에 사자로 보냈다. 도중에 항량에게 오는 제국 사자 고릉군高陵君 현顯을 만난 송의가 무신군이 필패必敗할 것을 말하고 화속히 달려가 진언해 화앙禍殃을 막아 달라 당부했는데 고릉군이 닿기 전에 진2세가 군사를 조동調動해 증원한 장한군의 습격에 항량이 대패하여 장한의 부장 손승에게 전사했다. 후세 사가가 유항양가劉項兩家의 기병起兵을 논하여 그 '적迹[과정]은 비슷하나 정情[실정]은 다르다. 패령沛令이 유방을 불러 의논하였으나 불초하여 부로父老가 남을 시켜 죽였고 유방이 친수親手 도살刀殺치 않았다. 항량이 부소赴召[주군의 부름을 받고 나감]한 것은 군수[은통]의 성의가 명명明明해서인데 하필 항우를 시켜 무단 참수斬首하였는가' 하였다.

*초 장왕 웅려熊旅[?-서기전 591년]는 형장왕荊莊王 또는 장왕臧王이라 하고 미성웅씨羋姓熊氏에 이름이 여旅 또는 여呂와 여侶이다. 초楚나라 22대 군주이고 재위는 서기전 613-591년이며 목왕穆王의 아들 공왕共王의 아버지로 영도郢都 출생이다. 목왕 12년, 서기전 613년에 목왕이 거세去世하여 20세가 못되어 즉위했는데 국내에 모순矛盾이 중첩

하여 공자公子 섭燮과 의儀가 반란을 일으켰다. 섭은 일단 도읍과 왕실을 장악하여 스스로 왕을 칭하고 어린 장왕을 가두었다. 그러나 반대 세력이 커져 신변이 위태롭자 북방으로 도망쳐 초와 진秦 진晉 3국의 접경 상밀商密에서 반격을 개시하다 노盧라는 곳에서 피살되고 장왕은 풀려나 영도로 돌아왔다. 아직 미숙해서인지 장왕은 즉위 이래 3년 동안 주야로 놀기만 하고 정사를 보지 않으며 전국에 영을 내려 '감히 간하는 자가 있으면 죽이겠다' 하였다. 오거伍擧라는 대부大夫가 알현을 청해 입시하니 장왕이 왼쪽에 정鄭나라 미희를, 오른쪽에 월越나라 미희를 끼고 앉아 무악舞樂에 빠져 있었다. 오거가 수수께끼를 내 아뢰었다. '언덕 위에 새가 있는데 3년 동안 울지도 않고 날지도 않습니다. 이게 무슨 새이겠사오이까?' 장왕이 즉답으로 '3년을 날지 않았으니 한번 날면 하늘을 찌를 것이요, 3년을 울지 않았으니 한번 울면 사람을 놀라게 하리라. 내 맞혔으니 물러가라' 하였다. 여러 달이 지나고 장왕은 더욱 방탕해졌다. 대부 소종蘇從이 알현하여 간언을 하니 장왕이 꾸짖었다. '내가 영을 내린 걸 듣지 못했는가?' '이 한 몸이 죽어 주군을 깨우치는 것이 신의 바라는 바입니다.' 장왕이 즉시 좌우를 시켜 악대樂隊를 내쫓고 정신을 차려 눈빛을 달리 해 간신을 식별하였다. 그동안 자기를 그르친 수백 명 간신을 가려 주살하고 양신良臣 수백을 기용하며 오거와 소종에게 국사를 맡기니 온 나라 백성이 기뻐하였다. 이 일이 고사故事가 되어 불비불명不飛不鳴이라는 성어가 유래하였다. 국정을 정비한 장왕은 용庸나라를 공략하여 정복하는 것을 시작으로 주변 국가를 압박하고 영토를 넓혀 춘추오패春秋五覇의 한 패자로서 두각을 드러냈다. 장왕 8년, 서기전 606년 초나라는 중원을 제패할 야심으로 동주東周의 접경 낙洛에 군사를 주둔시키고 주나라 영역에서 관병觀兵[열병으로 군사의 위세를 보임]을 하니 주나라가 대부 왕손만王孫滿을 사자로 보내 초자楚子[장왕]를 위로했다. 초자가 사자에게 천자국의 상징인 구정九鼎의 크기와 무게를 물었다. 이는 천자위를 넘보겠다는 위협이었다. 왕손만은 '정의 크기와 무게보다 덕이 중하며 천명天命은 아직 주나라에 있다' 하였다. 이 명답에 초자는 철군하였다. 장왕은 저녁에 중신衆臣을 불러 심야까지 연회를 벌였다. 모두가 만취한 가운데 강풍이 불어 촛불이 꺼졌다. 장수 장웅蔣雄이 왕의 총희寵姬를 껴안으니 총희가 그의 갓끈을 잡아끊어 왕에게 드리고 알렸다. 왕이 갑자기 모든 신하에게 갓끈을 끊어 버리라 명했다. 후일 초나라가 진秦의 공격을 받아 싸울 때 장웅이선봉에 나서 분전하여 대승했다. 장왕이 '내 너를 그리 아낀 일이 없는데 어찌 그리 무릅썼는가' 묻자 장웅이 갓끈의 일을 실토하고 이제 죽음을 청했다. 여색에 휘둘리지 않고 신하를 아끼는 명군의 금도가 탄로난 미담이 되었다. 장왕은 이웃 진陳나라의 내란을 틈타 일시에 병합하고 정鄭나라를 공취하여 속국을 삼았다. 서기전 597년에 정나라 원군으로 온 진군晉軍을 필邲에서 격파하였다. 대패한 진군이 허겁지겁 도강渡江하며 배가 뒤집힐까봐 먼저 탄 자가 뒤에 쫓아와 매달리는 자의 손을 잘라 배안에 잘린 손목이 수북하였다. 여러 신하가 대승을 기려 경관京觀[경구京丘 경총京冢과 같으며 전공을 기리고자 적의 시체를 쌓고 그 위에 토봉土封을 높여 큰 무덤을 이룸]을 만들 것을 상소하자 이를 물리치며 '무武자는 익弋[무기]을 지止[멈춤]하여 난폭을 막고 전대戰隊를 유지하며 공功을 정하고 백성을 화합게 하여 재물을 풍부케 하는 것인데, 내 이러한 무덕武德을 이루지 못했거니와, 저희 조국에 충성해 죽은 진병晉兵의 사체로 경관을 만들 수 없다'하였다. 패업霸業을 이룬 장왕은 다음으로 진晉을 따르는 송宋을 표적하였다. 초나라가 제나라에 보내는 사신이 송을 지나다 피살하자 장왕은 전광석화로 진격하여 수도 상구商丘를 포위하였다. 그러나 송의 명장상名將相 화원華元 등의 저항으로 서기전 594년 5월까지도 상구를 함락치 못하자 장왕으로도 결국 퇴각하였다. 후에 송은 초나라에 항복했다.

초나라 망하매 한韓나라에 옮겨[가]더니 사람을 죽이고 오중吳中에 거居하는지라. [그] 형의 아들이 있으되 명은 적籍이요 자는 우羽니 힘이 능히 산을 빼고 구정九鼎을 드는지라. 적이 어릴 때 글을 가르치되 배우지 못하고 칼 쓰기를 가르치되 배우지 못하거늘 항량이 꾸짖어 왈,

"남아男兒 세상에 처處하여 글도 못하고 칼 쓰기도 못하면 어찌 사람이라 칭하리오."

[하니] 적이 대왈對曰[대답하여 가로되],

"글은 성명姓名 기록할 뿐이요 칼은 한 사람 당적當敵할

뿐이오니 만인萬人 당적할 재주를 배워지이다."

하니 항량이 심중心中에 아이 뜻이 큰 줄 알고 만인[을 거느릴] 덕德을 가르치니 능히 통달하는지라. 이때에 회계會稽 태수太守 은통殷通이 진섭陳涉[진승陳勝]을 옹擁[옹호]하여 착한 사람을 [진섭에게] 천거薦擧할 새, 항량을 [불러] 보아 왈,

"그대 같은 재주로서 어찌 이러한 때를 [그저] 보내리오. 진섭을 도와 대공大功을 이루라."

하니 항량 왈,

"본디에 재주 없으나 질아姪兒[조카아이] 항적이 용맹이 과인過人[남보다 지나침]하오니 불러 보옵소서."

[하니] 은통 왈,

"명일明日에 항적을 데리고 [와] 나를 보게 하라."

하니 항량이 나와 항적을 대하여 은통의 말을 설화說話하니, 적이 왈,

"대장부 이러한 때를 당하여 어찌 남의 뒤[가] 되오리까. 소질小姪[작은 조카란 뜻]이 명일 은통을 본 후 은통을 베고 인수印綬를 취하여 숙부叔父께 올리리다."

[하였다.] 항량이 적의 용맹을 아는지라, 익일翌日에 항우[가] 태수를 볼 새, 몸에 전포戰袍[장수의 긴 웃옷]를 입고 허리에 궁전창검弓箭槍劍[활과 화살통에 창과 칼]을 차고 군례軍禮로 뵈온대[뵈옵게 하니], 위풍威風이 늠름하여 사

람의 정신을 놀래[키]는지라 태수 몸을 굽혀 답례할 새 항우 칼을 날려 태수를 치니 태수 머리 떨어지는지라, 좌우[가] 대경大驚하여 창검으로 항우를 치려 하니 항우 한번 소리 하에 좌우 다 쓰러지는지라. 항우 인수를 취하여 항량에게 드리니 항량이 태수 되어 항우로 상장上將을 삼고 진국秦國을 도모코자 할 새 항우의 연年[나이] 24라, 진승陳勝과 오광吳廣이 다 항우의 손에 죽은 바 되니라. [이는 앞서 나온 여러 사람의 주기에서 나왔듯이 사실과 다르다.]

이때 초국楚國에 임금이 없다 하매 초[왕]을 정하리라 하고 8천 제자諸子[자제子弟]를 거느려 강을 건너 초국에 돌아올 새, 항량이 생각하되 '지략智略 있는 모사謀士를 얻은 후에야 가히 대사大事를 도모할 것이요, 내 들으니 거소居鄛 땅에 사는 사람 범증范增이 나이 70이나 지략과 천문둔갑天文遁甲[천문은 천체에서 일어나는 온갖 현상을 알아 운수를 점치는 것이고 둔갑은 술법을 써 몸을 감추거나 변환하는 비결]이 여상呂尙*에게 비긴다 하니 청하여 대사를 도모하리라' 하고,

*여상[?-서기전 1015년]은 강성여씨姜姓呂氏로 이름이 상尙이어서 여상이라 부르고 강상姜尙이라고도 하며, 자가 자아子牙여서 자로 부를 때는 강자아姜子牙라 하고 여자아라고 하지 않는다. 호는 비웅飛熊이고 태공망太公望으로 존칭되었는데 가존加尊되어 사상보師尙父가 되었다. 또 제齊나

라를 건립하고 왕이 되어 사후 제나라에서 받은 시호가 태공太公이어서 제태공齊太公이라고 한다. 서기전 1140년에 태어나 136세를 살았다고도 하고, 서기전 1211년에 나서 서기전 1072년까지 140세를 살았다고도 한다. 염제炎帝 신농씨神農氏 51세손, 백이伯夷의 36세손으로 동해東海에서 났고 그 자손이 대대로 제나라 왕이 되면서 번성하고 분적分籍해 나가 강姜 고高 노盧 여呂 구丘 정丁 최崔 허許 경慶 장章 신申 악岳 상尙 강强 등 102개 성씨로 번져 지금도 매년 9월 12일 산동성의 강태공 사당 축제에 수많은 후손이 몰리고 있다. 우리나라 진주강씨 교하노씨 평해구씨平海丘氏 함양성산여씨咸陽星山呂氏 충주전주최씨 압해나주정씨押海羅州丁氏 태인시씨泰仁柴氏 거창장씨居昌章氏 8개 성씨가 강태공 후손이다. 여상의 먼 선대는 봉지封地를 받기도 하며 귀부하였으나 그가 출생하였을 때는 빈천한 평민으로 낙대落代하여 소시의 그는 소를 잡고 고기를 자르는 일도 마다 못하며 천문지리天文地理에 군사모략軍事謀略을 배워 익히고 치국안방지도治國安邦之道를 궁구하여 하루아침에 능히 천하에 시전施展할 재화才華를 갖추었으나 70이 넘도록 한 군데 쓰일 데를 얻지 못하여 헌 집에 한거하며 위수渭水의 반계磻溪[섬서성陝西省 보계寶鷄]에서 낚시를 드리워 잡은 물고기로 연명하며 그래도 때를 기다리기를 거두지 않았다. 서백후西伯侯[서백은 은殷의 봉작封爵, 후는 제후諸侯] 희창姬昌[주문왕周文王의 성명]이 수렵을 나가기 전 일몽一夢을 꾸었는데 그 괘사卦辭가 '얻는 사냥감이 용龍도 아니고 교룡蛟龍도 아니고 범도 아니고 곰도 아니며 패왕

지업霸王之業을 성취할 보신輔臣'이라 하였다. 희창이 사냥을 나가 우연히 위수 북안北岸에서 늙어 허줄한 낚시꾼을 만나 지나가는 말 몇 마디를 주고받다 그 현하지변懸河之辯에 놀라 초풍이 되었다. 그리고 꿈에서 바라던 보신이라 하여 태공망으로 존칭하였다. 서쪽 변경 후국侯國 주周나라를 다스리던 서백에게 기용되어 기인奇人 동이지사東夷之士 등으로 별칭되던 여상은 천자국 은나라 말주末主 주왕紂王의 폭정에 시달리는 천하의 제후국을 설득하며 비상한 재능을 발휘하였고, 서기전 1046년 2월 마침내 목야牧野의 대전을 이끌었다. 목야는 은나라 수도 조가朝歌[하남성河南省 기현淇縣]에서 70리 밖의 들판이었다. 여상의 연합군은 대략 4만5천이고 주왕의 대군은 72만이라 계란으로 바위치기 형국이었다. 여상은 경천동지할 전략을 써 주왕의 대군을 궤멸시키고, 도주하던 주왕은 역진力盡하여 자결하였다. 일거에 거악을 무찌르고 새 천하를 통일한 그의 계략은 간명하게 정의필승正義必勝 넉 자였다. 주나라가 천자국으로 건국되고 서백은 문왕文王이 되었으며 아들 희발姬發이 이어 무왕武王이 되고 성왕成王 강왕康王으로 이어지는 4대 천자를 사상보로서 섬겼다. 문왕 무왕의 큰 스승이자 무왕의 장인이었으며 분봉국 제나라의 왕이 되어 자손이 세습하여 주왕조와 같이 800년을 가며 춘추5패와 전국7웅으로서, 제나라는 한때 그 영역이 5천리에 이르기도 하였다. 저술로 주역周易의 바탕을 확정하고 병서 육도삼략六韜三略을 지어 무경칠서武經七書의 하나가 되게 하니, 후일 황석공黃石公 귀곡자鬼谷子 손자孫子 오자吳子 제갈양諸葛亮

이 다 이 책으로 배웠다. 또 복수불반분覆水不返盆[엎지른 물은 다시 동이에 담지 못함]의 명언을 남겼다. 여상의 전실前室 마씨馬氏가 생활고를 견디다 못해 출분出奔했다 나중에 여상이 서백을 만나 영달하자 찾아와 다시 거두어 주기를 청했다. 여상이 하인을 시켜 물 한 동이를 갖다 마당에 쏟게 하고 마씨에게 '저 바닥의 물을 동이에 다시 담으면 맞아 주겠다' 하였다는 고사이다.

예단禮緞[예물로 보내는 비단]을 차려 적籍[항우]을 주어 보내니라. 적이 거소에 가 범증을 보니 홍안백발紅顔白髮에 선풍도골仙風道骨이 가히 도인道人의 기상氣像이라, 적이 예단을 드리고 왈,
"사해四海[온 세상] 분분紛紛[어지러이 들끓음]하여 백성이 도탄塗炭[숯덩이와 진흙 범벅 바탕]에 들었으니 제세지재濟世之才[세상을 구제할 재주]를 말씀하옵소서."
[하였다.] 범증이 이미 천문天文을 보아 진문秦門[진나라]이 망하고 새로 통일천자統一天子 날 줄 알았더니, 항적을 보고 가로되,
"내 금일今日 그대를 보니 만고영웅萬古英雄이라 노신老臣이 비록 재주 없사오나 진심갈력盡心竭力하여 도우리라."
하고 예단을 받고 내심에 헤아리되, '항량의 상을 못 보았으니 내 둘을 보리라' 하고 항적을 따라올 새, 항량이 10리 밖에 나와 맞거늘, 범증이 항량의 상을 보니 '대

사大事를 이루지 못하리라' [생각]하고, 출세出世할 게 불가하여 마음에 서운하되, 항적을 보니 제왕의 상이라 일[이리]로 마음을 정하리라 하고, 예필禮畢[상견례를 마침] 후에 항량이 왈,

"선생을 보오니 주 문왕周文王이 강태공姜太公[여상呂尙]을 만남 같은지라, 큰 묘책妙策을 가르침을 바라오니 높은 재주를 아끼지 말고 도탄중에 든 백성을 건져내옵고 어진 이름을 천추千秋[천년]에 전하옵소서."

[하였다.] 범증이 왈,

"임금을 정한 후에 민심을 얻어 대사를 정하리라. 진승이 처음으로 기병起兵[군사를 일으킴]하여 초왕楚王의 자손을 세우지 아니하고 제가 자칭 초왕이라 하고 인심을 잃어 졸패卒敗[졸경卒更에 패망함]하였으니, 이제 장군은 대대로 초장楚將[초나라 장수]이라 하는 고로 명장호걸名將豪傑 등이 무수히 뒤를 따르니 대사를 도모하리라."

[하였다.] 항량이 옳이 여겨 초 회왕손楚懷王孫 심心[웅심熊心]을 찾아 초왕을 삼고 항량은 문신군文信君이 되고 항적으로 상장上將을 삼고 범증으로 아부亞父[버금아비의 뜻]를 삼아 승상丞相을 정하니 군중軍中이 다 범아부范亞父라 칭하더라.

이때에 한국韓國 장량張良이 자는 자방子房이라, 선세先世 대대로 한韓나라 재상이 되었더니 진시황이 한국을 멸함에, 그 임금을 위하여 원수를 갚으려 하고, 가산家産

을 흩이어 천하 호걸豪傑을 사귀며 민심을 살피더니, 이때 마침 시황이 동으로 순행巡幸하거늘, 장량이 역사力士[창해역사蒼海力士*]를 데리고 시황을 따라 박랑사博浪沙[하남성河南省 원양현原陽縣] 중에 이르러 시황을 치다가 그릇 다른 수레를 맞히니 시황이 대경大驚하여 천하에 영을 내리되 10일을 정하고 잡으라 하[였]더라. 이때에 역사는 박랑사 중에 몸을 피하고,*

*창해역사 : 창해蒼海 또는 창해倉海나 창해滄海는, 고대 중국에서 해동의 예맥濊貊, 즉 조선朝鮮을 가리키고, 그쪽에서 무슨 일로 중국 산동山東에 집단 이동해온 유민流民이 거류居留하는 지역의 군장君長을 창해군蒼海君이라 했다고 한다. 사서史書에도 서기전 128년, 한 무제漢武帝 원년에 동이東夷의 예군濊君 남려南閭 등이 우거右渠를 배반하고 28만 구口를 거느리고 와 요동遼東에 창해군蒼海郡을 설치하여 여러 해 동안 거류케 했다가 파했다는 기록이 있다. 창해역사는 이러한 산동성 예맥족 거류지의 군장이거나 유민 중 괴력의 장사로서 진시황에게 반감을 품고 있던 중 시황을 제거하고자 천하를 두루 다니며 역사를 찾던 장량과 만나 의기투합하여 거사를 서맹했다는 것이다. 또는 역사 창해군滄海君이 진秦의 현인이었다는 설도 있고, 남쪽 제오諸奧의 군장으로서 월越이 초楚나라에 망하자 월왕 무강無彊의 아들이 독립하여 창해군倉海君을 칭했다는 기록에 따라 그가 창해역사라는 설도 있다. 우리나라의 창해역사에 대한 전설은 그가 강원도 강릉에 있던 동예국東濊國 출

신이라는 것이다. 예국의 한 노파가 시냇가에서 호박만한 알이 떠내려오는 것을 주워왔더니 며칠 안 되어 알이 두 쪽 나며 남아가 나왔다. 아이 얼굴이 범상치 않았으며 6세가 되자 신장이 8척 되고 낯빛이 검어 검을 여黎자로 성을 삼고 이름을 용사勇士라 하였다. 여용사가 사람을 해치는 범을 바수고 만근萬斤 종을 옮기며 괴력을 쓰자 동예왕이 상객上客으로 대하고 창해군滄海君을 삼았다. 오대산五臺山에 창해군의 구지舊址가 있고 진한대辰韓代부터 동예인은 중국과 상통相通했으며 동예는 삼척三陟의 실직곡국悉直谷國, 울진蔚珍의 파조국波朝國과 함께 창해삼국滄海三國으로 불렸다. 근대의 설화 환단고기桓檀古記에서는 진시황을 저격한 격력사激力士 여도령黎道令의 성명이 여홍성黎洪星이라 하고, 근대 중국계 일본인 진순신陳舜臣은 소설 십팔사략十八史略에서 창해군이 산동반도山東半島에서 조선 유민을 이끄는 우두머리로서 휘하의 역사를 얻어 시황을 저격했다 하였다. 이문열李文烈은 소설 초한지楚漢志에서 창해군이 중국 동해안에서 다수의 역사를 육성하던 협객俠客이고 창해역사가 그리 육성된 역사의 하나라 하였다. 이러한 역사는 장량의 지휘로 박랑사의 요해처에서 시황의 순행 수레를 저격했다. 장량이 보니 행렬의 수레가 똑같은 게 여럿이라 시황이 어디에 탔는지 알 수 없었다. 당혹하여 가운데의 세 번째 수레를 지목했고 역사가 범같이 날아 백근 철퇴로 그 수레를 명중시켜 박살내니 두 번째 수레를 타고 가던 시황이 고개를 밖으로 돌려 내다봤다. 일이 그른 것을 보고 장량은 속히 몸을 피했고 역사는 무리로 덤

비는 호위군을 무찌르다 난자되었다. 혹설에는 역사가 철퇴를 높은 곳에서 던져 명중시키고 같이 피했다고 하고 또는 일부러 장량이 피하게 하고자 분전하여 시각을 끌다 참혹한 어육이 되었다고 한다. 또는 산 채로 잡혀 능지처참되었다 하고, 장량으로 하여금 충분히 외모를 바꾸고 피할 만큼 시간을 끌며 수많은 적을 시살廝殺하고 자결하였다고도 한다. 그밖에 모래밭을 30리를 달아나 종적이 없어졌다 하고, 달아난 지 열흘이 지나도 잡히지 않았는데 결국 잡혔을 것이라는 설도 있다. 역사가 여黎씨 성 평민이 아니라 동예국 박가朴哥의 아들 3형제 중 맏이라 하여 성이 박씨라는 주장도 있다.

장량은 진류陳留[하남성河南省 개봉시開封市 진류진陳留鎭. 장량이 피해 변성명으로 숨은 곳은 하비下邳(강소성江蘇省 숙천현宿遷縣 동남東南)] 땅 다리 아래 숨었더니 추야秋夜 삼경三更[이었]더라, 다리 위에 한 노인이 지나다가 신을 벗어 내리차고 가로되,

"다리 아래 있는 사람은 나의 신을 건져 신기라."

한대, 장량이 심중心中이 놀래어 헤아리되, 신을 건져 신김이 가장 미안未安[거북하고 겸연쩍음]하고 또 내[가] 다리 아래 숨은 줄 짐작하니 실로 범상凡常한 노인이 아니요, 또 나이 많으니 신을 신김이 무방타 하고 신을 건져 신기니, 그 노인이 수리數里를 가다가 도로 와 자방더러 이르되,

"내 그대를 가르칠 일이 있으니 명일 밤에 이곳에 와서 기다리라."

하거늘, 자방이 대답하고 그날 인시寅時[미명 3~5시]에 가니 노인이 먼저 와 이르되,

"그대 먼저 옴이 옳거늘 뒤에 옴은 도례度禮[법도와 예의, 도리] 아니라, 명일은 일찍 와 기다리라."

하고 가거늘, 자방이 그[다음]날 계초명鷄初鳴[첫닭이 욺]에 가니 그 노인이 먼저 온지라, 또 노인이 가로되,

"그대는 노인과 기회期會[만나기를 기약함]하고 양차兩次[두 차례] 실기失期[기약을 놓침]하니 도리 아니라, 후일은 명심銘心하라."

하고 가거늘, 자방이 또 그날 밤 오경五更[오전 3~5시]에 가니 이윽하여 노인이 와 보고 대소大笑[크게 웃음] 왈,

"내 그대 정성을 보려 하고 삼순三巡[세 차례] 기회를 정하였더니 허물치 말라."

하고 품속으로[부터] 서책 3권을 내어 주며 왈,

"이 글을 읽어 외우면 일국 군왕의 스승이 될 것이니 힘써 공부하라."

[하였다.] 장량이 배복사은拜伏謝恩하고 문왈問曰[물어 말하기를],

"선생은 뉘시며 이 책 이름은 무삼[무슨] 책이시니이까?"

노옹老翁 왈,

"이 책은 강태공 포상비서包桑祕書[포상은 지명地名이라는 출전도 있는데, 질긴 뽕나무 뿌리로 견고히 얽어맨다는 뜻이 있어 그렇게 만든 죽간竹簡으로, 소위 황석공소서素書일 것] 상중하 3권이라. 나는 황석공黃石公*이니 후일 나를 알고자 하거든 [제]북濟北[산동성山東省 제녕시濟寧市 제북현濟北縣] 곡성산穀城山 하에 황석黃石[누른 빛깔의 방해석方解石]이 있을 것이니 나인 줄 알라."

하고 간 곳을 알지 못할러라.

*황석공[?-서기전 195]은, 최근 정리된 자료에, 진한秦漢 시대 은사隱士로 동해東海 곡양曲陽[강소성江蘇省 술양현沭陽縣] 사람이라 한다. 별칭은 이상노인圯上老人 하비신인下邳神人이고 도교道敎의 신보神譜[신선의 계보]에는 도사道士로 올라 있다. 소시에 전란을 피해 하비下邳[강소성 수녕현睢寧縣 고비진古邳鎭]에 은거하였는데 대략 서기전 292년에 이곳에서 나서 이곳이 출생지이자 적관籍貫이라고도 한다. 세 차례 장량을 시탐試探한 다음 태공병법太公兵法을 수여하여 한 고조漢高祖 유방의 천하통일을 보좌케 하고, 한 고조 8년에 98세로 별세했으며 경세제민經世濟民의 소서素書와 병법서 황석공삼략黃石公三略을 유전遺傳하였다. 춘추전국시대 제자백가류의 한 사람으로 귀곡자鬼谷子와 이름을 나란히 하였는데 어려서 황산黃山에 버려진 연고로 황공黃公으로 불렸다고도 하고 달리 황산에 은거하며 저술하고 입설立說하여 그리 불렸다고도 한다. 황보밀皇甫謐의 고사전高士傳에서는 황석공이 하비인下邳人인데 진란秦亂을 만나 스

스로 은둔하며 성명을 묻어버려 당시 사람에 아는 이가 없게 되었다 하였다. 다른 전설에는 그가 진시황의 부친 장왕莊王의 중신重臣으로 성명이 위철魏轍인데 장왕 사후 시황이 정사를 당하면서 전단專斷하고 폭정暴政을 자행하며 충언과 원로의 의견을 듣지 않자 위철은 문득 괘관귀은掛冠歸隱, 말을 채찍 쳐 조정을 떠났다. 시황이, 위철이 달아났다는 소리를 듣고, 어린 나이에 즉위하여 입지가 미확未確인 터에 위철 같은 선왕의 노신이 떠나면 천하가 자기의 용인지량容人之量 없음을 비웃을 것이라 생각하여 친히 인마를 데리고 급히 뒤쫓아 여산驪山 아래에서 붙잡고 호언호어好言好語에 천만백계千萬百計로 만류하였으나 한번 결심한 위철은 끝내 말을 돌리지 않았다. 이후로 위철은 비주邳州 서북쪽 황산黃山 북록北麓의 황화동黃華洞에 은거하니 사람들이 그의 실명을 알 길 없어 황석공으로만 불렀다는 것이다. 비록 그가 은거하였지만 한 길 내심은 오직 우국우민憂國憂民이었다 한다.

장량이 명조明朝[다음날 아침]에 [죽간책竹簡冊을] 피어보니 과연 태공의 삼략三略[육도삼략六韜三略 중 삼략의 상략上略 중략 하략]과 황석공의 포상비결包桑祕訣을 겸하여 조화무궁造化無窮한지라 양良이 심중에 기꺼워하여 주야숙독晝夜熟讀하더니, 들으니 유방이 당시영웅當時英雄으로 기병起兵하여 패공沛公이 되었으매 고국故國을 생각하고 패국沛國을 생각하여 진국秦國을 멸하고 고국 원수를 갚고자

하는 차에, 패공이 장량의 어짊을 듣고 먼저 와 천하사天下事를 의논하는지라, 자방子房이 재배再拜 왈,

"주공主公의 어진 재덕才德이 천하에 높으시나 서인庶人으로 더불어 천하를 취取치 못할지라. 들으니 초국楚國 항량이 항적項籍으로 더불어 병세兵勢가 대진大振하고 용맹이 만고에 으뜸이라 하니, 주공은 아직 군사가 없고 땅을 얻지 못하였으니 항우로 더불어 합력合力하여 진국을 쳐 파하면 반드시 큰 공을 이룰 것이니 승패 간에 [잘] 보아 자연[히] 쳐 파破하리이다."

[하였다.] 패공은 본디에 활달한 장부라 장량의 유리한 말을 듣고 장차 초楚로 더불어 합력하고자 하더니, 이때에 강동江東 항량이 초왕楚王을 세우고 기군起軍[군사를 일으킴]하여 진국을 치려한다 하는 주문奏聞[임금께 아뢰는 말]이 들리거늘, 이때에 진秦 승상 조고趙高, 각처 병란兵亂을 감추지 못하여 2세황제께 아뢰고 대장군 장한章邯을 명하여 정병 3만을 조발調發하여 초병楚兵을 막으라 하고 보내니라. 이때 초 회왕이 항량으로 대장군을 삼고 항적으로 차장次將을 삼아 정병 3만을 조발하여 진장秦將 장한과 싸우니라. 진국의 장한이 명장이라 초국이 대패하여, 항량이 장한의 살[화살]을 맞아 죽는지라, 항우, 분을 이기지 못하여 필마단창匹馬短槍[한 필 말과 한 자루 창]으로 장한의 진중陣中에 들어가 좌충우돌左衝右突하니 장수와 군사 죽는 자 그 수를 아지 못할러라. 항우, 장

한으로 더불어 접전하니 실로 적수라 서로 물러갈 마음이 없어 수백여합數百餘合[합은 총검이 서로 마주치는 횟수의 명수사名數詞]을 싸우되 승부를 결단치 못하거늘, 범아부范亞父[범증], 양진兩陣 싸움을 보다가 대경 왈大驚曰[크게 놀라 가로되], '두 범이 싸우면 그 형세 당치 못하리라', 쟁錚[꽹과리]을 쳐 군사를 거두어, 항적의 손을 잡고 개유開諭[사리를 알아듣도록 깨우침] 왈,

"항적군項籍軍[항량군]이 남을 경輕[가볍게]히 여기다가 적장敵將에게 죽었으니 장한은 천하영웅이라 경적輕敵[가벼이 대적함]지 못할 것이요, 또 초진楚陣[초나라 진영] 중에서 장군을 주석主席으로 믿는지라, 이제 원수를 갚고자 하여 두 범이 싸우면 사생死生를 아지 못할 터[이]오니, 만일 실수 있사오면 타일他日[다른 날] 뉘우침을 어찌 하오리까. 지금 진국이 대패하여 장한이 기운을 잃었는지라, 이제 승전할 묘책妙策을 정하고 장한을 사로잡게 하리다."

[하였다.] 항우, 분기를 이기지 못하나 범아부 말이 유리하기로, 분기를 아직[은] 진정하더라.

• 유방의 등장

이때 진장秦將 장한이 초군에게 패한 연유를 2세에게 고하고 구원병을 청하였거늘 승상 조고[가] 생각하되, '전에 사방 도적을 이미 없는 줄로 아뢰었더니, 이제 장한이 패한 주문奏聞을 올리면 반드시 내[가] 죽기를 면치 못하리라'하고 황제를 망이궁望夷宮으로 모셔 음양陰陽[을 뒤바꿈]하여 죽이고 부소扶蘇의 아들 자영子嬰을 세워 황제를 봉하니, 자영이 즉위하여 조고의 삼족三族을 멸한 후에 조서詔書를 내리매, 이러므로 사방에[서] 구원병이 아니 오는지라, 이러므로 장한이 조정朝廷[에] 현신賢臣 없음을 한탄하더라.

차시此時[이때]에 초 회왕이 항량[이] 죽음을 듣고 송의宋義로 상장군上將軍을 삼고 항우로 부장군副將軍을 삼아 진국을 칠 새, 항우, 부장副將됨을 분한憤恨하여 깊은 밤에 장중帳中[군막軍幕 안]에 들어가 상장 송의를 칼로 찔러 죽이고 스스로 상장이 되어 회왕께 주문奏聞을 올리되, '송의가 적진敵陣에 사통私通[사사로이 내통함]하기로 베었나이다'하니 군중軍中이 다 놀라더라. 회왕이 환초桓楚로 차장次將을 삼아 장한과 싸울 새, 범증[이] 왈,

"장군은 내 말을 들으소서. 이제 장한은 형세 고단孤單하고 진퇴進退 난감하오니 저를 달래어 스스로 항복[케]하고 두 영웅이 서로 상의하였으면 진국과 [전쟁]하기는 여반장如反掌[손바닥 뒤집기와 같음]이니 원수는 허물치 말고 대의를 생각하여 국사國事를 먼저 하고 사정私情은 뒤에 하소서."
[하니], 항우 왈,
"장한은 내 숙부를 죽인 원수라, 어찌 더불어 서로 모사謀事[일을 꾀함]하리까?"
범증 왈,
"신자臣子의 도리에 임금 섬기기는 상사常事[떳떳한 일]라, 장한이 진국의 명장으로 제 나라를 도와 장군 숙부를 죽인 것을 무삼 혐의嫌疑[꺼리고 싫어함]하리오. 또한 소사小事를 위하여 대사大事를 생각지 아니하나니 전후 이해利害를 생각하소서."
항우, 양구良久[상당히 오래 있음]에 왈,
"그러하면 선생의 지휘대로 하오리다."
범아부, 말을 타고 장한의 진전陣前에 나아가 마상馬上에서 일러 왈,
"나는 초국 범아부라, 천지흥망天地興亡과 사람의 영욕榮辱[영화와 치욕]을 살피노니, 당시當時[이때]에 장군은 호걸이라 족히 어두운 데를 버리고 밝은 데를 취하리라. 이제 진국이 패망할 때이오니, 장군은 시절을 모르고 진

국 도웁다가 이름이 세상에 나지 못할 것이요, 이제 초국은 양장良將 명사名士가 구름 뫼 듯하니 깊이 생각할 것이라. 만약 양진兩陣이, 이 교전交戰하다가 문신군文信君[항량] 죽인 혐의는 쓰지 아니하리니 장군은 깊이 생각하소서. 진국이 무도하여 사방 도적이 벌 일[봉기蜂起]듯하니 형세形勢 고단한 중에 장군이 비록 영웅이나 무가내하無可奈何[어찌 할 수가 없음]요, 또 도적과 접응接應[접하여 대처함]하고자 한들 구원救援을 아니 보내니 장군의 위태함이 비조작석飛鳥作石[나는 새가 시석矢石을 맞음]이라, 이제 장군이 초에 돌아오면 초는 흥하고 진은 망하리니 피차彼此 흥망이 장군에게 있는지라, 즉시 초에 돌아와 대공大功을 이루고 어진 이름을 죽백竹帛[사서史書]에 올려 천추千秋에 전함이 실로 장부丈夫의 떳떳함이니 익히 생각하소서."

장한이 그 말을 듣고 체읍涕泣[눈물을 흘려 슬피 욺] 양구良久에 왈,

"대장부 보국報國[나라의 은혜에 충성으로 보답함]하다가 전장에 죽는 것이 떳떳하거니와 어찌 죽기를 꺼려 절치부심切齒腐心[이를 갈며 속을 썩임]할 것이[리오이]니, 그대의 말씀은 옳으나 반적叛賊[나라를 배반한 역적] 이름을 듣고 어디에 가 용납容納하[되]리오."

범증이 가까이 나아가 장한의 손을 잡고 왈,

"장군이 무신군 죽음을 혐의치 말고 합력하여 진국을

멸할 약속을 금석金石 같이 하리니 장군은 조금도 의심치 말고 나를 따르라."

하니, 장한이 억제치 못하고 범아부를 따라 초에 돌아올 새, 대성통곡大聲痛哭하고 부장部長[부하 장수] 사마흔司馬欣 등에게 통기通寄[통지]하고 초로 돌아오니라.

이때 항우, 장한으로 더불어 전혐前嫌[전일의 혐의]을 설파說破하고 합력하와[여] 둔병屯兵[군사를 둔침]하여 천하사天下事를 상의하더라. 이때에 위왕魏王 표豹와 제왕齊王 전횡田橫 조왕趙王 서녕徐寧[헐歇]이 다 영웅이라 차차 들어오며 뒤로서 또 일군一軍이 오거늘 범증이 바라보니 또한 용문오채龍文五彩[용의 무늬와 다섯 가지 색채]라 자세히 살펴보니 한 소년少年[젊은 나이] 대장大將이 일군을 거느려 오는 거동은 진실로 천자天子의 기상氣像일러라. 범증이 대경大驚하여 문왈問曰[물어 이르기를], '저 어떤 사람인고?' 좌우左右 답왈答曰[대답하여 이르기를], '이는 패沛땅 사람 유방劉邦이로소이다.' 범증이 내념內念[속으로 걱정함]에 [자신이] 항우에게 먼저 몸을 허신許身[윗사람에게 몸을 바쳐 따르기를 허락함]함을 탄식하고, 그러나 패공沛公[을] 해害할 뜻을 두더라.

각설, 각처 제후諸侯, 기회를 정하고 초 회왕에게 오며 진국 칠 의논을 정할 새, 회왕이 내념內念[속생각]에 헤아리되 항우는 본심이 포악하기로 꺼리고 유방은 관인장자寬仁長者[너그럽고 인자하며 덕망과 경험이 많아 세상사에 밝은 사람]라 대사를 족히 맡기리라 하고, 항우로는 노공魯公을 봉하고 유방으로는 패공沛公을 봉하고, 노공으로는 하북河北을 치라 하고, 패공으로는 함양咸陽을 치되 '함양을 먼저 항복받는 자로 관중왕關中王을 봉하리라'[하더라.] 노공과 패공이 전후[로] 군병을 나누어 행군하니라.

이때 진국 구원병이 하북에 당도하니, 벌써 [장한이] 패하여 초국에 항복하였으니, 또 항우로 더불어 대진對陣하니라. 패공은 하남河南으로 행군하니 진국에서 막을 자 없는지라 각읍各邑[각 고을] 관원이 다 항복하니 잠시간에 관중關中을 취하여 들어가니, 진왕秦王 자영이 소거백마素車白馬[흰 수레에 흰 말]로 지도방至道傍[이르는 길의 가]에 나와 항복하거늘 패공이 함양성에 들어가 각고各庫[의] 보화寶貨와 인부印符 문서를 봉封하고 관중으로 행군할 새 관關[함곡관函谷關] 지킨[키는] 장수, 문을 열고 나와 맞거늘, 패공이 관에 들어가 제현諸賢 부로父老를 불러 왈,

"회왕이 전교傳教하시되 군군[관중關中]을 먼저 항복받은 자로 관중왕을 봉하리라 하였으니, 내 마땅히 왕이 되리라. 삼장지법三章之法[3장으로 된 법, 즉 약법삼장約法三章]을 정할지니, 살인자殺人者는 사死하고, 유공자有功者는 상賞 주고, 도적자盜賊者는 중하게 다스리고, 진국에[서] 행하던 가법苛法[가혹한 악법]을 다 버리노라."

하니 만인이 대락大樂[크게 기뻐함]하더라. 노공은 북으로 행군하다가 진국 구원병을 만나 대전對戰하여 승전勝戰하고 관중에 당當[당도當到]하니 패공이 먼저 관중에 들어가 관문關門을 굳이 닫고 들이지 아니하거늘, 노공이 대노大怒하여 대병大兵을 몰아 진을 치고 명일은 패공을 급히 쳐 죽이리라 하고 제장諸將에게 약속을 정하니 범증이 왈,

"패공이 전일 산동山東에 있을 때에 주색酒色[술과 여자]을 좋아하고 재물을 탐하더니 이제 관중에 들어 추호秋毫를 불범不犯하고 주색을 멀리하며 인심을 얻는다 하니 그 뜻이 작지 아니하고 큰 의사意思 있는지라. 또 패공의 상을 보니 다 용성오채龍星五彩[용성은 제왕의 오성五星, 오채는 왕기王氣를 발산하는 다섯 색채의 각 방위 구름]라 천자 될 기상이니 급히 쳐 때를 잃지 말으소서."

항우, 이 말을 듣고 더욱 대노하여 왈,

"제가 어찌 천자의 기상 있으리오. 그러하나 먼저 관중에 들어가 제가 주인인 체하고 나를 항거하니 분기 심간心肝에 가득한지라 단정코 죽일 것이니 선생은 근심치 말으소서."

이때 패풍沛豊[패공]의 군사 10만은 패상霸上에 둔屯하고 노공의 군 20만은 홍문鴻門에 둔쳤는지라.

각설, 항우의 계부季父[말째 숙부] 항백項伯이 장량과 고인故人[친구]이라 장량이 패공의 모사謀士[책사策士] 되었더니

항우, 패공을 죽인단 말을 듣고 밤이 깊은 후에 가만히 패공 진중陣中에 들어가 장량을 유인하여 데려오려 하니 장량이 사례[하여] 왈, '내 패공을 돕다가 노공에게 돌아가면 신자臣子[신하] 도리 아니라' 하고 인하여 항백의 손을 잡고 패공에게 들어가 그 연고를 말씀하니 패공이 황황급급遑遑急急하여 주육酒肉으로 항백을 대접하여 왈, "우리 한가지로 회왕을 섬겨 정의情誼가 형제 같은지라 내가 관중을 비록 먼저 정征하였으나 각고보화各庫寶貨며 인부문서印符文書를 다 봉하고 노공에게 처분을 기다리고, 또 문을 닫기는 다름이 아니라 다른 도적을 여념慮念함이요, 어찌 노공을 의심하오며, 또 노공 오신단 표적表迹을 보지 못하였사오니 어찌 유방으로 하여금 외람한 마음을 둔다 하리까. 일분一分도 유방은 그럼이 없으니 바라건대 선생은 수고受苦라 말으시고 유방이 노공께 은혜 배반치 아니함을 자세히 고달告達하여 잔약孱弱한 명이 횡액橫厄을 당치 말게 하소서."
[하고] 황금 3만을 주거늘, 항백이 왈, '내 노공께 전주傳奏하려니와 패공이 명조明朝[내일 아침]에 와 불가불不可不 사례謝禮하라' 하고 돌아가 노공을 보고 왈,
"유방이 먼저 진국을 항복받았으니 공이 적지 아니하고 또 관문을 열지 아니함은 다른 도적을 염려함이라, 만일 노공을 보았거나 친필을 보았으면 일시一時인들 지체하오리까. 유공 한 사람을 봉작封爵함이 어진 임금의 도

리어늘 도리어 노공이 노怒를 발하여 치고자 하시니 의義는 아니라 하고 깊이 생각하소서. 응당 패공이 명일에 와 사례할 것이니 노를 참으시고 공 있는 사람을 부디 선善히 대접하소서."

항우, 침음沈陰 양구良久에 왈, '내 보고 하리라.' 익일 평조平朝[아침나절 평명平明]에 패공이 장량 번쾌樊噲 등 백여 인을 거느리고 홍문연鴻門宴에 나아가 본즉 항우의 진이 엄숙하여 들어가지 못하고 문밖에 주저하다가 수문장守門將을 불러 왈,

"너의 주상께 고하라. 금일은 적국을 파하고 제후를 뫼이어 대연大宴을 배설排設하고 봉작封爵을 바라는데 군위軍威 엄숙하여 검극劍戟이 추상秋霜 같아 임의로 출입치 못하와 각처 제후가 문밖에 방황하오니 대왕은 군위를 물리치고 제후를 청하여 봉작을 의논하시며 태평연泰平宴을 배설하소서."

하니, 제장諸將이 그대로 아뢰니, 노공이 그 말을 듣고 군위를 물리치고 패공을 청할 새, 범증이 항우에게 당부하여 왈,

"패공이 진국을 먼저 항복받고 관중에 들기는, 하늘이 도움이라. 당상堂上에 유방과 대좌하여 언어수작言語手作할 새 범증이 찼던 옥결玉玦[패옥佩玉, 조복朝服이나 제복制服 좌우에 늘여 차는 옥]을 세 번 들어 눈 주어 틈을 타[게 하면] 유방을 찔러 죽여 후환이 없게 하소서."

하니 항우, 묵묵부답默默不쏨하더라. 패공이 장량을 데리고 장중帳中[장막 안]에 들어가 계하階下에 복지伏地[땅에 엎드림] 사죄 왈,

"장군과 합력하여 진국을 칠 새 먼저 함양을 항복받고 진왕 자영을 잡음이 우리 회왕 명령을 받음이요, 또 문관門關을 닫고 장군을 맞지 못하옴은 타처 도적을 염려함이라, 만일 장군을 대면하였거나 친필을 보았으면 어찌 일각을 지체하오리까. 진국을 항복받아 창고와 인부 문서를 거두어 장군께 드려 처분을 바라기로 하였삽더니, 장군이 그릇 알으시고 소장小將을 도리어 죄를 주시려 하시니 소장이 홀로 애달파하나이다. 이후는 장군이 지휘하시는 대로 할 것이니 간사한 소인의 말을 물리치고 소장을 어여삐 생각하소서."

항우, 안색을 불변不變하여 왈,

"차此는 패공의 좌사마左司馬 조무상曹無傷[유방의 부하로 무고자誣告者의 별칭이 된 인물]의 말이라, 그렇지 아니하면 내 어찌 이 일을 알리오."

한대[하니], 패공이 그제야 마음을 놓고 당상에 올라 같이 주육酒肉을 화음和飮할 새, 항우는 항백과 [같이] 동향 설좌設座[좌석을 베풂]하고 패공은 홀로 서향 설좌하였는지라. 이때 범증이 패공을 보고 항우를 눈 주어 옥결 들기를 세 번에 이르되 항우, 종시終始[시종] 보지 아니하거늘, 범증이 분하여 장막 밖에 나와 항장項莊[항우의

아우 명장]더러 일러 왈,

"노공이 종시 유방을 죽이지 못하니 장군이 들어가 검무劍舞[칼춤]를 청하여 유방을 찔러 죽이고 오라. 그렇지 아니하면 반드시 일후日後에 몰사沒死하리라."

한대, 항장이 당상을[으로] 나가 청령請令[영을 받기를 청함]하고 좌중에 목지目指[눈짓으로 지시함]하여 왈,

"금일 주공이 패공으로 더불어 천하 제후를 뫼어 대연을 배설할 새 비록 즐거우나 검무 없어 무미하오니 청컨대 소장이 검무로 즐김을 돋게 하오리다."

하니 항우, 허락하거늘 항장이 칼을 빼어 들고 춤을 추니 항백이 기미를 알고 팔을 들어 대할 새, 항장이 패공을 거의 찌르게 되었더니 항백이 몸으로써 패공을 가려 막거늘, 항장이 종씨從氏[숙부]를 어찌 못하여 패공을 공攻치 못하더라. 이때 장량이 사세事勢 위급함을 보고 장 밖에 나와 번쾌더러 일러 왈,

"지금 패공이 위태하옴이 경각頃刻[순간]에 있으니 장군은 급히 가 구원하소서."

번쾌 이 말을 듣고 급히 들어가 패공을 구원하려고 한 손에는 대검大劍을 들고 한 손에는 방패를 들고 들어가니 좌우 다 쓰러지더라. 상좌上座를 향하여 크게 소리를 질러 왈,

"당상에는 주육이 난만爛漫하여도 종일토록 장 밖에 있는 소장 등은 기갈飢渴[시장하고 목마름]을 면치 못하여 얻

어먹기를 원하여 들어왔나이다."
하며 눈을 부릅뜨고 항우를 바라볼 새, 두발頭髮이 상지上指[위로 곤두섬]하고 목자진열目眥盡裂[눈초리가 다 찢어짐]하는지라 항우, 그 위풍을 보고 손에 쥐었던 칼을 놓는 줄 모르게 스스로 놓고 왈,
"저 객장客將[손으로 온 장수]은 어떠한 사람인다?"
한대, 장량이 답왈答曰,
"패공의 아장亞將[부장] 번쾌로소이다."
항우 왈,
"이게 오산鰲山에[서] 독 지던 자 아니뇨? 참 천하장사로다."
하고 한 통의 술과 생생돝[산 돼지, 통돼지고기] 한 다리를 주거늘 번쾌 받아 들고 사례한 후에 술을 마시며 돝 다리를 칼끝에 꿰어 들고 먹거늘, 항우 가로되,
"장사로다. 다시 능히 먹을소냐?"
번쾌왈, "신이 죽기도 피치 않거든 어찌 주육을 사양하오리까?" 하고 다시 가로되, "처음에 진국을 치라 할 때에 회왕께옵서 먼저 진국을 파하고 함양을 얻는 자로 관중왕을 봉하리라 하여 싸우니 신하되어 어찌 왕명을 거역하리오. 이제 패공이 추호도 불법[아니]하며 고庫를 봉하고 인부문서를 다하여 패상에 돌아가 대왕 오기를 고대하옵고, 또 군사로 관중을 지키옴은 다른 도적을 염려함이라 그 공이 높삽거늘, 대왕이 공 있는 사람을

유방의 등장

봉작하기는 고사하고 소인의 간언間言을 듣고 도리어 해하려 하니 이는 진秦나라 망한 풍속을 본받고자 함이라, 이는 실로 유공有功을 취하지 아니함입니다."

노공이 분하나, 번쾌를 향하여 앉으라 하니 번쾌, 장한 기운이 겨우 풀리더라. 번쾌 좌석에 앉으니 검무는 스스로 쓰러지는지라, 범증이 장 밖에 나와 진평陳平더러 약속하되, 패공과 장량 먹는 술은 독주毒酒로 드리고 아부亞父와 노공 먹는 술은 순주順酒로 드리라더라. 이때 진평이 패공의 기상을 살펴보니 당당한 천자의 기상을 가졌거늘, 진평이 생각하되 '내 이 사람을 구하면 타일他日에 유공有功하리라' 하고 술을 바꾸어 독주는 노공과 아부에게 드리고 순주는 패공과 장량에게 부어드리니 노공은 대취하고 패공은 불취不醉하는지라. 이윽고 패공이 측간廁間[변소]에 갈 새 장량 번쾌 따라가며 가만히 고왈告曰,

"주공이 호구虎口[범의 아가리]를 벗어났사오니 바삐 본진本陣으로 돌아가사이다."

패공 왈, "선생이 혼자 불측不測한 일을 당하면 어찌 하리오. 한가지로 가사이다" 한대,

장량이 재삼 강권 왈, "패상이 대로大路로는 4십리요 소로小路로 가자면 2십리니 바삐 소로로 행하옵소서. 범증이 필연코 신등臣等이 주공을 패상으로 보낸 줄을 알리라" 하고 초진楚陣 중에 들어가니 홀연 병풍 뒤로서 노

래 소리 들리거늘, 자세히 들으니 그 노래에 하였으되, "큰 곰이 석상石上에 걸터앉아 개미를 삼키더니, 기침할 새 그 개미 도로 코궁기[콧구멍]로 빠지는도다. 광대한 천하에 어찌 다시 만나 삼키리오."
하니 장량이 듣고 왈, '이 노래를 어떠한 사람이 부르는고? 우리 주공께 돌아왔으면[온다면] 큰 공을 이루리로다' 하고 밖에 나와 진평더러 물은대 진평이 대왈對曰, '참모관參謀官 한신韓信이라' 하니 장량이 그 성명을 기록하더라. 이윽고 노공이 술을 깨어 왈, "패공이 어디 있나뇨?" 장량이 왈,
"패공이 술에 취하여 하직도 못하옵고 돌아가오며, 대왕 전에 목숨이 살아 가옴을 무수히 사례하옵고, 소신으로 하여금 백벽白璧[흰 빛 벽옥] 1쌍을 재배再拜하여 대왕께 드리옵고 옥두玉斗[옥으로 만든 국자] 1쌍을 받들어 범아부께 드리라 하더이다."
하고 드리니 노공은 받아 놓고 좋아하나 범증은 칼을 빼어 옥두를 깨치고, "슬프다, 어린아이로 더불어 대사를 도모치 못하리라" 하고 탄식 왈, "한씨漢氏의 천하야 실로는 유방이니 천수天數[하늘의 운수]라" 한대, 항우, 대노하거늘 범증이 왈,
"관문을 열지 아니한 것과 패공을 본진으로 도로 보냄이 다 장량의 묘책이라, 이 사람을 세상에 두어서는 전후에 큰 환患을 당할 것이니 먼저 장량을 베어 패공의

수족手足을 없게 하소서."

항우 또 옳이 여겨 즉시 장량을 잡아들여 대질大叱 왈,
"유방의 천하사는 다 너의 지휘라, 너를 죽여 근심을 덜리라" 하고 무사를 호령하여 진문陣門 밖에 내어 베어라 재촉하니, 장량이 흔연대소欣然大笑[기꺼이 크게 웃음] 왈,

"대왕의 위엄은 천하에 진동하고 장량의 목숨은 초개草芥[지푸라기] 같은지라 죽어 마땅하되 다만 생각건대 옥새玉璽는 천하립자天下立者[천하를 세우는 것] 되는 사람으로 큰 근본이라, 옥새를 간수하기와 진국 중 무수한 보화 기록한 문서를 소신이 차지하여 대왕전에 드리옵고 천시天時를 기다리렸사옵더니, 이제 소신을 죽이려 하시니 죽기는 두렵지 아니하오나 소신이 죽사오면 옥새와 허다한 보화 뉘게로 돌아갈 줄을 모르오니 이 일로써 한이로소이다."

항우, 이 말을 듣고 죽이기를 그치고 장량을 청하여 왈,
"진국 기물奇物이 얼마나 한지 다 버리고 옥새를 먼저 와 들이면 죽기를 면하고 공을 쓰려니와, 그렇지 아니하면 너와 유방을 곧 베일 것이니 바삐 옥새를 들이라,"

하거늘, 장량이 본진에 돌아와 차의此意[이 뜻]를 패공[에]게 고한대, 패공이 왈,
"내 먼저 옥새를 얻었으니, 이는 하夏[중화천하]나라[를

하늘이] 유애遺愛[후세에 인애仁愛로 남겨줌]하신 바라. 이제 사세 급하여 항우를 주면 다시 찾지 못할 터이니 결단코 주지 못하리라."

장량이 간왈諫曰[간하여 가로되],

"사세 그러하오나, [그] 옥새는 오래지 아니한 보배라, 진시황이 초국楚國 화씨和氏 구슬*을 얻어 이사李斯의 명필名筆로 새겨 근본을 정하였으나 불구不久[오래지 않음]에 2세에게 이르러 망하고, 상고上古 때에는 하夏나라와 은殷나라 주周나라 3국은 옥새 없어도 국도國都를 수백년을 전하였사오니, 그런 고로 유덕자有德者는 창성하고 무無덕자는 망하나니 옥새 유무를 의논치 말으시고 덕을 닦으시면 흥하리다. 만일 옥새를 다투다가, 우악愚惡한 창[검]으로 강약이 부동한지라, 대환大患을 당하오면 대사를 도모치 못할 것이니 아직 저[항우]의 마음을 편케 하옵고, 성사成事하면 옥새는 절로 돌아오리이다."

*화씨 구슬은 화씨지벽和氏之璧으로 성어가 되고 화씨벽和氏璧이라 부르는 중화천하의 전국옥새傳國玉璽[나라에서 나라로 전하는 옥도장]이다. 출전은 '한비자韓非子 화씨和氏'에서 나온다. 춘추시대 초나라 변화卞和가 산에서 한 개 박璞[옥이 든 원석]을 얻어 여왕厲王에게 바쳤다가 여느 돌을 옥이라 속인 죄로 왼발이 잘렸다. 무왕武王이 즉위하자 변화는 억울하여 다시 벽을 가져다 바쳤다. 옥장玉匠이 또 그저 돌이라 감정하여 이번에는 그 오른발이 잘렸다. 초 문

유방의 등장

왕 초文王이 즉위하자 변화는 벽을 안고 초산楚山 아래에서 3주야를 울어 눈에서 피가 났다. 문왕이 듣고 안되어 사람을 보내 물었다. '천하에 월자刖者[발이 잘린 자]가 많은데 어찌 그대 홀로 슬픈가?' '잘린 게 슬픈 게 아니라 보옥이 돌로 버려지고 곧은 선비가 광자誑者[사기꾼] 되는 게 비통하다.' 왕이 옥장으로 하여금 박을 연마케 하여 국보國寶를 얻고 화씨지벽이라 불렀다. 위왕威王이 재상 소양昭陽에게 화씨벽을 상주었다. 소양이 대연을 벌일 때 이를 중인에게 과시했더니 연회 도중 없어졌다. 세객 장의張儀가 참석했다 지목되어 죽잖을 만큼 얻어맞았으나 벽옥은 나오지 않았다. 수십 년 지나 서기전 290년경에 원지의 객 하나가 조趙나라 환관 영현繆賢의 집에 와 벽옥 하나를 사라 하자, 영현이 혼탁하여 5백금을 주고 샀다. 그게 화씨벽임을 안 영현이 놀라 깊이 감추었다. 조 혜문왕趙惠文王이 이를 알고 내놓으라 하니 영현이 머뭇거렸다. 대노한 혜문왕이 사냥 길에 급습하여 탈취해 갔다. 일설에는 초와 조가 국혼을 하며 예물로 선사했다 하고, 역시 초에 계속 소장되어 있는 걸 조의 명장 염파廉頗가 쳐들어가 빼앗았다고도 한다. 어쨌든 조 혜문왕 손에 화씨벽이 있다는 소식에 진 소왕秦昭王이 15개 성을 내주는 척하고 화씨벽을 바꾸어 갔다. 조국 명신 인상여藺相如가 사신가 약속을 지켜 15개 성을 내놓지 않으면 화씨벽을 자기 머리로 받아 깨고 죽겠다 협박했다. 그러면서 수행자를 시켜 화씨벽을 몰래 탈환케 했다. 그 후 천하를 통일한 진시황이 이를 갖다 '수명어천기수영창受命於天旣壽永昌[하늘에서 명을 받았으니 오래 가고 길이 창성하라]이라는 글자를 새겨 전국옥새를 만들게 하였다. 이것이 2세 호해제에서 전함이 끝나고, 시황의 손자 진왕 자영이 유방에게 나라를 들어 항복할 때 함께 바쳤으며, 유방이 천하를 통일한 후 한漢왕조에 세전世傳하였다. 전한前漢을 멸하고 잠시 신新을 세운 왕망王莽이 소유타가 후한 광무제光武帝가 되찾았다. 후한말의 혼란에 유실되었다가 손견孫堅 원술袁術을 거쳐 조조曹操의 손에 들어가고, 위진남북조魏晉南北朝를 거쳐 수당隋唐, 오대五代 시 후량後梁 후당後唐에 이르러 그 폐제廢帝 이종가李從珂가 분신焚身하며 사라졌다.

패공이 양구良久에, 장량의 말을 옳이 여겨 옥새를 주어 보내니라. 이때에 범증이 항우더러 일러 왈, "장량이 만일 옥새를 드리고 보화문서를 드리지 아니하거든 그로 죄를 만들어 죽이소서." 항우 왈, "보아서 처치하리다" 하더라. 이때 장량이 옥새를 찾아 드리거늘, 항우, 꾸짖어 왈, "네 옥새만 드리고 보화와 문서는 드리지 아니하니, 급히 내어 베어라" 하니, 장량이 왈, "옥새를 급히 가져오기로, 문서는 미처 수습지 못하였사오니, 이제 곧 드리리다." 항우 왈, "내 이미 아는 바라, 진국의 재물이 얼마나 [된다] 하더뇨?" 장량이 왈, "대체 보화와 기물이 무수하옵더니 진시황을 여산에 장사할 때 이의 태반이 넘어 들어갔니이다." 항우 왈, "그러하면 시황의 묘를 알진대, 보화를 만나볼소냐?" 장량이 "모든 보화

가[를] 어데[서] 찾사오리까. 가만히 얻의[시]리이다" 한대, 범증이 왈,

"장량은 일시 간신이로다. 시황의 묘 가운데에 모든 보화가 그다지 많지 아니하거늘, 네 아뢰어 만승천자萬乘天子의 무덤을 굴총掘塚하게 하니, 이는 천하 사람으로 하여금 항장군을 무도한 임군[금]으로 알게 함이로다" 하니 장량이 계하階下[섬돌 아래]에 서서 크게 소리하여 왈,

"범아부는 아지 못하는도다. 대체 여산릉주驪山陵州는 은으로 주위 3백리를 깔고 총중관상塚中觀像[무덤 속의 병마용兵馬俑 등 인형]은 1백리라, 그 가운데는 수은으로 바다을 만들고 금옥으로 광형光形을 만들어 띠[띄]우고 사방에 철사를 얽어 왕래하게 하며, 옻칠 백적白赤으로 촉燭을 만들어 백년이라도 낮 같이 밝게 하고, 황금으로 담을 만들고 백옥으로 비를 만들고 주사朱砂로 단壇을 묻고 칠보유리七寶琉璃 등물等物을 억만 수레나 실어 놓고, 천하 1등 미색美色과 3천 궁녀를 일생 그곳에 왕래하게 하고, 재물財物로 지중地中에 집을 지어 두었으니 그 수를 어찌 다 칭양稱揚하리오."

하니, 노왕魯王[노공 항우]이 왈, "그러하면 공연한 재물을 지중에 묻어 두고 어여쁜 인물이 세상에 나지 못하게 하여 무단히 썩으리로다." 즉일卽日[당일]에 1등 정병을 데리고 항우, 친히 나가거늘 범증이 결단코 말리되, 항

우 듣지 않고 바로 여산으로 가 바삐 시황의 묘를 파되 보화를 찾지 못하여 10여일을 팔 새, 마침 시황 장사할 때에 참예參詣한 군사 있어 총중 정혈正穴을 가리키거늘, 파본즉 기물 넣은 것이 장량의 말과 같은지라, 관곽棺槨을 들어내어 깨려 하니 범증이 간왈諫曰,

"시황이 비록 무도하나 만승천자라 그 신체身體를 해치 못할 것이요, 또한 곽 속에 황석黃石[화약 방해석方解石]을 많이 넣었으니 깨치다가 만일 불이 일어나면 큰 환을 당하리라."

하니 관은 범치 아니하고 인하여 다른 곳에 묻은 후 그 보화와 3천궁녀를 거두어 함양에 돌아와 진왕 자영을 엄살掩殺[갑자기 엄습해 죽임]하고 전 궁실宮室을 불지르니 불이 석 달을 꺼지지 아니하는지라.

이때에 항우, 제후 봉작封爵을 회왕에게 보하니, 회왕이 전교왈傳敎曰[전하는 교명敎命으로 이르기를], "당초의 언약을 어기지 못할 것이니 패공은 관중왕이 되고 그 외의 봉작을 보아 하리라" 하였거늘, 항우 대노왈大怒曰[크게 노하여 말하기를], "회왕은 내 집에서 세운 바라, 전일 언약을 빙자하고 공 없는 패공을 큰 공으로 의논하니 어찌 임금이라 칭하고 섬기리오." 회왕 물리칠 계교計巧를 생각하여 도읍을 강남江南[양자강 남쪽]에 옮기게 하고 스스로 서초패왕西楚霸王이 되고, 제장諸將을 봉작할 새, 범증 왈,

유방의 등장

"파촉巴蜀은 관중에 붙인 땅이 아니요, 중국 사람이 죄를 지으면 파촉으로 귀양 보내어 돌아올 기약이 없고 또한 산천이 험악하고 상거相距가 만여리라, 유방으로 꼭 촉한왕蜀漢王을 삼고, 또 관중을 삼분三分하여 진장秦將 장한 사마흔 동예董翳로 삼진왕三秦王을 봉하여 파촉지에서 늙어 죽으리[게 하시]라."

패왕霸王[서초패왕 항우]이 옳이 여겨 제장 20인을 빼어 열후列侯[여러 후공侯公]를 봉하고 패공으로 서촉한왕西蜀漢王을 봉하거늘, 패공이 대노하여 나아가지 아니하니, 장량이 왈,

"파촉, 인물이 강성하고 땅이 광활하며 재물이 많은지라. 또 중국이 멀기로 군사를 길러 연습하기 좋으니 주공은 한왕을 적다 말으시고 파촉에 돌아가 덕화德化로 백성을 다스리면 자연 군사 넉넉하고 의식衣食이 유여有餘할 것이니 때를 보아 영군領軍[군사를 거느림]하여 삼진을 먼저 치고 종차從此[이로부터] 중국을 도모할 것이니 주공은 사양치 말으시고, 항우 비록 주공을 귀양삼아 보내나 실상은 왕업을 이루게 함이라, 깊이 생각하소서."

한왕이 장량의 유리한 말을 듣고 겨우 안심하나 부친 태공太公을 초진楚陣 중에 두고 파촉으로 혼자 가려 하니 부자지정父子之情에 이 일로 크게 근심하더라. 차시此時[이때]에 진평이 패왕께 상소왈上疏曰[소를 올려 말하기를],

"천하 제후를 함양에 모신 지 오래오되 도성에 재물과 양식이 절핍絶乏한지라 제후를 주소住所로 돌아 보내옵고, 또한 천지간에 부자父子, 큰 것이니 사람이 다 영귀榮貴하여 벼슬이 공후公侯에 이른즉 부모에게 영화 보임이 떳떳한 일이니, 유방은 아비를 멀리 두고 혼자 파촉으로 가려 하니 군왕이 된들 인륜을 폐하고 어찌 세상에 용납하오리까. 복원伏願[엎드려 바라건대], 황상皇上은 한왕의 정경情景[가엾은 처지]을 보아 태공을 보내어 인륜을 손상케 말으소서."

패왕이 허락하고 태공을 한왕에게 보내니, [한왕이] 대희하여 즉시 패왕께 사례하직하고 태공을 모시고 파촉으로 행하니라. 장량이 한왕을 모시고 서촉으로 들어갈새, 잔도교棧道橋[험한 벼랑에 선반처럼 매단 다리길]를 지내어 한왕에게 하직 왈,

"신은 이제 중국에 떨어지오니, 대왕은 파촉에 들어가 백성을 안정하옵고 촉국蜀國 정병을 빼어 무예를 연습[케]하옵소서. 신은 세 가지 대사를 위하여 떨어지나이다. 이제 한 가지는, 초패왕을 달래어 팽성彭城으로 도읍을 하게 하옵고, 또 둘째는 대원수大元帥할 사람을 얻어 촉중蜀中으로 보낼 것이요, 셋째는 각처 제후를 달래어 초를 배반하고 한에 돌아오게 하오리다. 만일 어진 사람을 얻어 보내거든 품직品職을 쓰지 말고 높이 쓰시옵소서."

한왕이 왈, '선생이 하직하오니 과시만망果是萬望[과연 간절함이 1만 가지]하되 대사를 위하오니 그리 하오려니와, 선생이 보낸 사람인 줄 어찌 알리오?' 장량이 각서覺書를 내어 반분半分하여 1편片은 한왕께 드려 왈, '이[것의]로 표하여[표를 삼아] 쓰옵소서.' 인하여 이별하니라. 한왕이 중국 사람 3백 명을 데리고 잔도교를 건너가니 장량이 잔도교 3백리를 불지르거늘, 일행 군민軍民이 낙심하여 대호大呼[크게 부르짖음] 왈, '장량이 잔도교를 불지르니 우리 등은 다시 중국의 부모처자父母妻子를 보지 못하리라' 하고 장량을 원망하여 통곡하니 한왕이 달래어 왈, '자방이 잔도교 불지르기는, 중국 사람 출입을 끊어 촉중[에서] 병마를 연습하는 줄을 모르게 함이요, 후일 행군하기는 반드시 다른 길로 지휘하리니, 범사凡事[모든 일]를 살피어 후일을 기다리라' 하고 인하여 한왕이 촉 땅 임금이 되어 백성을 안정하며 군병을 수습하고, 소하로 승상을 삼고, 한왕이 즉위한 원년元年에 큰 별이 촉중에 비치매 만민이 다 놀라되, 한왕과 소하는 흥국興國할 징조라 하더라.

• 장량의 대계

각설, 장량이 함양에 돌아가 항백을 찾아보니 항백 왈, '장량은 어찌 한왕을 따르지 아니하고 중국에 떨어져 홀로 죽는가?' 장량이 왈, '벼슬에 뜻이 없고 고향으로 돌아가 선조 분묘를 지키고 여년餘年을 안보하러 돌아가는 길에 형공兄公의 은혜를 생각하고 하례코자 왔나이다.' 항백이 왈, '자방의 지략智略으로 하늘을 섬긴다면 작록爵祿이 높을 것이니 내가 패왕에게 천거하리라' 한대, 장량이 답왈, '형의 말씀 같을진대 어찌 한왕을 배반하고 패왕을 섬기리오. 소제小弟는 다시 공명功名에 뜻이 없나니, 이런 말씀을 다시 하시면 문외聞外[듣기만 함]에 곧 하직하리이다.'

항백 왈, '그러하면 말려니와, 내 집에서 수일數日 유류留하옵셔 정의情誼나 펴고 가옵소서' 하고 만류하니 자방이 유숙할 새, 밤이면 항백과 담화하고 낮이면 후실後室[뒷방]에 쉬다가 마침 서안書案[작은 앉은뱅이책상] 위의 문서를 보니 시절흥망時節興亡[계절의 변화처럼 흥하고 망함] 구별한 글이라. 그중에 상소上疏한 글이 있거늘 피어 보니, 상소에 하였으되[하였기를], 다른 말은 고사하고, '함양은 중지重地라 가히 도읍할 곳이니 만일 다른 데로 옮기면 백사百事[백 가지 온갖 일]에 이롭지 못하리라' 하였으니, 그 글이 기묘하여 사람의 심간心肝[심장과 간장, 깊은 마음속]을 놀래는지라 심중에 탄복하더니, 이윽고 항백이 들어오거늘, '이 어떤 사람의 글이니이까?' 항백이 왈, '참모관 한신韓信의 글이니이다.' 장량 왈, '상소를 패왕이 보시니이까?' 항백 왈, '그 상소 유리하오나 패왕이 듣지 아니하나이다' 하고 다른 수작酬酢[술이나 언행을 주고받음]하니라.

자방이 한신의 이름을 홍문연鴻門宴에서 기록하였는지라, 이 상소 글을 보니, '참 어진 사람이로다' 하고 한왕께 천거할 계교를 생각하며 5,6일을 유한 후에 항백에게 하직하니 항백이 섭섭함을 이기지 못하여 은자銀子[은화] 1백 냥을 주거늘 자방이 하례한 후에 받아 가지고 함양 성하城下[성 밖의 민촌民村]에 유하며 관상인觀相人이라 하고 미복微服[신분을 감추는 허름한 평상복]으로 다니며 과실을 사 가지고 목동牧童을 사귀어 실과를 주며 서로 놀아 세월을 보내더니, 목동이 자방의 은혜를 감동하더라.

일일一日[어느 날]은 자방이 수다數多 목동을 데리고 산중에 들어가 실과를 나누어주며 한 노래를 가르쳐 왈, '세상 사람더러 부귀하고 고향에 돌아가지 아니하면 여의수야행如衣繡夜行[수놓은 비단 입고 밤에 다니는 것과 같음]이라 하고, 구름 속에서 선인仙人이 요령搖鈴[솔발]을 흔드니 요령소리는 들리되 선인 보기는 어렵도다'하고, '이 곡조를 항상 부르면 수명장수壽命長壽하고, 몸에는 질병이 없고, 부귀다남자富貴多男子[부귀하고 아들을 많이 둠]할 것이요, 죽어 신선이 되리라. 세상 사람들이 아지 못하니 너희들은 배워 부르라.' 목동들이 다 응낙하고 즐기어 부르는지라, 자방이 왈, '이 노래를 아무라도 묻거든 아무 밤에 공중서 이 소리 나거늘 배웠노라 하라. 만일 내 시키는 대로 아니하면 너희들이 죄를 당하리라' 하니 목동들이 대답하고 주야로 부르더라. 10여일 만에 장량이 옷을 고쳐 입고 여러 저자거리로 다니며 들으니 차차 전파하여 노소인민老少人民이 다 그 노래를 부르거늘, 장량이 뜻을 이루었다 하더라.

각설, 이때 패왕이 민정民情을 살피려고 종종 순행巡幸하여 다니며 들으니 처처에 부르는 노래 다 그 곡조라 마음에 괴이하여, 노래 가르치던 사람을 부르니 목동이 아뢰되, '아무 날 밤에 공중에서 소리 나거늘 배웠나이다' 하거늘, 패왕이 마음에 돌탄咄嘆[혀를 차며 탄식함]하고, 익일로 조회朝會에[서] 하교下敎 왈, '내 마음에도 도읍을 고향 팽성으로 옮기고자 하였더니, 팽성 인민에 동요가 여차여차如此如此하니 이는 천상선인天上仙人이 하강下降하여 동요를 가르쳐 나로 하여금 고향으로 돌아가게 함이라' 하고, 범증을 불러 왈, '팽성을 급히 수리

하라' 하니 범아부 왈,

"함양은 사통오달지지四通五達之地요 천하 명승지지名勝之地라, 자고自古로 제왕지지帝王之地어늘 대왕은 무삼 의사 있기로 불시에 도읍을 옮기고자 하시니까? 또한 수불여의水不如意[물은 사람의 뜻하는 바처럼 나와 흐르지 않음]하옵고 산이 험하고 한건토박旱乾土薄[가물고 건조하며 땅은 메마름]하여 팽성의 생애生涯[생계] 좋지 못하고, 사방 도로 다 불평不平[평탄치 않음]하여 가히 도읍할 땅이 아니니 원컨대 대왕은 깊이 생각하옵소서."

패왕이 대노 왈, "내 이미 뜻을 정하였고 또 선인이 가르친 바라 다시 영을 거두지 못할 것이니 바삐 가라. 만일 영을 어기는 자[이]면 베리라" 하니, 범증이 막지 못하고 팽성으로 갈 새, 다시 상소 왈, "하교지하下敎之下에 팽성을 수리하려니와, 그 노래인즉 반드시 조물造物[조물주, 만물을 만들고 다스리는 조화옹造化翁]의 시기함이니 익히 생각하소서. 또한 참모관 한신은 지략이 많은 사람이오니 곧 대장을 봉하옵거나 그렇지 아니하면 즉시 죽이소서. 반드시 반하리다."

패왕이 왈, "범아부는 매양每樣[언제나 같이] 남을 의심하며 내 하는 일은 그르다 하니 심히 구차苟且[궁색하고 떳떳치 못함]한지라" 하고 상소를 물리치거늘, 즉시 금랑禁郞[통금랑通禁郞으로 내시부內侍府 관원인데, 실은 진신秦臣으로 항우에게 귀의한 모신] 한생韓生이 간왈諫曰,

"범아부, 나라를 위하는 상소어늘, 대왕이 깨닫지 못하오니 타일他日에 대사 그릇되오리다. 신이 죽기를 면치 못하오나 신자臣子의 도리에 어찌 죽기를 꺼려 직간直諫을 아니하오리까" 한대 패왕이 대노하여 한생을 구박출송具縛黜送[몸을 결박하여 쫓아냄]하니 한생이 원문轅門[수레 끌채로 막은 군영의 문] 밖에 나가며 가로되, "한국韓國 사람[장량]이 노래를 지어 초국楚國을 망케 하는 줄을 알지 못하니 이는 잔나비[원숭이]가 관冠을 쓰고 사람 모양[을 내는 것] 같다*" 하니 패왕이 듣고 대노하여 한생을 [도로] 잡아들여 대질大叱[크게 꾸짖음] 왈,

> *이 부분 원문은, '한생왈韓生曰 인위초인목후이관人謂楚人沐猴而冠 과연과연': 한생이 말하기를, '사람들이 이르기를, 초나라 사람은 원숭이를 목욕시켜 관모冠帽를 씌워 놓은 것과 같다더니 과연 그렇다'고 하였다는 것이다.

"내 인명人命을 아끼어 너를 살렸더니 도리어 나를 원망하는다?" 하고 급히 내어 장안長安[서울] 종로鐘路에 나아가 삶으[게 하]니, 한생이 수레 위에 실려 가는지라. 이때 장량이 거리로 방황하며 한생 삶음을 구경하려고 뒤를 따르더니, 마침 그날 한신이 팽관烹官[삶아 죽이는 팽형烹刑의 집행관]을 싣고 가거늘, 한생이 한신더러 일러 왈, "나는 직간하다 죽으니 부끄럽지 아니하거니와, 한

신아, 너도 무도한 항우를 섬기다가 그릇 죽을 것이니 급히 몸을 피하여 환을 면하라" 하니, 한신이 대왈對曰[대답하여 말하기를],

"네 직간하는 충신이라 하면 패왕이 시황의 묘를 파고 진왕 자영을 죽이며 궁전을 불지르되, 그때는 간치 아니하고 이제 와 죽기를 면치 못하니 가히 한심하도다. 또 항왕이 나로 하여금 그 동요 지은 자를 잡으라 하면, 내 비록 재주는 없으나 이 가운데 즉석卽席에[서] 잡으리라" 하며 서로 체읍涕泣[눈물을 쏟으며 슬피 욺]하고 한생을 삶고 돌아가거늘, 장량이 이 말을 듣고 자취를 감추고 서西으로 도망을 하여 왈, '한신은 웅호지장雄豪之將[영웅호걸의 장수]이라' 하고, 수일에 장량이 한신을 보려 하되 묘책이 없더니, 홀연 생각하되, '내 회음淮陰 사람이라 하고 한신을 보리라' 하고, 한신의 영중營中[군영軍營]에 이르러 문졸門卒더러 이르되, '나 회음 사람으로 한 장군의 가서家書[집에서 써 보낸 서신]를 가져왔으니 들어가 장군께 고하라.'

문졸이 들어가 그대로 고하니 한신이 들어오라 하거늘, 장량이 들어가 배례한대, 한신이 답례하고 이윽히 보더니 가로되, '그대 회음 사람이라 하시면 어찌 처음 보나니까?' 장량이 왈, '내 아시兒時[어릴 때]에 회음 사옵다가 지금은 원동遠東[먼 동쪽 산동山東지방]에 있거니와, 장군 휘하 엄숙하여 뵈올 길이 없삽기로 잠시 가탁假託한 말이오니 사죄赦罪[죄를 용서함]하소서. 생生이 본시 칼[을] 파는 장사[이]러니, 장군에게 칼 팔려 하오니, 혹[여] 사시리까?' 한신이 이윽히 보다가 왈, '그대가 한인漢人 장량이 아니뇨?' 장량이 왈, '복僕[하인이라는 뜻의 자칭]이 홍문연에[서] 장군의 존호尊號[높은 일컬음]를 들었으나 친히 뵈온 바 없삽기로 깨닫지 못하였나이다.'

한신 왈, "칼 팔려 하시면 봄이 어떠하뇨?" 양良이 왈, "복이 소시에 채약採藥[약초를 채취함]하러 태양산太陽山에 들어가 한곳에 이르니 북두칠성北斗七星 기운이 하강하여 그곳에 어리었고 채운彩雲이 둘렀는데, 용과 범이 서로 싸우더니 이윽하여 용은 구름을 타고 상천上天하고 범은 바람을 쫓아가거늘, 그 뒤를 따라가 보니 칼 3자루 놓였으되, 하나는 천자검天子劍이요, 또 하나는 승상검丞相劍이라 새겨 있고, 또 하나는 원수검元帥劍이라 새겼거늘, 마음에 기쁘히 여겨, 칼 세 자루를 가지고 와 각기 임자를 찾아 주려고 두루 사해四海를 다니옵다가, 천자검과 승상검은 임자를 만나 전하옵고, 남은 바는 원수검이라 장군에게 팔러 왔나이다" 하니 한신이 묵언默言 양구良久에 왈, "그대 말과 같을진대 천자검은 어디에 팔며, 승상검은 어떠한 사람에게 팔았나니까?"

장량 왈, "천자검은 패沛땅 사람 유방에게 팔고 승상검은 연주리掾主吏[하급관리] 소하蕭何에게 팔았나니다" 하니 한신이 칼을 청하여 왈, "그대 한왕을 따라 촉중蜀中에

갔다가 중로中路에서 떨어져 잔도교를 불지르기는 항왕으로 하여금 의심이 없게 함이요, 또 함양에 떨어져 머물기는 동요를 지어 항왕을 팽성에 도읍하게 하고, 또 제후를 달래어 초를 배반하고 인심을 경동警動하게 함이요, 셋째는 나를 유인하여 파촉으로 들어가게 함이 아니뇨?" 장량이 배복拜伏[엎드려 절함] 사왈謝曰[사죄하여 가로되],

"행자行者[지난번]에 만일 항왕이 장군의 상소를 들었던들 한왕이 촉중에서 용납[되]지 못할 것이요, 내 어찌 장군을 대면하오리까" 하니 한신이 묵언 양구에 왈, "이왕已往에 내 일찍 한왕의 기상氣像을 보아 짐작하였거니와, 내 어찌 대장의 지략이 있으리오." 장량이 품 가운데로서 칼을 내어 주거늘, 한신이 바라본즉 과연 이상한지라, 한신이 왈, "값이 얼마나 하뇨?" 장량이 왈, "무가검無價劍이라. 이제 임자를 만나 전하오니 어찌 값을 받으리까. 타일에 장군이 공을 이룬 후에 생각대로 갚아 주소서" 하니, 은자銀子 백 냥을 우선 정표情表[로]하여 [주며] 가로되,

"칼을 얻었으니[나], 상장군上將軍을 어디에 가 하리오. 성인聖人이라야 능지성인能之聖人[능히 성인이 됨]이라 하오니, 선생의 말씀대로 어찌 되리까마는, 행여 횡사橫死나 면하리까?" 장량이 왈, "나도 패왕의 성정性情을 들어 아나니, 짐승도 나무를 가려 집을 짓고, 어진 신하는 성

군聖君을 가리어 섬긴다 하니, 장군의 웅지대략雄志大略으로 어찌 뜻을 얻지 못하여 헛되이 세월을 보내려 하나이까?" 한신이 탄왈嘆曰[탄식하여 가로되], "천지가 광대하되 일신을 용납지 못할지라, 초에 허신許身[몸을 허락함] 잘못함을 후회하나이다." 장량 왈,

"장군의 뜻이 그러하오면 마땅히 가실 곳을 가리키리다. 당시當時[지금 이때] 한왕은 용봉지재龍鳳之才[용과 봉황의 재주]요, 천일지표天一之表[천하 제1의 표상表象]라, 한 나라[를 하늘이] 유의留意[마음에 새겨 둠]하여 내신 사람이라, 아직 서촉에 계시나 장차 통일천하統一天下하고 억조창생億兆蒼生[세상의 온갖 생물] 건질 계책을 가졌으니, 장군이 그대로 가옵시면 대원수를 겸하여 허리 아래 대장인수大將印綬를 차고 통일천하하기를 어찌 근심하리오." 한신이 대왈,

"우리 두 사람이 비록 의논을 정하고 [내가] 촉중蜀中에 들어간들, 마침 한왕이 한신 쓰기를 믿으리오?" 장량이 왈, "내 한왕과 이별하올 때에 각서를 만들어 반분하였사오니, 각서를 드리면 염려 없으리다" 한대, 한신이 피석避席[공경을 표해 앉은 자리에서 물러 일어남] 대왈, "선생의 은덕은 여천여해如天如海[하늘과 같고 바다와 같음]라 어찌 갚기를 의논하리오." 장량이 즐겨하여 촉중 지도서地圖書를 내어주거늘, 한신이 지도서를 받아 놓고 왈, "나도 진창고도陳倉古道[잔도棧道로 다니는 통로가 생기기 전에 서촉으

로 들어가던 옛길]로 왕래함을 아나이다." 장량, 심중心中에 탄복하고 왈,

"장군은 내 가리키는 대로 서북간西北間을 향하여 곤륜산崑崙山을 지내어 우각산牛角山을 넘어 검각비도劍閣秘道[사천성四川省 검각현劍閣縣 육각산六角山에 있는 검문관劍門關 또는 검각劍閣으로 통하는 비밀 통로]로 돌아 들어가면 이는 정군定軍 땅이니, 한왕이 도읍할 곳이라 옛날 왕래하던 길인 고로 세 사람이 알지 못하나니, 장군은 타일에 그 길로 행군하소서." 한신이 왈, "가르치는 대로 가려니와, 선생은 어느 때에 상봉하오리까?" 장량이 왈, "장군은 촉중에서 기병하여 삼진三秦[장한章邯의 옹雍, 동예董翳의 적翟, 사마흔司馬欣의 새塞 3국]을 쳐 항복받으면 나는 중국에서 영웅을 천거하여 촉으로 보내고, 제후를 달래어 초를 배반하게 하고 한으로 돌아오게 약속을 정하여, 촉병이 삼진을 치러 오는 날에 합세하여 접응接應하게 하고 그때에 상봉하오리다." 서로 약속을 정하고 이별하니라.

이때에 장량이 중국에 처하여 진평陳平과 왕릉王陵 주발周勃 관영灌嬰 등 10여인을 천거하여 촉으로 보내고 제후국에 돌아다니면서, 촉병이 삼진 치는 것을 기다려 합세하기를 약속[기약]하더라. 이때 한신이 가산을 헐어버리고 경보輕寶[가벼운 재화]만 수습하여 가지고 가솔家率[집안에 딸린 식구]을 거느려 촉으로 행할 새, 장량이 주던

지도서를 보며 서북으로 가매, 곤륜산을 넘어 우각산을 지내어 검각철산劍閣鐵山에 다다르니 산세도 험악하고 경개절승景槪絶勝하여, 층암절벽層巖絶壁은 반공半空에 솟았는데 유유幽幽[그윽하고 그윽함]한 두견성杜鵑聲[촉나라 망제望帝의 혼조魂鳥 두견이 귀촉도歸蜀道가 우는 소리]은 불여귀不如歸[돌아감만 같지 못하다, 돌아가고 싶다는 뜻의 귀촉도가 우는 노래]를 슬피 울어 심회心懷를 자아내고 무심한 원숭이는 화초花草에 길들인[친해진]다. 한신이, 길이 희미하여 갈 바를 모르더니, 한곳을 바라보니 초부樵夫[나무꾼] 있거늘, 한신이 초부더러 문왈問曰[물어 가로되],

"촉국 정군으로 가려 하면 어느 길로 가느뇨?" 초부 대왈對曰. "장[정]군은 [가]보지 못하였거니와, 저 길로 간다 하더이다." 한신이 그 길로 가며 내념內念에 생각하되, '저 초부를 살려두면 반드시 내 종적蹤迹[발자취]이 나타날지라' 하고 도로 와서 초부를 청한[부른]대, 초부 오거늘, 한신이 왈, "내 그대를 청함은 다름이 아니라 타일에 내 종적이 나타날 것이매, 그[대]를 베고 가려 하니, 아무리 잔인하나, 이 역亦[시] 하늘이 준 바라, 나를 원망치 말라" 하고, 하늘께 제祭한 후에 칼을 빼어 베고, 검각산을 넘어 3백리를 들어가니, 이는 정군 땅이라, 한왕 도읍한 후에 등공滕公으로 초현집사招賢執事[어진
이를 초모하는 책임자]를 삼아 천하영웅을 구하더라.

한신이 집을 정하여 가솔을 안보하고 도성에 들어가 궁궐과 관사官舍[관청집]를 구경하며 다니더니, 한 고대高臺[에]를 다다르니 2층 삼문三門에 현판懸板을 붙였으되 초현관招賢館이라 하였거늘, 한신이 헤아리되 '이 집은 사람을 부르는 집이라' 하고 들어간대, 문에 제목을 붙였으되, 제1은 '문무겸전文武兼全하고 지략통달자智略通達者를 가려 대원수를 삼을 것'이요, 제2에 왈 '신기묘산神機妙算하고 안방제국자安邦濟國者를 가려 승상을 삼을 것'이요, 제3에 왈 '용맹이 출중하고 능찰천리자能察千里者[능히 천리를 살피는 자]를 가려 선봉先鋒을 삼을 것'이요, 제4에 왈 '의사고밀意思高密하고 국량계활자局量計豁者를 가려 군량관軍糧官을 삼을 것'이요, 제5에 왈 '지중상천至重上天하고 지사여귀자至死如歸者[죽음에 이름을 집에 돌아가듯하는 자]를 가려 집극랑執戟郎을 삼을 것'이요, 제6에 왈 '언변유리言辯有利하고 만사현달자萬事顯達者를 가려 출사관出仕官을 삼을 것'이요, 제7에 왈 '선당저방先當底防하고 금시보검자今時寶劍者를 가려 당보관塘報官을 삼을 것'이요, 제8에 왈 '문필구전文筆俱全하고 법술심통자法術審通者를 가려 문표관文表官을 삼을 것'이요, 제9에 왈 '명심지혜明心智慧하고 언충신행독경자言忠愼行篤敬者를 가려 상로관相老官을 삼으리라' 하였거늘, 한신이 보기를 다하매, 마음에 냉소冷笑하고, 제1 방목문榜目門으로 들어가니 관원 등공과 하후영夏侯嬰이 [맞아] 예필禮畢[하

여] 좌정[한] 후에 문왈問曰,

"귀택貴宅이 어느 땅에 살며, 문 위의 방목을 보고 어느 문으로 들어오시니이까?" 하시니, 답왈答曰 "나는 회음淮陰 사람이옵더니, 제일방목문으로 들어왔나니이다." 등공 왈 "내 이 관직 한 지 수년이로되, 제일문으로 들어오는 사람 없삽더니, 이제 귀택이 제일문으로 들어오셨다 하니 가히 그 지략을 알리로소이다." 한신이 대왈對曰,

"생生이 특별한 재주 없거니와, 대원수 할 사람 얻기가 쉬우리까마는, 대체[로] 상통천문上通天文[위로 천문기상天文氣象에 통함]하고 하달지리下達地理[아래로 땅과 수륙水陸의 이치에 사무침]하며 귀신을 능히 부리고 호풍환우呼風喚雨[바람을 불러일으키고 비를 불러냄]를 임의任意로 하며, 지도조화指導造化[가리켜 이끌고 만들어 변화를 조작함]를 임의로 하는 자라야 가히 대원수를 할지라. 문 위에 붙인 구조목九條目은 사람마다 [다] 있나니다." 하니 등공이 대경大驚 왈 "세상에 어찌 그러한 사람이 있사오리까? 아마도 선생이 재조 그러한가 하나이다" 하고, 한가지로 승상 소하에게 보이오니, 승상이 영접하여 예필 후에 말씀하며 관형觀形을 살핀즉 '천하영웅이요 왕자지재王者之材[왕도王道로 천하를 다스릴 바탕을 갖춘 사람]로다'[생각하고] 문왈등공문왈滕公問曰[등공에게 물어보니]에 술법과 천문지리에 통달하[였다]는지라, 소하 대희하여 한왕께 입시入侍하니, 한왕

이 문왈問曰,

"경卿의 큰 이름이 오자서伍子胥*에 지난[다 하는]지라 이는 과인寡人의 복이로다. 대공을 이루어 어진 이름을 천추千秋에 전하라" 한대,

*오자서[?-서기전 484]는 이름이 원員, 자가 자서子胥이고, 선대 성이 건建씨인데 주대周代에서 오서伍胥가 공을 세워 오씨가 되었다. 초楚나라 망족望族 출신으로 부친 오사伍奢는 평왕平王의 태자 건建의 태부太傅였다. 태자비를 강대국 진秦의 절세미인 공주를 맞고자 태자소부太子少傅 비무기費無忌가 사신갔는데, 비무기는 평왕의 환심을 사려고 미인 공주를 평왕이 후궁삼고, 태자비는 다른 인물을 간택케 아뢰니, 진 공주의 미색에 혹한 평왕이 이를 따랐다. 후일 태자 건이 즉위하면 보복할까 두려워진 비무기는 태자를 중상하고, 며느릿감을 후궁으로 가로챈 평왕은 태자를 꺼려 변경 성보城父의 태수로 내보냈다. 소부 비무기는 태자가 모반한다 무고하고 태부 오사는, 평왕이 묻자 전혀 아니라고 변호했다. 평왕은 비무기 말만 들어 분양奮揚을 시켜 태자를 죽이라 하고 오사는 하옥시켰다. 분양이 닿기 전에 소식을 접한 태자는 송宋으로 도망쳤다. 비무기는 평왕에게 오사 일가를 죽여 후환을 덜라 하고, 평왕은 오사를 협박해 숨은 두 아들을 불러들이게 한다. 아버지의 편지를 받은 두 아들은 거짓 함정임을 안다. 큰아들 오상伍尙은 아버지가 혼자 죽게 할 수 없어 아우 자서에게 살아남아 복수하기를 부탁하고 아버지에게 가 서기전 522년

아버지와 같이 주살된다. 홀로 탈출한 오자서는 태자 건이 있는 송으로 찾아갔다. 태자를 만났으나 마침 송에서 화씨華氏의 난이 일어나 태자와 함께 정鄭나라로 피신했다. 그러나 태자 건이 진晉과 함께 정을 멸할 계획을 꾸미다 들켜 죽고 말았다. 건의 아들 승勝을 데리고 탈주한 자서는 소관昭關에 이르러 수관병守關兵에게 쫓기게 되고, 창황 중 승과도 헤어져 덜미가 잡힐 찰나 장강長江[양자강]에 닿았다. 한 어부가 그를 급히 태워 장강을 건네주었다. 은혜를 갚고자 금화 백 냥 값의 칼을 끌러 주니 어부가 웃으며 '초나라에 오공을 잡는 자에게 좁쌀 5만석과 작위를 내린다는 방이 붙은 지 오래라 하오' 하고 받지 않았다. 자서는 병들어 죽을 뻔하고 걸식으로 연명하며 오吳나라에 들어갔다. 오왕은 요僚인데 그 조부 수몽壽夢이, 제번諸樊 여제餘祭 여매餘昧 계찰季札 네 아들 중 영민한 막내에게 전위傳位코자 했다. 장남 제번은 아버지 뜻대로 하고자 둘째 아우 여제에게 양보하고, 여제는 또 셋째아우 여매에게 전위하여 형제상속을 했다. 그런데 여매가 막내 계찰에게 전위하려 할 때, 원래 권력 싸움에 휘말림을 싫어하는 계찰이 달아나 은둔하였다. 할 수 없이 여매의 장자 요가 사위하였는데, 의리로 수몽왕의 종손宗孫 광光[제번의 장자 합려闔閭]이 사위할 차례라, 공자公子 광이 불만이었다. 이를 간파한 오자서가 광을 오왕으로 옹립해 초나라를 칠 계책을 세웠다. 서기전 515년 요왕은 초나라 왕의 교체기를 틈타 초를 공략했다. 그러나 전쟁이 장기화되고 요왕의 정예군은 수효가 줄었다. 오자서가 자객을 보내 요왕을 제거하고 광을 오왕으로 세워 합려왕이 되니 자서는 재상이 되었다. 합려는 손자병법의 손무孫武를 영입해 오자서와 함께 오나라를 일으켜 그 아들 부차夫差의 시대까지 오나라를 춘추오패春秋五霸의 하나로 만들었다. 서기전 596년 합려는 손무를 대장, 오자서를 부장으로 초를 공격하여 수도 영郢을 함락했다. 불구대천不俱戴天의 원수 평왕과 비무기는 이미 죽고 평왕의 아들 소왕昭王은 달아나 찾지 못했다. 평왕의 무덤을 파 시신에 3백번 채찍을 쳤다. 고구故舊 신포서申包胥가 '일찍이 섬긴 신하로서 지나치지 않으냐' 하자, '오일모도원吾日暮途遠 : 내 해는 지는데 갈 길은 멀[어 그런]다' 대답한 것이 유명한 '일모원'의 성어로 유전되었다. 그의 고구이지만 초나라에 충신인 신포서가 진秦나라에 청한 구원병이 내도하여 그 소원대로 초나라가 멸망되지는 않았지만 오나라의 속국 같이 되었다. 또 오나라 내부에서 합려왕의 아우 부개夫概가 모반해 오군은 서둘러 초에서 회군했다. 서기전 496년 합려는 남쪽 월越이 힘을 길러 압박해오자 몸소 솔군하여 월을 쳤다. 월왕 윤상允常이 죽고 구천句踐이 습위했는데 밑에 뛰어난 범려范蠡가 있어 자결대自決隊를 보내 오군 진영을 흩뜨리고 기습하여 대승하였다. 이 전투에서 부상하여 합려는 같은 해 서기전 496년에 죽고 말았다. 사위한 차남 부차는 섶 위에 자고 쓸개를 씹는 '와신상담臥薪嘗膽'의 성어를 만들며 아버지의 복수를 이룬다. 서기전 494년 부차는 상국相國 오자서, 태재太宰 백비伯嚭와 함께 부초夫椒에서 월왕 구천을 대파하여 회계산會稽山에 몰아넣었다. 구천은 부차에게 굴욕스런 강화를 애걸했다. 오자서는 구천을 죽이라 극력 진언했지만 부차는 듣지 않고 인질을 삼았다. 구천은 비참하고 구차한 목숨을 부지하면서도 백비에게 뇌물을 주어 오자서와 부차를 이간하고 몰래 권토중래捲土重來를 위해 혼신하였다. 서기전 489년 부차는 제나라의 내분을 틈타 북방 공략에 나섰다. 오자서가 오나라 국력으로 시기상조라며 월을 멸하는 게 선결되어야 한다고 간하였지만 부차는 듣지 않았다. 제를 진격하여 애릉艾陵에서 소승을 거두자 부차는 북방 원정을 더욱 거듭하며 국력을 소모하고 자꾸 간쟁諫諍하는 오자서를 경원敬遠했다. 서기전 485년 부차는 다시 공격해 이긴 제나라에 오자서를 사행使行시켰다. 오나라의 장래가 멀지 않다 생각한 오자서는 동행한 아들을 그곳 포씨包氏에게 맡기고 왔다. 백비가 이로써 오자서를 모함하고 부차는 오자서에게 촉루검屬鏤劍을 보내 자결을 명했다. 서기전 484년 오자서는 자결하며 가신家臣에게, 자기 무덤에 가래나무를 심어 후일 왕의 관재棺材로 쓰게 하고 눈을 뽑아 동문東門에 걸어두어 월의 공격으로 오나라가 망하는 것을 보게 해 달라 하였다. 이 유언을 전해 듣고 격노한 부차왕이 그 시신을 말가죽자루에 담아 강물에 던지라 명했다. 그로부터 10년 후 서기전 475년 부차는 자기가 한 것과 같이 와신상담한 월왕 구천의 공세에 고소산姑蘇山으로 쫓겨 들어가고, 그 2년 뒤 '오자서의 얼굴 볼 낯이 없다'한탄하며 목숨을 끊었으며 춘추오패이던 오나라는 속절없이 망했다.

한신이 사은謝恩[성은聖恩을 사례하여 숙배肅拜함]하고 복지주왈伏地奏曰[바닥에 엎드려 아뢰어 말하기를], "신이 무슨 재주가 있사오리까. 폐하陛下, 헛이름을 들으시고 대사를 분정分定하오니 감당치 못할까 하오나, 이제 초를 치려 하시면 항우, 비록 만인당적萬人當敵할 재조 있으나 제 어찌 패망치 아니하오리까" 한대, 한왕이 그 말을 옳이 여겨 치속도위治粟都尉[군량軍糧을 관장하는 군관, 도위는 장군의 부관副官]를 삼으니, 한신이 비록 마음에 불평하나 내종來終[나중]을 보려 하고, 직소職所에 나아가 창고를 수리하고, 백성의 요역徭役을 덜고 방료放料[군졸 구실아치 등에게 곡물 배급품 등을 급여로 나누어주는 일]를 평준平準케 하니 백성의 송덕頌德이 자자하고 현망賢望이 낭자狼藉하되 한왕이 오히려 벼슬을 돋우지 아니하니 한신이 탄왈嘆曰[한탄하여 가로되],

'남에게 투항投降한 이름만 들을 따름이요, 내 마음을 이루지 못하니 차라리 고향에 돌아가 초야草野의 농부어옹農夫漁翁이 되어 여년餘年을 안보함만 같지 못하다' 하고, 이날 밤에 가솔을 데리고 월삼경月三更[달 밝은 자정 시간] 깊은 밤에 슬픈 마음을 이기지 못하여 한탄하며 도망하니라.

각설, 이때에 승상 소하, 한신의 마음 불평不平한 줄을 알고 위로하러 한신 영중營中에 가니, 과연 한신이 간 곳이 없거늘, 좌우더러 물으니, 군사 아뢰되, "한장군이 삼경에 말을 타고 나가시며 이르되, 이왕에 친한 사람이 있어 찾아보고 오리라 하고 가시더이다." 승상이 대경하여 도복道服을 벗지 아니하고 말을 타고 급히 한신을 찾아가더라.

이날 밤에 한신이 한계수寒溪水에 다다르니 달은 밝고 바람은 찬데 건널 배 없어 신세를 한탄하며 시내 언덕에 방황함에, 무심한 백구白鷗[갈매기]는 청흥淸興[맑은 흥취]을 못이겨 오락가락 왕래하고, 물귀신[수백水伯]은 물소리를[에] 응하여 우런두런하며, 청천靑天의 외기러기 짝을 찾아 울고 가니 아무리 철석간장鐵石肝腸인들 슬프지 아니하리오. 혹[은] 옛글도 읊으며 날 새기를 기다리더니, 마침 어디서 인마人馬 소리 나며 한 장군이 장군을 부르는 소리 풍편風便[바람결]에 들리거늘, 한신이 귀를 기울여 듣더니, 홀연 소승상이 당[도]하거늘, 한신이 대경하여 창황히 소승상을 맞으니, 승상이 한신의 손을 잡고 탄식 왈,

"장군은 아무데를 갈지라도 나를 보고 가심이 옳거늘, 이 깊은 밤에 무심히 가심은 무슨 연고니까?" 한신이 대왈, "처음에 초를 섬겨 뜻을 이루지 못하고 한국漢國에 돌아온 후에 또한 뜻을 이루지 못하고, 한갓 투항한 이름만 면치 못할 따름이라, 차라리 고향에 돌아가 여년을 맡길까 하나이다." 소하 왈, "장군의 마음이 불평하여 어찌 아니할 줄을 내 이미 알았거니와, 한왕이 아

직 장군의 지기志氣[의지와 기개]를 다 아지 못하여 쓰지 아니하시기로, 내 이미 아뢴 말씀이 있으니, 장군은 아직 안심하소서. 이제 만일 장군 곧 아니오면, 뉘로 더불어 천하를 도모하리오. 미구未久에 한왕이 장군으로 대장을 봉하여 초를 칠 것이니 장군은 널리 생각하옵소서." 한신이 양구에 왈, "승상이 소장을 위하와 이 깊은 밤에 수고를 아끼지 아니하옵고 멀리 따[라와 이]르니, 소장의 마음이 감격무지感激無地[감격하여 설 땅이 없음]인지라 수화중水火中[물과 불속]인들 어찌 피하오리까" 하고 즉시 승상과 영중營中에 돌아오니라.

이때 한왕이, 승상 소하, 한신을 따랐다는 말을 듣고 대노[하여] 왈, "내 수족을 잃었다" 하더니, 수일 후에 승상이 돌아와 뵈온대, 한왕이 노왈怒曰[노하여 가로되], "경이 도망하여 어디로 갔더뇨?" 대왈對曰, "한신을 좇[아]대어 갔더이다." 한왕이, "제장諸將[여러 장수]이 도망한 자 허다하되 따른 바 없더니 오직 한신을 따름은 간사奸邪하도다." 소하, 복지주왈伏地奏曰, "과연 제장은 얻기 쉽거니와 한신은 국사國事에 쌍雙[짝]이 없는 영웅이기로 신이 따름이라, 이제 대왕이 길이 촉중蜀中에 있을진대 한신을 쓸 데 없거니와, 초로 더불어 천하를 바랄진대, 한신 곧 아니면 뉘로 더불어 대사를 도모하리까?"

한왕이 왈, "내 방금方今 초 더불어 자웅雌雄[암수]을 다투고자 하는 마음이 일각一刻이 여삼추如三秋라, 어찌 울울鬱鬱[막혀 답답함]한 파촉에서 오래 있으리오" 한대, 소하 왈, "연즉然則[그런즉] 한신을 중히 쓰소서. 그렇지 아니하오면 또 가리이다" 한대, 왕이 왈, "대장 봉할 사람을 자방子房과 언약하였으니 아직 한신으로 부장副將을 정하여 있게 함이 어떠하뇨?" 소하 왈, "부장을 주어도 또한 가리이다." [한왕이] "그러하면 그대 말대로 대장을 봉하리라" 하고 즉시 한신으로 대장을 봉하니, 승상[이] 하왈賀曰[하례하여 말하기를], "대왕이 본디에 예禮가 없고 사람을 능멸凌蔑[해] 보이시는 고로 대장 봉하기를 작은 아이 부리듯 하옵시니 한신이 더욱 의심하리니다. 진실로 대장을 봉하실진대 대장단大將壇을 묻[어 쌓]고 군례軍禮[군대의 예식]로 봉하소서."

한왕이 옳이 여겨 도성 동문東門 밖에 대장단을 3층으로 묻고, 좌청룡左靑龍 우백호右白虎와 남주작南朱雀 북현무北玄武, 28수宿와 64괘卦를 각 방위에 정제整齊하고, 팔문금사진八門金蛇陣에 내외생사문內外生死門으로 각 진 병장의궤방위兵仗儀軌方位를 정제하고, 등공으로 집례執禮[예식을 집전함]하[게 하]고 소하로 축관祝官[축문 읽는 제관]을 [하게] 하였더라. 이때 한신이 승상부丞相府에 있더니 한왕이 제장諸將과 거기치중車騎輜重[군대의 수레 기마와 장비와 군수품]을 거느리고 친히 승상부에 나아가 한신을 세 번 불러 수레 위에 올려 앉히고 대장단으로 돌아와, 한왕이 친히 한신을 장대將臺[장수의 지휘대]에 올려 앉히고, 소하로 독축讀祝[케]한 후에, 절월節鉞[부절과 도끼]과 인수印綬를 친히 들어 주시니 한신이 단에[서] 내려[와] 왕께 사은숙배謝恩肅拜[임금 은혜에 감사하여 네 번 엄숙히 절함]하더라.

• 한신의 출마

각설, 이때에 대장을 봉한다 하니 제장이 각각 제 공으로 대장이 될까 바라더니, 이미 한신으로 대장을 봉하시니, 이에 호위장護衛將 번쾌, 대갈일성大喝一聲[크게 꾸짖는 한 마디 소리]하고 진중陣中에 내달아 눈을 부릅뜨고 칼을 잡고 고성왈高聲曰[고함을 질러 가로되], "소장이 전후 전벌戰伐에 수십 창검槍[창검]에 찔리고 공성약지攻城略地[성채를 치고 지경을 공략함]한 공이 없[지 않]거늘, 금일에 대장을 번쾌로 정치 아니하시고 이름 없는 한신으로 대장을 봉하시니 제장이 열복悅服[기꺼이 복종함]지 아니할뿐더러, 대왕의 정사政事, 망진亡秦[망한 진나라]을 본받사오니 소장이 애달파하나이다" 한대, 한왕이 대노하여 무사武士를 호령하여 "번쾌를 내어 베어라!"
승상 소하, 간왈諫曰 "번쾌의 죄 베어 마땅하오나 전공戰功을 생각하여 방송放送[방면放免하여 내보냄]하소서." 한왕이 노[여움]를 참으시고 번쾌를 대하사 절절히 꾸짖으시고 방송하시다. 수일 후에 한신이, 장량이 주[었]던 각서를 내어 한왕께 드리니, 왕이 더욱 대희하여 왈,

"장량이 보낼[낸] 사람인 줄 알았으면 어찌 처음에 대장을 봉하지 아니하였으리오. 장군은 [어찌] 그다지 취백就白[윗사람께 나아가 말씀드리기를 삼감]하신[시었는]고?" 한신이 사은 왈, "대왕의 사람 알아보심을 탐지함이요, 어찌 [함부로] 남의 대장이 되리오[니이다]. 임금이 신하 가리기와 신하가 임금 가리옵기는 상사常事[예사로 늘 있는 세상일][이]오니 허물치 마옵소서."

이날 한신이 대장단에 높이 앉아 제장 군졸을 차례로 예필禮畢[신고사열] 후에 분부分付[하여] 왈, '왕법王法[국왕이 제정한 법령, 국법]과 군법軍法[군대에 적용하는 군형법]은 사정私情이 없는지라, 임금이, 임금을 대장에게 봉하였으니 만일 태만[한] 자 있으면 군법[을] 시행하리라' 하고 조참曹參을 불러 왈, '군례철편軍禮鐵鞭[군법을 시행하는 쇠채찍]을 만들어 네 군법을 보아 장상將相[을] 호령[하여 법]대로 행하라' 하고 '위[의 법]를 성책成冊[책편으로 만듦]하여 한 벌은 한왕께 올리고, 또 한 벌은 대장께 올리고, 한 벌은 장노관掌奴官 조참이 가지라' 하고 군위軍威를 엄케[하게] 하니 한왕과 소하, 대희하여 칭찬하더라. 한신이 장문長文을 올려 왈, '은개殷蓋로 갑군도총관甲軍都摠管을 정하오니 특허特許하옵소서.' 왕이 허락하시니 은개는 왕의 친족이라 듣지 아니하거늘, 왕이 다시 하교下敎[하]시니 은개, 마지못하여 청령聽令하니라.

각설, 서초패왕이 팽성에 도읍하고 사신을 의제義帝[회왕

웅심]에게 보내어 고왈告曰, '패왕이 회왕을 모시고 삼강三江에 대연大宴하여 대사를 의논한다' 하였거늘 의제, 마음이 불안하나 항우[가] 청하는 일을 막지 못하여 삼강에 모왓[였]더니 항우, 애제哀帝[의제]를 데리고 배에 올라 노[닐]다가 의제를 강중江中에 밀쳐 죽이니, 천하 만민萬民이 막불유체莫不流涕[눈물을 뿌려 마지않음]라. 이때 장량이 천거한 왕릉 주발 진평 숙손통叔孫通 팽월彭越 등 10여 명장名將을 한왕께 보내니 왕이 각각 중랑[장]中郞[將]을 정하여 군령을 돕게 하더라.

이때 한신이 중군中軍에 전령傳令하되, '아무 날은 군병을 연습할 것이니 명일 묘시卯時[오전 5-7시]에 각진 제장이 군령을 어기지 말라' 하였더라. 원수元帥[한신], 익일 묘시에 각각 제장의 군령[점고]을 받을 새, 오직 갑군 은개, 왕의 세를 믿고 묘시의 군령을 [어기고] 사시巳時[오전 9-11시]에 와 뵈거늘, 한신이 노하여 군령도총軍令都摠 장노관 조참을 불러 왈 "갑군도총 은개는 묘시 군령을 사시에 왔으니 군률이 어떠하뇨?" 조참 왈 "기회부진期會不進[기약한 모임에 나오지 않음]하는 자 당참當斬[마땅히 벰]이니다" 하니, 원수, 은개를 불러 대책大責[크게 꾸짖음] 왈 "네 왕족을 자세藉勢하고 군법을 멸시하니 가히 용서치 못하리라" 하고 그 연유를 한왕께 장문狀聞[임금께 글을 올려 아룀]하니, 왕이 대노 왈 "사람 하나라도 어려운 때에 유공劉公[은개] 한 사람을, 비록 죄는 지었으나 벰이 중난重難하니 아직 안서按恕[용서]하라" 하고 봉명사신奉命使臣[왕명을 받든 사신]을 정하여 군중에 보내니, 한신이 장대에[서] 내려 교서敎書[왕의 하교 서신]를 받자와 사례한 후에 조참을 불러 문왈問曰 "역생酈生[봉명사신]이 군중에 치돌馳突[말 타고 치달려 들어옴]하였으니 군율이 어떠하뇨?" 조참이 고왈 "치돌군중軍中은 당참이다." 원수 왈 "봉명사신은 베지 못할 것이니 사자[가] 탄 말과 배행군관陪行軍官[수행 장교] 1쌍[2인]을 베"[라 하]고, 또 갑군 은개를 중군에 나입拿入[잡아들임]하여 수죄數罪[죄를 열거함] 왈 "전교傳敎 내에 너를 안서하라 하였으나, 대왕을 모시고 군령을 엄숙히 하여 천하대사를 도모할지라, 오늘날 처음 군령에 너를 베지 아니하면 일후에 다른 제장에게 영을 어찌 세우리오." 군중[에 은개를] 회시回示[조리돌려 보임]하고 원문轅門 밖에 내어 베고, 장문狀聞을 올리니 왕이 대경대노大驚大怒하여 '한신을 파직罷職하라' 하시니 승상 소하, 급주急奏[화급히 아룀] 왈,
"군중은 사정私情[사사로운 온정]이 없나니, 임금이라도 임의로 못할 바요, 또한 군중[에] 영을 세우려 하니 왕은 노[여움]을 참으소서." 한왕이 불청不聽일러니, [이윽고] 소하의 말을 좇아 짐작하니라.
한신이 차상次上[부원수] 번쾌를 불러 왈 "그대 등은 지금 1만 군을 거느리고 중국[으로] 통로通路하는 잔도교를 1삭朔[한 달] 내로 놓으라" 하니 번쾌, 대경하여 왈 "전일

진시황의 위엄으로도 10만 군을 거느리고 3년을 놓았거늘, 이제 1만 군으로 어찌 1삭 내로 놓으리까?” 한신이 고성대질高聲大叱[높은 소리로 크게 꾸짖음] 왈 “산을 헐어 길 내기와 물을 막아 다리 놓기는 선봉이 할 바라, 이제 장령將令[장수의 명령]이 내린 후에 무슨 잔말이 있으랴” 하고 끌어 내치니 위엄이 엄숙하여 다시 말을 못하고 1만 군을 거느려 잔도교로 가며 죽기만 바라더라. 원수, 가만히 모용慕容과 능무能無와 두 장수를 불러 왈, ‘너[희]는 내 가리키는 대로 가면, 이는 삼진왕三秦王 장한국章邯國[장한의 나라]으로 갈 것이니 여차여차如此如此[이렇게 저렇게]하라’ 하니 두 장수, 청령聽令하고 가더라. 한신이 대장됨으로부터 군사를 연습하며 군율을 정제하니 조금도 차위差違함이 없더라.

한왕이 대원수 병법을 보시려 하여 군중에 친림親臨하시니, 군문을 굳이 닫았거늘, 모인 장수[가] 외어 왈 “대왕이 친림하여 계시니 진문陣門을 빨리 열라!” 하니 군문도위軍門都尉 왈 “군중에[는] 문장군명問將軍命[장군의 명을 물음]이요, 불문천자조不問天子詔[천자의 조명詔命을 묻지 않음]라” 하니 왕이 깨달으시고 절월節鉞[제왕이 사신 등에게 내리는 절기節旗와 부월斧鉞]을 대장[에]게 내리시니 그제야 군문을 크게 열고 원수, 문밖에 나와 왕을 맞아 사배四拜하고 장대將臺에 모셔 각 진법을 시험하[시게 하]니 군사의 진퇴進退하는 법과 군율이 분명하여, 방위를 정제하니 비比컨대 뱀이 머리와 꼬리를 사리고 펴기를 임 [의로] 함 같더라. 이는 태공太公[강태공] 병법이라도 더하지 못할러라. 왕이 칭찬하시고 환궁하더라.

이때에 모용 능무 두 장수, 한가지로 행하여 삼진 장한국에 이르니, 지경地境[국경] 수직守直하는 군졸이 잡아 장한 전에 바치니, 장한이 불러 문왈問曰 "너희는 촉중 사람으로 무슨 일로 왔느냐?" 양인이 고왈 "한왕이 삼진을 치려 하고 백면서생白面書生 한신으로 선봉을 삼아 군사를 연습하며, 번쾌를 명하여 1만 군을 거느려 잔도교를 1삭 내에 놓으라 성화독촉成火督促하기로, 소장 등이 잔도교를 가본즉, 3년을 놓아도 놓지 못할지라, 죽음이 목전에 있삽기로 행여 면사免死나 할까 도망하여, 휘하에 와 의탁할까 바라나이다." 장한이 왈 "한신을 누가 천거하여 대장을 삼았느냐?" 양인이 답왈, "승상 소하가 천거하여 대장을 삼았으니, 군중인민軍中人民이 대소大笑하여 영슈이 없는 고로 한왕도 뉘우쳐 하나이다. 석일昔日[지난날] 진시황의 위엄으로도 10만 군을 거느리고 잔도교를 3년을 놓았거늘, 조그마한 한신이 제 어찌 10년엔들 놓으리오. 한신이 미거未擧함을 아나이다." 장한이 왈 "너희는 내 장중帳中[군영의 장막 안]에서 나를 도우라." 양인이 재배하고 좋은 말로써 간하니 장한이 크게 믿어 군병을 염려함이 없더라.

차시此時[이때]에 한신이 10만 대병을 거느리고 행군하여 잔도교에 당[도]하니 번쾌, 잔도교를 10분의 1도 놓지 못하였거늘, 한신이 대노하여 번쾌를 나입拿入하여 태만한 죄를 꾸짖고, 군중軍中에 회시한 후에 진문에 내어 베라[는] 호령이 추상秋霜 같으니, 제장이 죽기로써 간한대, 원수, 안서按恕하고 즉일에 선봉을 삼아 '삼진을 쳐 항복 받으라' 하며 "네, 만일 태만하면 죄 전前[전죄]을 아울러 용서치 못하리라" 하고, 자방子房이 가르치던 길로 행군하여 고도古道에 다다르니 산곡山谷은 험준하고 도로가 험악하여 군마軍馬 다 피곤하거늘, 수일을 유留하여 다시 행오行伍를 정제하고 단속하여 옹왕雍王 장한을 쳐들어 가니라.

이때, 장한의 군사, 급히 고하되 "난데없는 적병이 불의에 쳐들어오나이다" 하거늘, 장한이 대경왈大驚曰 "이는 반드시 촉병이로다!" 그제야 모용 능무에게 속힌 줄을 알고 두 장수를 찾으니 벌써 촉진으로 달아난지라, 장한이 대노하여 급히 병마를 조발調發하여 한병漢兵을 대적할 새, 선봉장 번쾌, 대병을 몰아 크게 엄살掩殺하니 장한이 대패하여 대적치 못하고 성에 들어가 [방]벽을 굳게 하고 나[오]지 아니하고 각처로 구원병을 청하니라. 한병이 장한의 성을 에워싸고 또 양도糧道[양초糧草를 공급하는 길]를 끊으니 십일지내十日之內[열흘 안]에 장한의 군사 다 피곤하여 군심軍心이 풀어지더라.

이때 한신이 가만히 성을 넘어가 그 형세를 살펴보니,

모양에 장한이 제장으로 더불어 의논하되, '이제 군량이 진盡했으니, 명일 밤[이]든 후에 북문北門으로서 도망하여 적왕翟王[새왕塞王의 잘못] 사마흔국司馬欣國에 가 합세하여 촉병을 막으리라' 약속을 정하거늘, 한신이 제장을 불러, 1만 군을 거느려 '북문 밖 10리 허許에 태산太山이 있으니, 산에 매복埋伏하였다가 여차여차하라' 약속하고 남은 병마를 한신이 거느리고 뒤를 따르니라. 이날 밤 3경[자정]에 [장한이] 장졸을 거느리고 북문으로 달아나거늘, 한신이 크게 엄살하니 장한의 군사 사산분주四散奔走[사방으로 흩어져 달아남]하여 닫더니, 전면에서 한 떼 군사 나오며 좌우 복병伏兵이 벌니[일] 듯하여 길을 막으며 뇌고함성雷鼓喊聲[우레같이 북을 치고 함성을 지름]이 천지[를] 진동하며 장한의 군사 태반이 죽는지라, 장한이 분기충천憤氣冲天[분노한 기운이 하늘에 사무침]하여 장창長槍을 들고 앞을 헤치고 나올 새, 군사 천여 기騎나 남았는지라, 40여 합슴[의 교전]에 승부를 결단치 못하고 세궁역진勢窮力盡[형세가 궁박하고 힘이 다함]하여 달아날 새, 여마동呂馬童이 장창을 들고 외[치]어 왈, "옹왕 장한은 들으라! 너 아무리 재주 유여有餘[있어 넘침]하나 승천입지昇天入地[하늘로 솟고 땅속으로 들어감]하랴?" 하며 둘러싸고 급히 치니 시석矢石[화살과 돌]이 비오듯하는지라, 장한이 살을 맞고 세궁역진하여 칼을 빼어 스스로 목을 찌르거늘, 한신이 성에 들어가 장한의 시신을 거두어 왕례王禮[왕의 예우]로 장사하고 그 자子[아들]를 무휼撫恤[불쌍히 여겨 돌봄]하고, 한장漢將[한의 장수]으로 옹왕을 삼아 백성을 진무鎭撫[케]하고 창곡倉穀[창고의 곡식]을 헐어 군사를 호궤犒饋[음식을 베풀어 먹이고 위로함]하고, 사자使者를 명하여 [새왕] 사마흔과 적왕翟王 [동예董翳] 양국에 격서檄書를 보내어 왈,

"내 명을 하늘께 받아 촉중 병마를 거느리고 천하를 평정하여 억조창생億兆蒼生을 도탄중塗炭中에[서] 건지려 하고 삼진을 치니, 옹왕 장한이 천명을 항거하여 항복지 아니하기로 장한의 머리를 베었나니, 이제 너희 양국왕이 천의天意를 순[승]順[承]하면 공후公侯를 봉하고 백성을 안보하려니와, 만일 대병을 항거하여 항서降書를 짐짓 올리지 아니하면 너희 등을 장한 같이 벨 것이니 깊이 생각하여 격서를[에] 회답하라" 하였더라. 양군왕兩郡王이 격서를 보고, 또한 장한이 죽었단 말을 듣고 대병을 당치 못하리라 하여 각각 나와 항복하더라. 육순지간六旬之間[60일]에 삼진을 쳐 항복받고 삼진 군사를 정제하여 한병과 합세하니 60여 만일러라.

각설, 한왕이 낙양洛陽 진서津西에 이르러 의제를 위하여 국상國喪을 발표하고 사자를 명하여 제국諸國에 보낼새, 그 중문에 하였으되, "천하 제후를 모아 의제를 세워[우고 과인을] 한중왕을 삼았더니, 항우, 무도하여 의제를 강남江南에 내쳤다가 마침[내] 강중에 밀쳐 죽였으니,

항우는 천하 만민의 부모를 죽인 원수라, 이런 대역대도大逆大盜를 세상에 살려 두리오. 과인이 의병을 거느려 삼진을 평정하고 관병을 합하여 의제를 죽인 도적盜賊을 치러 가나니 각처 제왕諸王도 병마를 거느리고 동심同心하여 침이 어떠하뇨?" 제국왕이 한왕의 패문牌文[포고문]을 보고 각기 병마를 거느려 한왕을[에 호]응하더라.

이때에 장량이 돌아와 한왕께 뵈온대, 한왕이 장량의 손을 잡고 반기며 그 공을 무수히 치사致謝하더라. 장량이 배복拜伏 왈 "이는 대왕의 덕이요, 소신이 무슨 공이 있사오리까." 다못 한신으로 대장 봉하심을 무수히 치사하더라. 이때 장사왕長沙王 장이張耳와 한중왕漢中王 계포季布와 연왕燕王 일광과 성사 고주 등이 긴긴 군사를 거느려 항우를 칠 새, 마침 항우이[가] 제국齊國을 구원하러 가시매 팽성이 비었는지라, 한왕이 대병을 몰아 바로 팽성에 들어가 보화와 미인美人을 거두고 주육酒肉을 많이 내어 제장諸將과 즐기더니, 패왕이 기별寄別을 듣고 3만 정병을 거느리고 주야배도晝夜倍道[밤낮으로 쉬지 않고 곱절을 빨리 감]하여 한군漢軍을 짓치니, 한군이 초군楚軍에게 패한 바 되어, 사산분주四散奔走하여 강수江水에도 빠지고, 창 맞아 죽고, 살 맞아 죽으니, 물이 메여 흐르지 아니하고, 살아 있는 인마도 능히 건너지 못하더라.

초병이 한왕을 겹겹이 둘러싸고 항우, 장창을 들고 천동天動[천둥] 같은 소리를 우뢰雨雷 같이 지르니 기운이 충천衝天[하늘에 치솟음]하여 한병을 짓밟아 추살鎚殺하는 소리, 벽력霹靂이 진동하고, 또 [항우가] 크게 외어 왈 "일전 홍문연鴻門宴에서 항장項莊의 칼끝에 [살아]남은 혼이 오늘 나를 [없]수이 보고 외람한 뜻을 두었으니 죽어보라!"하여 좌충우돌左衝右突하니 한왕이 낙심하여 앙천통곡仰天痛哭[하늘을 우러러 소리 높이 욺]하더니, 문득 서북西北으로 대풍大風이 일어나 나무를 분지르[부러뜨리]고 사석沙石[모래와 돌]이 날리며 흑운黑雲이 표천漂天[하늘을 덮어 떠돎]하여 사람을 분별치 못할 차에 한왕이 10여 기騎를 데리고 도망하여 달아날 새, 역이기酈食其를 명하여, [하여금] 태공太公[유방의 부친] 여후呂后[유방의 부인]를 모시고 샛길로 도망하[게 하]다가, 태공 여후, 초진楚陣에 잡힌바 되어, [이들을] 패왕께 바치니, 패왕이 대희하여 왈 "이제는 유방이 내게 와 항복하리라"하고 볼모 삼아 두고, 한왕을 멀리 따르[뒤쫓]지 아니하더라.

한왕이 형양滎陽에 득달得達하니 문득 패한 군졸이 모이고 승상 소하는 관중병關中兵과 노약老弱을 합세하니 진세陣勢, 다시 크게 떨치더라. 이적[때]에 한왕이 태공과 여후, 초국에 잡힘을 듣고 대성통곡大聲痛哭 왈 "이제 항복함만 같지 못하다"하니 장량이 대왈 "대왕이 만일 항복하면 우악愚惡한 항우, 반드시 대왕 부자를 죽일 것이요, 항복지 아니하면 적국敵國[이] 승패를 아직 몰라 태공 여후를 해치 못할 것이니, 그런 고로 적국에 계시나 평안하시리다." 장량이 또 가로되 "신이 대왕을 위하여 점괘占卦를 내오니, 양년兩年[이태]이 못되어 태공 여후, 무사히 돌아오[시리이다]리라."

소하 진평이 간왈諫曰 "이제 초로 더불어 교전하다가는 또 이롭지 못할 것이오니 먼저 제후병諸侯兵을 얻은 후에 도모하사이다. 이때 한왕[께서는]은 형양을 지키고 소하는 관중을 지켜 종묘宗廟를 위하고 국사와 민정民情을 순順케 하여, 창곡倉穀을 분조分漕하여 군량을 수운水運하여 끊이지 않게 하[사이다]리라." 한왕이 자탄自歎 왈 "내 관중에서 한신의 말을 들었던들 환을 아니 볼 것을, 이번 패함은 다 나의 탓이라" 하더라.

이때에 한왕이 다시 초를 칠 새, 위왕魏王 표豹, 구원병을 보내지 아니하고 반한다 하거늘, 한왕이 대노하여 한신으로 하여금 위국을 칠[치게 할] 새, 위왕이 백직柏直으로 하여금 대장을 삼아 막는다 하거늘, 한왕이 듣고 대소大笑 왈 "이는 구상유취口尙乳臭[입에서 아직 젖비린내가 남]라 어찌 한신을 당하리오" 하더라.

각설, 대장 한신이 위국 지도를 보고 대의大疑[크게 의심함]하여 대로로는 가지 아니하고 소로로 행하여 위국 도성을 엄살掩殺하니, 위국 대장 백직은 군사를 몰아 대로로 가고, 위왕은 미처 방비치 못하여 불의에 한신이 겁칙劫飭함을 견디지 못하여 잡힌바 되니라. 한신이 한왕께 장문狀聞을 드려 왈 '신이 3만 명을 거느려 위국을 평정하고 북으로 행하여 연조燕趙를 항복받고, 동으로 제국齊國을 멸하고 남으로 초국 양도糧道를 끊고, 서으로 형양에 돌아가 대왕과 합세하여 초를 파하리라' 하였더라.

각설, 대한大漢 3년[서기전 204년]이라. 한신 장이張耳 등이 3만 병을 거느려 조국을 칠 새, 조왕 헐歇과 성안군成安君 진여陳餘, 장정 10만을 조발하여 한병을 대적하는지라, 조국 모사謀士 이좌거李左車가 진여더러 일러 왈 '정형구井陘口라 하는 땅은 산천이 험악하고 좌우, 막혀 수레 통하지 못하고 기치旗幟 어지러워 행오行伍를 이루지 못할 것이요, 또 그 양식이 반드시 밖에 있을 것이니, 날랜 군사를 보내 그 양도를 끊으면 도적이 물러가 노략擄掠할 곳도 없고 나와 싸울 곳이 없는지라, 그러하오면 불과 십일지내十日之內에 양장兩將의 머리를 베어 휘하에 바치다.' 진여, 자칭 의병義兵이라 하고 그 꾀를 쓰지 아니하거늘, 이때 한신이 사자를 보내어 탐지한즉, 진여, 좌거의 말을 듣지 아니한다 하니, 한신이 대희하여 군사를 급히 몰아 정형구로 나갈 새, 이날 밤에 날랜 군사 2천을 분발分發하여, 각각 붉은 기를 주어 왈 '너희 등은 소로로 행하여 이리이리하라' 하고, 한신은 1만 군을 거느려 강을 등져 진을 치고, 평명平明[해돋이]에 대장기를 진전에 돋아 세우고 진문을 크게 열고 북을 울려 대적할 새, 한신이 거짓 패하여 수상군水上軍[강변의 군대]에 이르니 조군이 본진을 버리고 급히 달[려 나]오는지라, 한군이 죽도록 막는 체하며 달아나니, 조군이 한군을 잃[놓치]고 본진으로 돌아오니, 한군이 벌써 본진을 앗고, 사방에 붉은 기를 세우고 마주 나와 크게 엄살하니 조군이 대패하여 사산분주하는지라, 한신이 수상水上[강변]으로 돌출하여 엄살하니 창검에 죽는 장수와 물에 빠져 죽는 군사, 그 수를 아지 못할러라.

이때에 한신이 호통 일성一聲에 성안군 진여를 베고 조왕을 사로잡아 돌아오니, 제장 등이 문왈問曰 '병법에 우배右配[오른쪽에 배치함]는 산릉山陵[산언덕]이요 전좌前坐[앞에 놓여 자리함]는 수택水澤[물과 늪]이라 하였거늘, 금일의 장군은 물을 등지고 싸움은 무슨 일이니까?' 한신이 왈 '함지사지陷之死地[죽을 땅에 빠짐] 이후에 생生하고, 치지망지置之亡地[망할 자리에 놓임] 이후에 존存이라 하였으니 배수일진背水一陣[물을 등진 하나의 진지]이라' 하니 제장 등이 다 항복하더라.

이때에 한신이 사람으로 하여금 좌거를 청한대, 오지 아니하거늘, 군사를 명하여 결박나입結縛拿入하라 호령하니 즉시 잡아오거늘, 한신이 장대將臺에서 내려[가] 결박한 것을 끄르고 단상으로 올려 스승으로 위로[하여] 왈 '선생은 날 의심치 말으소서.' 이좌거, 사례 왈 '지난 일은 다 각기 국사를 위함이니 무슨 혐의嫌疑 있사오리까' 한대, 한신이 왈 '선생은 당시의 영웅이라, 향자嚮者[접때]에 조왕으로 하여금 선생의 어진 모책謨策을 써[쓰게 하였사]오면 어찌 [내가] 승전입공勝戰立功하리오. 청컨대, 선생은 나를 위하여 어진 계책을 가르쳐 대공을 이루게 하소서.' 좌거 왈 '망국지대부亡國之大夫[망한 나라의 경대부]는 불가이도존不可以圖存[구명도생할 수 없음]이요, 패군지장敗軍之將[패군한 장수]은 불가이어용不可以於用[살려 쓰는 게 옳지 않음]이라, 나의 천견박식淺見薄識[천박한 견문과 학식]으로 어찌 장군의 높은 의량意量[생각과 도량]을 당하오리까?' 한신이 왈 '선생은 과도히 겸양치 말으시고, 초국 파할 계교를 이르[일러 주]소서.'

좌거, 사례 왈 '패왕이 음아질타瘖瘂叱咤[벙어리처럼 외마디를 질러 꾸짖음]의 천인淺人[천박한 인품]이 자폐自閉[스스로 문을 닫음]요, 마음이 우악하여 모든 사람의 계책을 듣지 아니하고 일마다 실덕失德[덕망을 잃음]하니 제 어찌 장구長久하리오. 또 각처 제후가 항우를 원망하고 한왕은 송덕頌德하니 수년數年이 못하여 항우 스스로 망하리라. 오늘부터 장군 지휘를 들어 진심갈력盡心竭力[마음을 다하고 힘을 있는대로 씀]하리이다' 하니, 한신이 대희하여 주육酒肉으로 후대하며 극진히 사례하더라.

각설, 이때 범증이 스스로 생각하되 '항왕이 듣지 아니하고 또 나를 의심하며 반간反間[적의 첩자나 계략을 역으로 쓰거나 이간하는 술책]을 신청信聽[믿고 곧이 들음]하니 성공은 못할 것이요, 노신으로 하여금 아무 곳에 가 죽을 줄 [도] 모르[게 되게 하]리니, 고향에 돌아가 죽음만 같지 못하다'하고 패왕께 상소上疏 왈 '노신의 강력剛力[강단]이 부족하고 정신이 혼암昏闇하여 대왕의 지휘를 감당키 어려우니 대왕의 성덕을 입사와 고향에 돌아가 여년을 안보할까 바라나이다.' 패왕이 허락하거늘 범증이 하직하고 남토南土[남녘 땅]로 돌아갈 새, 분기憤氣를 이기지 못하여 중로에서 등창이 대발大發하여 죽으니라.

이때 패왕이 백등白登[실은 형양滎陽이고 시기도 보다 앞서이며, 백등은 한왕이 뒤에 흉노와 싸운 곳]에서 한왕을 에워싸고 짓밟으니 한군이 대패하여 잡히게 되었는지라, 좌장군左將軍 기신紀信이 한왕에게 고왈告曰 "대왕의 위태함이 경각頃刻에 있사오니 신자臣子 도리에 죽기를 어찌 아끼리오. 소장이 대왕의 복색服色과 위의威儀를 갖추옵고 항우를 속여 항복하노라 하며[면] 각진 군사[가] 다 동문東門으로 모일 것이니, 그때에 대왕은 급함으로 피하였다가 천하대사를 도모하소서." 한왕이 왈 "장군의 충성이 지극하오나 우악한 항우, 반드시 죽일 것이니 차마 못할 일이라"하고 절절히 만류하되, 기신이 듣지 아니하고, 왕의 수레를 타고 약간 군사를 거느리고 동문으로 나가며 크게 외어 왈 "한왕은 병소속진兵少粟盡[군사가 적고 식량이 다함]하여 항복하노라!"하니, 초진楚陣 군사, 일시에 동문으로 모였는지라, 한왕이 틈을 얻어 서문으로 달아남을 항왕이 알고, 기신이 거짓 항복함을 분히 여겨, 기신을 불에 사르고, 한왕은 성고成皐로 달아나 장량더러 문왈問曰 "사세事勢 위급하오니 어찌 하리오?" 장량이 주왈奏曰[아뢰어 가로되] "성고는 작은 땅이라 머물지 못할 것이니, 급히 한수漢水를 건너 조국趙國에 가 한신과 합세하여 초병을 막사이다" 하오니, 한왕이 옳이 여겨 대군을 거느리고 도망하여 한수를 건너 조국에 가 군사를 합세하여 제국齊國을 치라 하더라. 패왕이, 한왕, 도망하여 한신[의] 병[력]으로 합세함을 듣고 팽성으로 돌아오다.

이때에 제국 명사名士 괴철蒯徹이 한신을 달래어 왈 "장군이 제국을 칠 새, 한왕이 그 새에 역이기*를 보내어 제왕齊王을 달래어 항복받으니, 이는 장군을 의심한 바요, 또 장군이 천하명장으로 10만 대군을 거느리고 제국을 칠 새, 척촌尺寸[한 자 한 치]의 공이 없고, 역생酈生[역이기]은 삼촌설三寸舌[3치 혀]로 제국 70여 성을 항복받았으니, 장군의 일이 무색할까 하나이다." 한신이 대노하여 대군을 발행하여 제국을 급히 엄살하니, 제왕이 반간反間에 속음[에]을 대노하여 역생을 삶[아 죽이]고 달아나거늘, 한신이 호통 일성一聲에 제국을 평정하고 백성을 안돈安頓하더라.

*역이기酈食其[서기전 268-204년]는 위魏나라 진류현陳留縣 고양향高陽鄕 사람으로 평소 독서를 즐겼으나 집안이 가난해서 고을의 성문을 관리하는 감문리監門吏로 있으면서도 혼자 자오自傲하였다. 이미 나이 60이고 신장이 8척인데 술을 즐기고 능력을 드러내지 않으며 허술히 지내니 사람들은 광생狂生[미치광이 선생]이라 불렸다. 진 2세 원년[서기저 209] 진승의 난을 기점으로 항량 등이 세력을 일으키자, 때를 기다린 역이기는 진류에 온 유방을 여사旅舍에서 만나게 되었다. 유방은 평소 그가 현사준걸賢士俊傑이라는 소문을 듣고 사람을 보내니 '패공이 오만하고 사람을 보고는 기용하지 않는다 하나 다만 원대한 모략謀略이 허다하니 내가 진정 추수追隨할 사람으로 생각되는데 다만 나를 알아 개소介紹하는 자가 없다' 하여 유방이 맞기로 하였다. 역이기가 찾아와 명편名片을 드리고 장읍長揖[두손을 이마에 올리고 최경례를 함]을 하나 경신傾身[몸을 구푸림]하여 절은 아니하니, 연하의 유방은 마침 평상平床에 발을 뻗어 걸치고 앉아 두 여인에게 발을 씻기며 일어나 맞지도 않았다. 역이기가 발연하여 "족하가 진을 공타攻打하는 제후를 따르며 방조幇助나 하고자 하는가, 아니면 제후를 영솔하여 진국秦國을 멸도滅掉코자 하는가?" 묻자 유방이 노발하여 '노개유생奴介儒生[종이나 같은 한낱 유생]'이라며 꾸짖으므로 역이기가 "과연 족하가 민중을 취합하고 의병을 소집해 와 포학무도한 진왕조를 추번推翻[밀어붙여 뒤엎음]할 결심을 하였다면, 어찌 이리 거만하고 무례한 태도로 굳이 찾아온 장자長者를 접견하는가?" 힐책詰責하니 유방이 비로소 발

씻던 일을 물리고 의관을 정제하여 내려가 늠름한 노인을 맞아 올려 상빈上賓으로 대좌하였다. 유방의 예우에 입을 연 역이기가, 우선 현하 6국의 제후 간 합종연횡에 써야 할 책략을 설파하니 유방이 희출망외喜出望外[바라던 이상의 기쁨이 솟아남]하여, 사람을 시켜 성찬을 차려 올리게 하여 관대款待한 다음 도리를 물었다. 역이기가, "족하가 지금 오합지중烏合之衆과 산란지병散亂之兵을 일으켜 모아 오시되 모두 1만이 되지 않는데, 과연 이로써 강진强秦을 직접 대항한다면 어찌 사람들이 호구虎口를 탐한다 아니하리오. 진류陳留는 천하의 교통요도交通要道요 사통팔달四通八達의 지방인데 현재 성 안에 매우 많은 식량이 있고 나와 현령縣令은 서로 좋은 사이이니, 청컨대 족하가 나를 그에게 파견해 주시면 그로 하여금 투항케 설득하고, 만약 그가 듣지 않으면 족하가 발병하여 공취攻取하고 내가 안에서 내응內應하리다" 하니 유방이 바로 역이기를 파견해 들여보내고 자기는 군사를 거느려 긴히 뒤따라 압박하여 쉽게 진류를 얻고 역이기에게 광야군廣野君의 칭호를 내렸다. 역이기는 아우 역상酈商을 천거하여 수천 군사로, 진류의 서남西南을 공성약지攻城略地하는 유방을 수종친위隨從親衛케 하고, 자기는 늘 세객說客을 담임하여 사신의 신분으로 제후 사이를 분주하였다. 한 3년, 서기전 204년, 항우가 형양성滎陽城의 유방을 공략하여 탈취하자 한군이 도주하여 공성鞏城과 낙성洛城을 보위하는데, 미구에 초국인楚國人이 듣기에, 회음후淮陰侯 한신이 이미 조국趙國을 공파하였고, 팽월彭越은 대량大梁 지역에서 여러 차례 모반하였다 하므로 초군이 일부를 나누어 그쪽으로 구원을 보냈다. 이에 한군이 한숨 돌려 한신은 제나라를 공략하고자 동진하고 유방은 형양 성고成皐에서 수차 항우의 포위로 곤고를 당하다 동진하여 기반을 쌓고자 성고 이동의 공鞏과 낙성에 둔병하여 초군에 대항하였다. 이때 역이기가 한왕에게 진언하여 "하늘이 위천자爲天者를 알아보아 통일대업을 성취케 하고 위천하지 않는 자는 몰라보아 통일대업의 성취를 불가케 한다 하는데, 통일대업을 이룰 왕자王者는 평민백성이 하늘로 여기는 자요, 백성이 하늘로 여기는 것은 또한 양식입니다. 오창敖倉[진대秦代 형양 서쪽 오산敖山 정상에 설치한 당시 중원에서 가장 중요한 곡창]이란 곳은 천하의 곡식이 수송되어 와 쌓이는 것이 이미 오래 전부터인데, 들으니 현재 거기에 저장된 양식이 비상히 많다 합니다. 형양을 차지한 초군이 지금 성고에 매달려 이곳은 사소한 죄범자가 분수分守하고 있다니, 이를 먼저 취하여 오랜 전란에 피폐한 한군漢軍과 농민에게 넉넉히 자급資給하면 사기와 민심이 크게 진작할 것입니다" 하여 다시 한왕으로 하여금 형양을 공략해 수복하고 오창의 양식을 풀어 군민을 먹이며 성고의 험요를 십분 견수堅守하여, 크게 왕래하는 교통의 요도要道를 비호관구蜚狐關口[하북성河北省 내원현淶源縣 북, 울현蔚縣 남쪽 양안兩崖 협곡구]에까지 이르게 확보하고 장강의 백마진도白馬津渡를 파수하는 대략大略을 수행케 하였다. 일변, 역이기는 한왕에게 '연나라와 조나라 국도國都는 이미 평정되었으나 화북에 다만 제나라가 아직 공략되지 않고 있다. 제왕 전광田廣은 천리 국토를 어거하고, 전간田間은 20만 대군을 영솔하여 여성厲城에 둔치고 있으며 여러 갈래 전씨종족田氏宗族이 할거하여 대해大海를 등져 의지하고, 황하를 빌어 기대어 건너야 할 물이 격함을 기화로 삼고, 남으로는 초나라와 접근하면서, 또한 제나라 사람의 사변詐變[속이며 변덕부림]이 무상無常한데, 대왕이 지금 수십만 군대를 보내 몇 개월이나 1년이 넘어도 공취가 어렵다. 청컨대 대왕의 조명詔命을 신이 받들고 가 제왕을 유세遊說케 하시면 저들로 하여금 한에 귀의하여 동방의 속국屬國이 되게 하리다'하니 한왕이 '좋다. 바로 그리하라'하였다. 제나라로 간 역이기는 왕 전광에게 '천하민심의 귀향歸向[돌아감]을 아시느냐' 묻고, 제왕이 '내가 모른다'하자, 설도說道하여 '왕이 천하민심의 귀향을 아신다면 어찌 제나라가 바로 보전될 수 없겠으며, 천하민심의 귀향을 모르신다면 어찌 제나라가 길이 보전될 수 있겠느냐'하니 전광이 '천하민심이 구경究竟에 누구에게 가겠느냐?' 물었다. 역이기가 '한왕 유방에게 귀향한다' 단언하자, 전광이 '노선생老先生은 어찌하여 그와 같이 말하는가?' 묻자, 역이기가 마침내, 한왕 유방에게 천하민심이 귀의하고 초패왕 항우에게 민심이 돌아가지 않는 이유와 현황을 일장의 현하지변懸河之辯[황하의 큰물이 흘러 멈추지 않는 것 같이 막힘이 없는 달변]으로 설파하였다. 역이기에게 설복된 제왕 전광은 나라 전체를 들어 한왕에게 귀부歸附키로 하고 연일 잔치를 베풀어 역이기를 우대하며 방비를 풀어 여성의 전간이 거느린 수십만 주력부대의 병수전비兵守戰備조차 철제撤除[거두어 치움]하였다. 그러나 한신의 모사 괴철蒯徹이 또하나 기인奇人으로서 역이기가 큰 공 세움을 깊이 시기하였다. 천하삼분론天下三分論을 펴 한신이 조연제趙燕齊 3국을 주축으로 독립해 유방 항우와 더불어 중국을 셋으로 나누도록 부추기는 사람이 괴철인데, 역이기를 세객으로 유방이 제나라를 선취케 하는 것은 절대 불가사였다. 괴철의 간언을 들은 한신도 대노하였다. 제나라 공략에 골몰하던 한신은 역이기가 취회吹灰[입으로 재를 붊]의 세 치 혀로 제나라 70여 성지城池를 편취便取한 데 격분하여 심야에 발병하고 주야배도晝夜倍道 진군하여 미처 방비를 갖추지 못하는 여성으로 짓쳐들었다. 제왕 전광이 속았다고 대경대노하여 역이기를 불러 '네 과연 능히 한군의 진공을 저지한다면 살려주겠으나 불연이면 바로 팽살烹殺[삶아 죽임]하겠다' 하니 역이기가 '대사업인은 소절小節[작은 절목]에 매이잖고, 대덕인大德人은 남을 책비責備[완전히 갖추어 무결하기를 요하여 책망함]하지 않는다 하니, 내가 다시 한신에게 가 유세할 기회를 달라' 하였으나 한신의 공격이 임박하자 그를 팽살하고 군사를 거두어 동주東走하였다. 역이기 덕에 항복한 것에 다름없는 제나라를 쉽게 점령한 한신은 역이기가 안보를 약속했던 공족 전씨를 몰살하여 800년 내려온 강태공의 후손 봉국 제나라를 멸하고 스스로 가왕假王이 되어 평정하였고, 역이기의 죽음을 깊이 애도한 유방은 한신의 일탈에 발연 노하였지만 견책하면 반할 것을 우려하는 장량 등의 만류로 한신의 제왕 즉위를 추인하고 공적을 치하하였다. 이후로도 괴철은 한신의 독립을 간하다, 한신이 한왕과의 의리를 생각해 듣지 않자 그 막하에서 떠나갔고, 유방은 후일에도 역이기를 잊지 않아 그 아들이 공이 없음에도 봉후封侯해 주었다.

• **초한의 격돌**

각설, 대한 원년元年[서기전 206년]이라. 이 적에 한왕이 관문關門에 둔병屯兵하였더니, 항우 또 [한] 관문에 와 결진結陣하니 군위軍威 엄숙하여 살기충천殺氣衝天[살벌한 기운이 하늘을 찌름]하더라. 항[왕]이 태공[과] 여후呂后를 도마 위에 높이 앉히고 크게 외어 왈 "유방은 급히 나와 항복하라. 만일 더디면 네 아비를 삶으리라!" 하거늘 한왕이 대경실색大驚失色하여 "지금 일이 급하니 어찌 하리오?" 장량, 진평이 간하므로 한왕이 진전陣前에 나와 대답하여 왈 "내 너로 더불어 초회왕을 섬겼으니 이는 이미 의는 형제 같은지라, 내 할아비는 곧 네 할아비라, 만일 삶을진대, 다행히 한 잔 국을 나누어 보내라" 하니, 항우, 대노하여 태공 여후를 죽이려 한대, 항백이 간왈 "적국이 비록 원수라도 천하를 위하는 자는 불고부모不顧父母[부모를 돌보지 않음] 불고처자不顧妻子[처자식을 돌보지 않음] 불고가산不顧家産[집안 살림을 돌보지 않음]하[므로 죽여도 소용없]나니, 금일의 분을 참고 내두來頭[다가오는 앞날]를 보아 처치하사이다" 하니 항우, 옳이 여겨 태공 여후를 죽이지 않고 싸움을 돋우거늘, 한왕이 왈,

"나는 지혜로 싸울지언정 힘으로 싸우지 아니하노라" 하고 항우의 열 가지 죄를 써 [적]진중에 보내니 그 죄목에 하였으되 '네가 약속을 배반하고 과인을 파촉으로 보내니 그 죄 하나요, 경자관군卿子冠軍[공자公子와 상장군上將軍의 뜻으로 초회왕이 송의宋義를 높여 부른 이름]을 무죄히 죽였으니 그 죄 둘이요, 진궁실秦宮室을 불지르고 진시황묘를 굴총掘塚하니 그 죄 셋이요, 이미 항복한 진왕 자영子嬰을 죽였으니 그 죄 넷이요, 진국 항졸降卒 20여만을 신안新安 성남城南에[서] 무찌르니 그 죄 다섯이요, 초왕 의제를 천하 사람이 응낙하고 세운 바이어늘 네 임의로 강남에 옮기매 그 죄 여섯이요, 세상의 군신지의君臣之義[임금과 신하 간의 의리]가 오륜五倫의 으뜸이어늘 신하로서 제 임금을 죽이니 천하에 용납 못할 그 죄 일곱이요, 사람마다 부자지천륜父子之天倫[부자의 관계가 하늘의 윤리임]이어늘, 너와 나의 언약을 회왕에게 받았으니 정의情誼 형제와 같은지라, 네 나의 부친을 도마 위에 올려놓고 능욕하니 강상綱常에 범한 그 죄 아홉[여덟]이요, 팽성에 도읍하여 백성을 다스리지 아니하고 인의仁義를 저버리며 무도한 포악暴惡을 일삼으니 죽일 죄 아홉이요, 또 예위형이[을] 불평하고 왕연을 불신하니 곧 대역부도大逆不道 아니냐, 그 죄 열이라' 하였거늘, 패왕이 대노하여 복노複弩[겹으로 쏘는 쇠뇌]로써 한왕을 향하여 쏘니, 한왕이 정히 가슴을 맞아 기색氣塞[기도가 막힘]

하여 황황하거늘, 장량 진평이 놀라 한왕을 급히 모시고 장중帳中에 들어가 한왕의 귀에 대고 '군심軍心을 부동不動케 [하시라]' 말씀하니, 한왕이 깨닫고 대노 왈 "도적이 내 발을 맞혔다!" 하니 군심이 안연安然하더라. 이때 패왕이 한왕을 버리고 팽성에 돌아와 대장 용저龍且로 정병 10만을 주어 제국齊國을 구원하라 하니 용저, 청[명]을 하고 군사를 영솔하여 제국으로 나아가 한신으로 더불어 접전할 새, 홍수洪水 싸움의 한신이 [1]만여 낭囊[주머니] 모래로 [유수濰水] 상류를 막고 그날 밤에 용저를 유인하여 유濰로[를] 건널[너게 할] 새, 군사로 하여금 상류를 터 초군을 함몰하고, 한신이 칼을 들어 용저*를 급히 쳐 참斬하고, 이때에 한왕에게 주문奏聞하되, [스스로] 제왕齊王되기를 청하니, 한왕이 처음에 허치 아니하거늘, 장량이 간왈 "한신의 마음을 좇지 아니하오면 대사에 이롭지 못할 듯하오니 대왕은 특허하옵소서." 한왕이 옳이 여겨 즉시 한신으로 제왕을 봉하더라.

*용저龍且[?-서기전 203] : 무신군武信君 항량項梁의 사마司馬로서, 제왕齊王 전영田榮이 진나라에 모반하여 싸우다가 진의 용장 장한章邯에게 패하여 동아東阿로 달아났을 때 구원하러 가 항량과 전영을 도와 싸워 용명을 떨쳤다. 항량 사후 항우의 휘하가 되어 여러 전투에서 용명을 얻어 초진에서 항우와 필적할 장수로 꼽히며 신임이 두텁게 되

었다. 한왕 원년, 서기전 206년에 한장 조참曹參이 제나라를 공략하여 위진圍津을 건너오자 항타項他와 함께 이를 맞아 정도定陶에서 싸워 패하였다. 항우가 제나라를 공략하느라 팽성을 비운 사이 유방이 침공하여 함락할 때 용저도 팽성에 있으면서 막아 분전하였으나 한장 정복丁復과 채인蔡寅 등에게 격파되었다. 한왕 2년, 서기전 205년에는 구강왕九江王 영포英布가 초를 등지고 한으로 귀부하려 하자 항성項聲과 함께 영포를 공격해 무찔러 쫓아내고 구강 지역을 확보하였다. 그 2년 후 제나라가 한의 한신군의 공격을 받아 풍전등화 같이 되어 산동반도 동단東端 고밀高密에서 원수 항우에게 착급한 구원을 청했다. 한왕 유방과 대치중이던 항우는 제나라를 한신에게 잃어서는 양방의 판도가 심히 기울 것이므로 가장 믿는 용저에게 주란周蘭을 딸려 20만을 칭하고 실제 10만이 넘는 대군을 주어 급히 구원케 하였다. 제나라에 이른 용저는 제왕 전광田廣의 패잔군과 연합하여 한신군의 예봉을 정면으로 쳐 꺾고자 하니 일각에서 말렸다. 항복한 제나라 군병과 더불은 한신군의 전의戰意가 이쪽 제초齊楚연합군보다 우월하므로 조기 결전을 미루고 수비를 두텁게 하면서 처처에서 한군에 투항한 제나라 성지城池를 회유해 점차 한을 등지게 하여 한신군으로 하여금 식량난에 빠지게 하자는 건의였다. 항우 못잖은 용맹에 사기 높은 대군을 몰고 온 용저가 본디 한신을 얕보며 대공을 노리던 터에 그런 이완책에 귀를 기울일 리 없었다. 용저와 한신의 양군은 유수濰水[산동성山東省 기산箕山에서 발원하여 발해渤海로 흐르는 강]를 사이 두고 진을 쳤다. 한신은 미리 군사를 상류로 보내 많은 모래주머니를 만들어 강물을 막아 하류가 바닥을 드러내게 하였다. 개전이 시작되자 한신군의 선봉이 먼저 바닥이 드러난 강을 건너와 기세 좋게 용저의 군진을 짓쳐들어왔다. 용저가 대노하여 선봉을 이끌고 달려 나가 적의 예봉을 무찌르자 한군은 금세 무너져 패주하였다. 이를 뒤쫓아 강을 역으로 건너는 용저군의 대부대가 강중으로 들어오고 선봉만이 겨우 피안으로 건너 올라갈 때 상류의 한군이 막은 둑을 터뜨려 큰물을 방류했다. 범람하는 급류에 용저의 군마 태반이 수몰되고 물 밖으로 기어 나온 자는 한군의 창검에 찔렸다. 한군의 반격에 강을 건넌 초군의 선봉도 궤멸되고 용저도 전사했다. 이 유수지전濰水之戰 한 싸움은 무적의 패왕 항우를 크게 놀라고 두렵게 하였다. 그 휘하에서 일개 장수도 못되어 하급군관에 불과하며, 빨래꾼 할미에게 밥을 빌어먹고 저잣거리 싸움패의 가랑이 밑으로 기어 나온 겁쟁이 필부 한신이 이제 유방보다 큰 적이 되어 불감당이 된 바였다. 유수전에서 일거에 항우의 오른팔로 역발산에 필적하던 용저를 한 칼에 벤 자가 누구인가. 사마천의 사기史記 항우본기와 고조본기 및 한서漢書 고제기高帝記에는 용저를 죽인 것이 한신과 관영灌嬰이라 하고, 사기의 전담열전田儋列傳과 한서의 위표전담한왕신전魏豹田儋漢王新傳에서는 한신과 조참曹參이 함께 죽였다 하고 있으며, 사기 조상국세가曹相國世家와 한서 소하조참전蕭何曹參傳에서는 조참이 죽였다 하고, 일설에는 관영의 부장部將으로 출전한, 후일의 악성절후樂成節侯이자 한 고조의 개국공신이 된 정례丁禮가 용저를 베었다 하고 있다. 어쨌든 용저의 대군을 일전에 격파하고 용저를 초개 같이 죽여버리는 한신의 존재를 크게 우려한 항우가 그를 회유하여 독립케 함으로써 후환을 덜고 유방을 견제하려는 삼분천하론을 듣게 하였다.

이때 항왕이 대장 용저를 제국에 보내고 소식을 날로 기다리더니 세작細作[첩자]이 보하되, 한국漢國 대장 한신이 용저를 죽이고 제왕[이] 되었다 하니, 항왕이 듣고 그제야 대구大懼[크게 두려워 걱정함]하여, 이에 모사 무섭武涉으로 하여금 한신을 달래[게 하]여 가로되 '천하를 삼분三分하여 일분一分은 한신을 주고, 일분은 항우를 주고, 일분은 한왕이 가져, 각각 방위方位를 정제하고 병마를 거두어 태평으로 늙음이 어떠하뇨?' 한대, 한신이 대왈 '한왕이 나로 대장을 봉하고 옷을 벗어 나를 입히고 밥을 물려 나를 먹이며, 또 나로 제왕을 삼고 또 내 말을 들어 계교를 쓰거늘, 내 어찌 한왕을 배반하고 천하를 삼분하여 후세에 시비를 들을 것이오?' 하니 무섭이 무료無聊[하릴없고 부끄러움]하여 돌아가더라.
이때 괴철이 또 한신을 달래되 듣지 않으니, 무섭이 돌아가 항왕에게 고왈 '한신의 마음이 철석같아 달래되 듣지 아니하나이다' 한대, 항왕이 마음에 민망하여 제장과 의논 왈 '한신이 이제 천하를 태반이나 얻었으매 제후, 다 한으로 돌아가고, 또 장량 진평 소하 조참 한신 번쾌 주발 왕릉王陵 관영灌嬰 등을 당할 장수 없으니 초는 약하고 한은 강한지라, 이제 태공 여후를 한으로 돌려보내고, 천하를 중분中分[반으로 나눔]하여 홍구鴻溝[하남성河南省 형양시滎陽市에 있던 고대 운하로 황하와 회하淮河를 잇던 수로] [이]서以西로[는] 한왕을 주고 [이]동以東으로는 항왕이 차지함이 어떠하뇨?' 한즉, 제왕諸王[여러 봉작왕]이 합주合奏[같이 아룀] 왈 '그런즉 국가의 다행하옴이니이다. 사자를 급히 보내어 글월을 전하고 양국 왕이 서로 모[여]와 강화講和하소서.' 패왕이 즉시 글월을 부장 계포季布에게 [주어] 보내니라.

계포, 한왕께 [가] 배례하고 패왕의 화친 글월을 올리니 그 글에 하였으되 '서초패왕 항적은 글월을 한왕 휘하에 올리나이다. 대체, 천하 분분紛紛[어지러이 소란함]하기는 우리 양인이 다투[기 까닭인]는 바라, 백성이 곤핍하고 재물이 갈진竭盡하니 어느 때에 평안하리오. 이제 태공 여후를 돌려보내나니 그 새에 서로 떠난 정은 반드시 권권綣綣[정다운 우의가 간곡함]하올지라, 이제 천하를 중분하고 화친을 맺어, 기회[기일]를 정하여 보내소서' 하였더라.

한왕이 견필見畢[보기를 마침]에 대희하여 답서를 만들어 유희공으로 사자를 정하여 보내니 그 글에 하였으되, '한왕 유방은 돈수頓首[머리를 조아림]하고 초패왕 휘하에 올리나이다. 우리, 초회왕의 신하로서 가각 전국戰國이 되어 쟁웅爭雄[자웅雌雄을 가려 다툼]한 연고라, 실로 의誼가 부족함이 아니라. 그러나 부친을 보내신다 하오니 은혜 백골난망白骨難忘[죽어 백골이 되어도 잊기 어려움]이라. 이제 병마를 거두고 약속대로 준행遵行하오리다' 하였거늘, 항왕이 견필에 대희하여 왈 "내 태공 여후를 돌려보내려니와, 만일 약속을 배반하면 한 번 북쳐 한왕을 베고 천하를 평정할 것이니 네 왕께 아뢰라."

유희공이 돌아가매, 계포 종리매鐘離昧 주란周蘭 환초桓楚 등이 간왈 '대왕이 한왕과 화친하시나 태공 여후는 아직 보내지 말으소서, 한왕은 변복變覆이 많은지라 후일에 다시 반복反覆하오면 대사가 반드시 그릇되오리다.' 사마司馬 항백項伯이 왈 '그렇지 아니하다. 한왕은 관인장자寬仁長者라, 반드시 대왕의 은덕을 감격하여 다시 반심叛心[모반할 마음] 두지 아니하리라.' 패왕 왈 '숙부의 말이 옳다' 하고 이날 문무제신文武諸臣을 명하여 가각 평복平服[관복이 아닌 평상복]으로 좌우에 세우고 태공 여후를 말께[에] 실어 보내더라. 또 한왕이 갑군甲軍[갑옷을 입은 군사] 1만을 거느리고 문무제신을 평복으로 좌우에 세우고 양 국왕이 대좌하여 예필禮畢[상견례를 마침] 후에 글로써 맹세를 정하고 동서로 천하를 중분할 새, 패왕이 좌우를 명하여 태공 여후를 한왕에게 보내니, 한왕이 태공 여후 전에 나아가 통곡재배痛哭再拜하고 패왕께 사례 왈 "은혜 여천여해如天如海[하늘과 같고 바다와 같음]하오니 대왕의 만세무양萬歲無恙[만세토록 탈이 없음]하심을 바라나이다."

즉일에 패왕이 군마를 거느리고 동으로 돌아가니, 한왕이 또한 서으로 가고자 하거늘 장량이 간왈 "이제 대왕이 초와 강화하시고 서으로 가고자 하시니, 각처 사람들이 부모처자를 생각하고 반드시 흩어져 돌아가면 대왕 일신만 남아 있을진대 뉘로 더불어 천하를 의논하리오. 또한 태공 여후 돌아와 계시니 더욱 후폐後弊[후일의 폐단] 없는지라, 이제 천하를 취치 아니하시면 뉘 임금이 되며, 누가 신하 되오리까. 신은 들으니 천무이일天無二日[하늘에 두 해가 없음]이요 민무이왕民無二王[백성에게 두 임금이 없음]이라 하오니, 방금 대한大漢이 천하의 10분의 9나 얻었으니, 이제 초를 놓아두면 양호養虎[로 범을]를 키워 큰 환을 취함 같은지라, 대왕은 익히 생각하와 천시天時[하늘이 내리는 시기]를 잃지 말으소서."

한왕이 왈 "선생의 말씀이 옳으나 갓으로[금방] 홍구에서 맹세하고 일조一朝에 배반하면 천하의 웃음을 면치 못할까 하노라." 장량이 대왈 "이제 그 일을 생각하다가 대사를 그르치다." 군중제장軍中諸將이 합주合奏 왈 "신등臣等이 다 이친척이부모離親戚離父母[친척과 부모를 이별함]하고 멀리 와 대왕을 모시고 시석矢石[화살과 돌] 중에 따라다니기는, 대왕이 천하를 통일하고 대위에 즉위하신

뒤에 척촌봉작尺寸封爵[한 자 한 치의 작위에 봉해짐]을 바라나니이다"한대, 한왕이 옳이 여기사 초楚로부터 배약背約[약속을 등짐]하더라.

각설, 초패왕이 팽성에 돌아와 대연大宴을 배설하고 제장을 분발하여 각각 처소로 보낼 새, 주란이 상소 왈 '자고로 성제명왕聖帝明王이 비록 평안하나 위태함을 잊지 아니하고 정사를 다스리되 나라를 생각 아니[치 아니하]나니, 이제 한왕 유방이 맹세를 정하였으나 혐의嫌疑를 잊지 아니하리니, 마땅히 병마를 정제하고 각군을 호령하여 무예를 연습하며 용맹 있는 장수와 활달한 사람으로 좌우에 방비하였다가 불의지환不意之患[뜻밖의 우환]을 면하소서."

패왕이 이 상소를 보고 종리매 등을 불러 왈 "너희 등은 3군三軍[좌익左翼 중군中軍 우군右軍]을 호령하여 후폐를 막으라." 종리매, 청령聽令하고 병마를 연습하더니, 반일半日이 못[되어]하여 형양 사람이 [말]하되, '한왕이 고릉高陵에 둔병하고 각처 제후[와] 병마를 분발하여 전일 언약을 배반하고 다시 초로 더불어 자웅을 결단코자 한다' 하거늘, 패왕이 대노 왈 "소인이로다. 어찌 나를 이다지 경輕[가벼이 여김]히 하는고? 전일 주란의 말이 옳도다" 하고 즉시 3군을 불러 점고點考할 새, 계포, 간왈 "대왕이 자장격지自將擊之[친히 장수되어 거느리고 침]하옴이 불가하오니, 저[쪽]의 허실虛實을 탐지하옵고 대적하소서.

그렇지 아니하고 미리 기병起兵하기는, 우리가 언약을 배반함만 같은지라, 내두來頭[장래]를 보소서." 패왕이 옳다 하더라.

각설, 이때, 한왕이 배약背約한[하는] 글을 육가陸賈로 사자를 정하여 초에 보낼 새, 한왕이 의심하여 왈 "항우의 위인爲人이 강포하여 나의 배약한 것을 보면 사자를 죽일 것이니, 이는 길러 환患을 볼[보는 것일]지라" 하니, 육가 왈 "신이 비록 무재無才하오나 패왕을 달래어 무사히 돌아오리다." 한왕이 즉시 육가를 명하여 보내니라.

차설且說[또한 화두를 돌려], [초나라 사람] 육가가 팽성에 돌아가 패왕께 뵈온대, 패왕이 왈 "육대부陸大夫는 무삼 일로 왔나뇨?" 육가 대왈 "전일 한왕이 지혜로써 대왕을 속여 화친하고 태공 여후를 모셔갔더니, 이제 반하여 폐하로 더불어 고릉에[서] 승부를 결단코자 하니, 제신諸臣 등이 자玆[이]로[써] 간하되 듣지 아니하고 신을 보내옵기에, 신자[의] 도리에 거역치 못하여 감히 왔나이다." 패왕이 대노하여 왈 "내 이미 유방이 반할 줄을 알았노라."

육가, 격서檄書[일을 일으켜 달래고 꾸짖는 글]를 올리거늘, 개탁開坼[봉함을 뜯음]하여 보니 하였으되 '한왕 유방은 패왕 휘하에 글을 올리나니, 전일 광무廣武[하남성 형양滎陽 동북의 광무진]에서 내 부친을 도마 위에 [올려] 욕을 하매, 그때에 너를 치고자 싶으되, 투서기기投鼠忌器[쥐를 잡고자 돌을 던지다 그릇 깨기를 꺼림]라, 이제 잠시 권도權道[임기응변의 도리]로 너를 달래어 태공 여후를 무사히 모시매, 이제 실로 기탄忌憚이 없는지라 각처 제후를 모아 너로 더불어 고릉에서 싸우고자 하나니, 네 무섭거든 항복하고 그렇지 아니하거든 나와 크게 결단하라'하였더라.

패왕이 견필見畢에 대노하여 그 글을 찢어버리고 대질大叱[크게 질타하여 꾸짖음] 왈 "필부匹夫[한낱 지아비] 유방아, 너는 천하[에] 반복소인反覆小人[언행을 이랬다저랬다 하여 종잡을 수 없는 옹졸한 사람]이로다. 배은망덕背恩忘德[은혜를 등지고 입은 덕을 저버림]하고 도리어 나로 더불어 싸움을 돋우느냐? 내 회계會稽 땅으로부터 [시작하여] 3백여 전戰을 싸우되 적수 없더니, 이제 유방이 큰 뜻을 두어 나로 더불어 대적코자 하니 천하에 가소可笑[로운]한 일이로다. 육가야, 네 빨리 돌아가 네 왕더러 내 분부를 전하되, 바삐 목을 늘이어 짐朕의 칼을 받으라 [하라]"하고 "필부를 베지 못하면 맹세코 회군치 아니하리라"하더라.

각설, 육가, 패왕께 하직하고 돌아와 한왕께 고왈告曰 "항우, 분기대발憤氣大發[분한 기운이 크게 폭발함]하여 기병起兵하오니 급히 한신 팽월彭越 등을 불러 대적하옵소서." 한왕이 장량 진평을 불러 왈 "한신 팽월 등이 지금 오지 아니하니 장차 어찌 하리오?" 장량 진평이 합주 왈 "일이 급하오니 우선 병마를 정제하여 일변 초를 막으며, 일변 제후왕께 청병請兵하소서."

수일이 지나지 못하여 승상 소하, 고하되 "초패왕이 정병 30만을 거느리고 성고로 짓쳐들어오니 정기旌旗[각종 깃발] 3백리에 연하고 창[검]이 서리[발] 같아 일광日光을 가렸으며, 각처 관원이 다 도망하고, 대병이 고릉에 당[도]하여 30리에 [걸치는] 영채營寨[군영과 울짱]를 쳤으니 어찌 하오리까?" 한왕 왈 "비록 패왕의 대병이 가까이 와 병세兵勢 대진하나 수일을 머물러 [있게 하여] 침이 어떠하뇨?" 진평이 왈 "대왕의 하교 당연하여이다."

즉시 거작과 능철稜鐵[마름모 쇠꽂이]을 [널리] 펴고 수직을 엄숙히 하며 10여일을 접전치 아니하니 패왕 왈 "한왕이 진문陣門을 닫고 나[오]지 아니하니 무삼 연고뇨?" 종리매 대왈 "이는 반드시 둔병遁兵[군사를 감추고 술수를 씀]하는 계교計巧라, 우리 퇴병退兵함을 기다려 치고자 하나[는 것이]니이다." 주란이 간왈 "그렇지 아니하[니이]다. 한왕이 싸우지 아니하기는, 한신의 병마를 기다림이니 폐하, 명일에 기를 높이 세우고 북을 울리며 크게 호령하여 치소서."

패왕이 왈 '옳다' 하고, 익일 평명平明에 진문을 크게 열고 오추마烏騅馬[검은 바탕에 흰 털이 섞인 항우의 준마]를 높이 타고 창검을 들어 호통을 지르며 진 밖에 나서니, 신장身長이 9척尺[거의 2미터]이요, 위풍威風이 늠름하여 살기가 충천하니, 참[으로] 고금에 없는 영웅일러라. 방포일성放砲一聲[포를 놓아 내는 한 소리]에 한군漢軍 중[으로]에 달려드니 군사, 물결 헤어지듯 하는지라, 한왕이 급히 왕릉 번쾌를 명하여 막으라 하니 양장이 일시에 내달아 외어 왈 "오늘 패왕을 잡아다가 전일 태공 여후, 도마 위에서 욕본 원수를 갚으리라" 한대, 패왕이 대노하여 장창을 비껴 들고 바로 양장을 취하니 양장이 평생[의] 힘을 다하여 싸운들 어찌 역발산기개세力拔山氣蓋世를 당하리오.

패왕이 바로 한[군]중을 짓쳐 들어가니 한장漢將 기렴 장창 여마 등 10여명 장[수]이 일시에 내달아 대적하거늘, 초진楚陣에서도 또 주란 계포 종리매 등이 비신상마飛身上馬[몸을 날려 말에 오름]하여 장창을 비껴 들고 급히 쳐들[어가니], 양진兩陣[에서] 발생[하는] 소리[가] 천지진동하고 검극劍戟이 분분紛紛[어지러이 뒤얽힘]하여 군사의 주검이 태산[과] 같고 피[가] 흘러 성천成川[개울을 이룸]하니, 진실로 전고에 보지 못하던 대전이라.

이때에 한왕이 견디지 못하여 고릉으로 들어가 삼문三門을 굳이 닫고 나지 아니하거늘 패왕이 대왈對曰 "제장 등은 들으라. 금번 싸움을, 결단코 고릉을 파하고 유방을 잡아 그 배약背約한 죄를 설치雪恥하리라." 제장이 간왈 "금일 승전하옵고 또한 일모日暮[해가 저묾]하였사오니, 잠깐 영채를 정하고 인마人馬를 쉬[게 하]여 다시 싸우면 고릉을 파하기는 여반장如反掌[손바닥을 뒤집는 것처럼 쉬움]이오니다." 패왕이 즉시 영채를 정하니라.

각설, 한왕이 장량 진평더러 문왈問曰 "고릉이 편소偏小하고 초병이 강성하니 오래 유지 못할 것이니 경등은 어찌 하면 좋으리오?" "이제 초진 중에 급히 사람을 보내어 허실을 탐지하[게 하]고, 명장으로 하여금 뒤를 막으[게 하]소서" 하고, 또 [하여금] "앞길을 인도하[게] 하여 성고로 도망하여 환을 피하소서. 초병이 피곤하여 따르지 못하리다." 이에 한왕이 3군을 거느려 북문으로 충살衝殺[부딪쳐 뚫으며 죽임]하여 달아나니, 종리매, 패왕께 간왈 "금야今夜에 한진漢陣, 복병伏兵을 알지 못할뿐더러 또한 흑운黑雲[먹구름]이 편천遍天[하늘을 두루 덮음]하니 따르지 말고 명일로 쫓아가사이다."

한왕이 이로 인하여 80리를 행하니 동방이 장차 밝는지라, 한왕이 차탄 왈 "항우, 또 성고를 에워쌀 것이니, 구원병은 오지 아니하고 군량이 핍절乏絶[궁핍하여 떨어짐]하니 어찌 하리오?" 장량이 대왈 "대왕이 성고로 가시면 패왕이 불과 삼일지내三日之內에 자퇴自退[스스로 물러감]하리이다." 한왕이 왈 "선생은 어찌 아나뇨?" 장량이 왈 "초병이 오래 싸우지 못함은 군량 수운輸運하는 길이 험한 고로 즉시 퇴병退兵함이요, 또한 사람을 보내어 초군 양도糧道를 끊었으니, 이러므로 아니다." 한왕이 왈 "선생의 계책을 탄복하나니다." 이때에 한왕이 일야

日夜[낮과 밤] 간에 백여 리를 달아나 성고에 둔병하니라.
각설, 이때 패왕이 대병大兵을 돌아 성고를 싸고 제장 등으로 크게 엄살하[게 하]니, 종리매 계포 등이 간왈 "한병이 우리 양도를 끊었사오니 실로 두렵고, 또 한신의 대병이 온다 하니, 만일 합세하면 대적하기 난처하나이다." 패왕이 옳이 여겨 환위적으로 뒤를 막으라 하고 급히 회군回軍하니라. 한병이 초군 물러감을 보고 한왕에게 고왈告曰 "때를 타 초병을 침이 어떠하니이까?" 진평이 간왈 "초병이 비록 물러가나 강장양병強將良兵[강한 장수와 우량한 병사]으로 뒤를 막았을 것이니, 비컨대 토끼를 따라 암혈巖穴[석굴]에 든[드는] 것 같으니[이]다." 한왕이 옳이 여겨 따르지 않더라.

이때, 패왕이 팽성에 돌아가 군량관軍糧官을 나입拿入하여 불차지위不次地位[지형에 따라 대처하여 운용하지 않음]한 죄를 물어 베고, 제장군병諸將軍兵을 다시 정제하여 한병을 대적하려 하더라. 이[럴]적에 한왕이 장량 진평을 불러 왈 "한신 팽월 경포黥布 3장이 아니 오니 무삼 연고뇨?" 장량이 대왈 "한신으로 비록 제왕을 봉하였으나 땅을 더 주지 아니함이요, 팽월이 자自[스스]로 대공을 세웠으나 별로 봉작封爵함이 없는지라, 이 세 사람은 군의신충君義臣忠[임금은 의롭고 신하는 충성함]은 아지 못하고 벼슬만 좋아하오니 봉작을 더하소서." 한왕이 왈 "선생의 지모智謀 아니면 초국[의] 강병을 어찌 막으리오." 즉시 장량으로 사신을 정하여 보낼 새, 한신으로 제왕을 봉하고, 경포로 회남왕淮南王을 봉하고 팽월로 양왕梁王을 봉하고 각각 교지와 인수印綬를 동봉하여 보내니, 장량이 3장에게 가서 교지와 인수를 전하니, 3장이 다 천은天恩[천자의 은혜]를 사례하고 성고로 취병就兵[군사를 거느리고 나감]하더라.

각설에, 괴철이 거짓 미친 체하고 외방으로 다니더니, 한신이 성고로 취병한단 말을 듣고 돌아와 한신을 보고 왈 "장군이 종시終始 내 말을 듣지 아니하고 성고로 취병한다 하니 가히 애닯도다. 이번에 장군이 한왕으로 더불어 초를 파한 후에는 환이 장차 미칠 것이니, 고서古書에 하였으되, 순망치한脣亡齒寒[입술이 없으면 이가 시리다는 말로, 한쪽이 망하면 다른 한쪽도 온전하기 어려움]이란 말을 듣지 못하였나니까? 원수는 깊이 생각하소서."

한신이 왈 "만일 내 가지 아니하면 일변一邊은 왕명을 거역함이요, 둘째는 남에게 실신失信[신의를 잃음]함이요, 셋째는 봉작을 받아 제왕이 되었으니 천하 제후[의] 꾸짖음을 면치 못할지라, 일후에 무삼 면목으로 한왕을 뵈오리오." 괴철이 왈 "타일他日에 후환이 있으리다. 그때에 날 원망치 말라." 한신이 소매를 떨치고 일어나 좌우를 명하여 괴철을 끌어 내치니, 괴철*이 부끄러워 거짓 미친 체하고 저자로 다니며 노래를 부르니, 그 노래에 하였으되,

*괴철蒯徹[생몰년 미상] : 진말한초秦末漢初의 변사辯士[유세객遊說客]로 유주幽州 범양范陽[하북성 정흥현定興縣] 사람이다. 뒤에 한무제漢武帝와 휘가 같다 해서 사마천이 이름을 통通으로 바꿔 써, 괴통蒯通으로 더 알려졌다. 진 2세 원년, 서기전 209년 8월 진승의 난이 일어난 후 무신군武信君이 장초왕 진승의 명을 받아 조국趙國을 소탕하러 왔을 때, 범양현령 서공徐公에게 '나는 범양 백성 괴철이라 하는데 족하足下의 죽음을 애도하러 왔다'면서 일장 유세를 펼쳐 대번에 서공으로부터 선생으로 대접받고, 서공으로 하여금 진나라를 버리고 무신군을 맞아들여 항복케 했다. 일변 무신군에게 찾아가 달변으로 설득하여, 항복하는 서공을 크게 환대하고 이를 본보기 삼아 다른 성 등을 공략하는 계책을 삼도록 하였다. 서공이 무신군에게 특대와 후작侯爵을 받고 부귀를 누린다는 소문이 조나라 각 고을에 전파되자 그 특사 격인 괴철이 이르는 곳마다 성주가 무신군에게 망풍귀의望風歸依하여 조와 연燕나라 30여 성좌城座가 다 무신군의 수중에 들어갔다. 이에 무신군은 스스로 조왕趙王이 되어 군림하며 장초왕 진승으로부터 독립하였다. 그러나 진승이 강한 진秦의 정규군에게 망하고 무신군도 피살되며, 초한의 쟁패에서 한왕 유방의 세력이 동진해 나오자 조나라는 지리멸렬하여 패권을 유지할 수 없었다. 한 4년, 서기전 203년 한신의 한군이 동진하여 위왕魏王 표豹를 사로잡고 조나라와 대代 땅을 공파하면서 연나라를 항복받아 3국을 평정한 다음 대군을 거느리고 제齊나라를 공

취하고자 동향하여 군대가 평원현平原縣을 지나지 못했을 때, 한왕이 이미 제나라에 항복을 권유하도록 역이기酈食其를 특사로 보내 유세를 벌이게 한다는 소식을 듣고 진군을 중지하고 하회下回를 기다리고자 하였다. 이때 괴철이 한신을 찾아와 변설辯說을 벌였다. "장군께서 한왕의 명을 받아 제국을 공타攻打하는데 한왕이 조서詔書도 있는지 모를 암탐暗探의 사자를 따로 파견했다 하여 진공을 정지하시나요? 어째서 진군을 아니하십니까? 하물며 역선생은 한낱 사인士人의 신분으로 수레를 타고 앞서 가 하찮은 세 치 혀로 제국 70여 좌성座城을 권항勸降[권유해 항복시킴]하는데, 장군이 수만 병중兵衆을 영솔하여 겨우 조국 50여 성지를 공취하였으니 장군이 여러 해에 걸쳐 이루신 공이 도리어 구구한 일개 유생의 공로에 못 미치기에 있어서이리까?" 이에 한신이 그 말에 일리가 있다고 여겨 괴철의 건의를 채납하여 마침내 황하를 건넜다. 제왕은 이미 역이기의 권설勸說을 청종聽從하여 항복하기로 하고 역이기를 머물게 하고 같이 음주작락飮酒作樂으로 대접하며 한군에 대한 방어를 거두고 방심하다가 한신의 대군이 진격해오자 대경실색하였다. 역이기의 속임수에 농락당했다고 격노한 제왕 전광田廣은 역하歷下로 쳐들어오는 한신군을 회군시키지 않으면 죽이겠다고 대갈하였다. 역하는 동진하는 한군을 막기 위해 제왕이 화무상華無傷과 전해田解를 보내 방벽을 단단히 구축하고 강병으로 지키게 하였는데 역이기와의 화의가 이루어지면서 이를 풀어버렸다. 한신이 무방비의 역하를 북소리 한 번에 함락하니 제왕은 역이기를 팽살

烹殺하고 초패왕 항우에게 화급히 원병을 청했다. 앞서 제나라는 항우에게 불구대천의 원수를 지고 있었다. 항우가 공략해 쳐들어와 전왕 전영田榮 등을 죽이고 여타를 닥치는 대로 도륙했기 때문이었다. 산동山東의 부강국 제나라는 진말에 열국과 함께 폭진暴秦에 반하여 독립하였다가 진장 장한章邯에게 공격당해 진멸에 처했다가 초장楚將 용저龍且를 데리고 온 항량項梁의 구원을 받았다. 항량이 대신 제나라를 지배하여 셋으로 분할하고 전씨 공족公族 전가田假 전도田都 전안田安을 각기 그 왕으로 봉하여 통치하자 전영田榮이 이들 괴뢰왕을 차례로 제거하고 제나라를 다시 통일하여 서초의 분봉 체제를 뒤흔들었다. 항량의 뒤를 이어 서초의 패왕이 된 항우가 직접 대군을 거느리고 제나라를 공략해 들어와 통합제왕 전영을 패퇴시켜 죽게 하고 이르는 곳마다 참혹한 무차별 도륙을 자행하다 유방이 항우의 본거 팽성을 공취는 바람에 항우가 격노하여 팽성을 탈환코자 물러가 멸망 직전에 제나라가 모면 회생하였고, 현왕 전광田廣이 바로 항우에게 패주해 죽은 전영의 아들이었다. 항우가 다시 언제 침공할지 모르는 상황에 한왕 유방이 역이기를 보내 화의 귀부를 권유하자 항우의 포학을 막기 위해 유방과의 제휴가 필요하던 터라 제왕이 역이기의 변설에 쉽게 넘어가 한에의 귀의를 결정하고 역이기를 환대하였다. 그랬더니 한신의 대군이 그 틈을 타 급습해와 사태가 급변하자 대경대노한 전광이 역이기를 팽살하고 더 큰 도적 한군을 막고자 원수 항우에게 긴급 구원을 청한 것이었다. 전광은 제도齊都 임치臨淄도 비우고 동해변의 고밀高密[산동성 청도淸島 부근]로 옮겨갔고, 항우가 가장 믿는 장수 용저龍且에게 호왈 20만 대군과 주란周蘭을 딸려 급파한 초군이 고밀에서 합류했다. 이에 급진을 멈춘 한군과 제초 연합군은 유수濰水에서 마주쳤다. 한신을 경시하지 말고 서서히 그 주변을 도모하라는 사람들 말을 듣지 않고 급히 격돌한 용저는 한신의 수공水攻 계략에 말려 대패하고 전사한다. 한신군은 제나라 지도부가 이리저리 흩어져 무인지경이 된 임치와 고밀 등을 점령하며 70여 성 제나라 전역을 정복하였고, 제왕 전광은 한신의 부장副將으로 출전한 조참曹參에게 재상 전광田光 수상守相 허장許章 장군 전기田旣 등과 함께 사로잡혔다가 한신에게 몰살되었다. 제왕 전광의 숙부로서 항우에 의해 상제왕上齊王에 봉해져 제나라 북쪽을 다스리며 조카 전광을 제왕으로 옹립하여 보좌하던 전횡田橫만이 임치에서 제왕과 같이 고밀로 가지 않고 박양성博陽城으로 가 홀로 살아 발해만渤海灣의 해도海島[현재의 전횡도田橫島]로 무리와 함께 들어가 제왕 노릇을 하였다. 해도로 둔찬遁竄한 전횡만 제외하고 제나라 전역을 병탄한 한신은 스스로 가왕假王이 되고 조참을 재상으로 삼아 제나라를 독립 제후국으로서 다스렸다. 이에 한왕 유방이 진노하여 한신을 제재코자 하였다. 첫째, 한왕이 역이기를 보내 이미 제나라 70여 성을 귀순 항복케 하였는데 사전 통고나 허락도 없이 진공하여 충신 역이기를 팽살케 한 것이 역이고, 둘째, 한왕은 함양을 먼저 정복하고 진왕 영 등의 항복을 받아 인명을 해치지 않았는데 뒤늦게 들어온 항우가 진왕 자영 등을 무참히 학살한 것처럼 이미 사로잡히고 앞서 항복했던 제왕 전광 일족을 전멸시킨 것이 무도한 만행이며, 셋째, 한왕의 신하이면서 한 마디 묻지도 않고 스스로 가왕을 참칭한 것이 역행인 때문이었다. 장량이 크게 놀라 이를 극간하여 말렸다. 지금 팽성 패전 후 회복중인 한왕이 잘못 건드리면 한신이 저간의 공로를 명분으로 모반독립할 것이요, 그에 대한 대책이 없다. 앞서 장초왕 진승이 조나라를 정벌하러 내보낸 무신 진여 등이 조왕 등으로 자립하는 바람에 자멸한 전철을 밟을 것이기 때문이었다. 한왕은 장량 등의 극간을 받아들여 한신이 제나라를 정벌한 공을 크게 치하하고 제왕으로 공식 책봉해 주었으나 내심으로는 한신이 기어코 충신은 아니며, 언제인가 계기가 오면 또 배신할 것임을 간파하게 되었다. 한편, 한신의 승승장구에 가장 놀라는 것은 항우였다. 천하무적인 자기 용맹만 믿고 용인用人을 모르던 그는 휘하에 있던 많은 장수와 인재를 유방에게 앗기거나 잃었는데 그 가운데 한신 같은 불세출의 인재를 수하에 거두지 못하고 홀대하여 유방에게 가게 한 것이야말로 항우에게 천하를 잃게 하는 천려千慮의 일실이었다. 이번에, 더불어 산전수전을 겪으며 초진에서 항우 자신과 동격의 맹장으로 꼽혀오던 용저를 단 1회전에서 몰살하고 항우로서 잃을 수 없는 제나라를 공취하여 중원의 동북을 석권한 한신의 존재는 이제 더 이상 표모漂母[빨래꾼 할미]에게 밥을 얻어먹고 저잣거리 왈패의 가랑이 밑을 기어나온 웃음거리 필부가 아니라, 항우 유방과 천하를 겨룰 당세 삼걸三傑의 한 축이 되었다는 게 항우의 내심을 통탄케 하는 현실이었다. 기나긴 전쟁으로 백성창생은 도탄중에서 몰사하는 게 다반사고 성급한 역발산 항우의 심신도 지치고 지리멸렬한 나머지 삼분천하三分天下의 엉뚱한 발상을 하게 되었다. 삼분천하는 항우 유방 한신 셋이 중원대륙을 셋으로 갈라 가지고 화평을 맺어 종전을 하자는 미봉책이자, 항우로서는 유방과 한신을 떼어놓아 상적相敵케 하려는 이간책이었다. 항우는 초진에서 범증 이후의 책사로 꼽히는 무섭武涉을 한신에게 세객으로 보냈다. 제왕 한신에게 들어간 무섭은 "지금 한초 2왕이 쟁패하는데 전하가 그 결정에 작용하여 초에 투신하면 초가 이길 것이요, 한에 투신하면 한이 이길 터인데, 한이 이기고 초가 멸망하면 한왕은 전하에게 집착하여 홀대하고 농락할 것입니다. 전하는 기왕에 항왕과 교분이 없지 않은 터이니 어찌 한에 반하여 초와 연화連和를 맺고 삼분천하하여 세 솥발 같이 정립하여 태평을 도모치 않으시리오" 하였다. 한신이 이 제의를 좇지 않고 유예猶豫하며 사절하자 이전부터 삼분천하론자이던 괴철이 나섰다. 괴철이 한신에게 말했다. "내 옛적에 상면술相面術[관상법]을 배웠던지라 원수의 검보臉譜[얼굴 상태]를 관찰하였더니, 가장 많이 받아야 후작侯爵[제후의 작위]을 넘지 못하고 항상 위험한 가운데서 벗어나지 못할 상입니다. 그러나 뒤에서 배형背形을 보면 워낙 비상히 존귀할 바이라 발설하기 어렵습니다." 한신이 "그대가 하는 소리가 무슨 뜻인가" 묻자 괴철이 좌우의 사람을 물리게 하고 다시 입을 열었다. "지금 유방과 항우 양방이 상쟁하여 사람으로 하여금 일패도지一敗塗地[여지없이 패하여 진흙 구덩이에서 다시 일어날 수 없게 됨]하며 흩어져 달아나되 갈 곳을 잃은 자 그 수를 헤아릴 수 없는데, 한 왕은 수십만 병중兵衆으로 공성鞏城과 낙성雒城을 거수據守하며 산과 물의 험요險要를 빙자凭藉[기대고 의지함]하여 하루에도 몇 차례씩 전투하되 터럭 만한 공효도 없이 패주敗走를 거듭하니 구원할 길이 없고, 형양에서 패퇴하고 성고에서 부상하여 완宛과 협叶 사이에 처해서는 이렇다 할 지모와 용력도 쇠진하여 도합 곤경에 빠져 있습니다. 초나라는 팽성에서 군사를 다시 크게 일으켜 전전쟁투輾轉爭鬪하되 소향무적所向無敵[향하는 곳에 맞싸울 적이 없음]으로 형양에 진군하여 승세를 타고 천하에 떨치고 있으나 경京과 색索 사이에서 저지되어 서산西山 가까이에 임박해서도 전진을 못하는 것이 우금 3년이라, 예기銳氣는 험준한 관새關塞[요새의 빗장]에 막혀 좌절되고 국고國庫와 양식은 모진 耗盡하여 백성의 고난은 이루 말할 수 없는데 회남淮南으로 돌아갈 줄을 아지 못합니다. 내가 보건대 현재 유방과 항우 양인의 명운은 바로 원수의 손안에 들어 있습니다. 원수가 한왕을 도우면 곧 한왕이 이기고, 초왕과 연합하면 바로 초왕이 성공할 것이니, 원컨대 원수는 우루愚陋한 내가 표달表達하는 성의를 채납하시기 바랍니다. 어느편을 도와서 이겨도 그 다음에는 원수가 이롭지 못하게 될 것이니 이는 원수가 분립하여 정족鼎足[세 솥발]을 이룸만 같지 못합니다. 원수가 강대한 제나라를 점거하였으니 이웃한 연조燕趙 양국과 연합하여 초한 양진의 공허한 후방에 출병하여 민심에 순응하며 서향西向하여 초한 간의 쟁투를 제지하여, 사졸로 하여금 사망을 면하고 생민이 도탄에서 벗어나게 한다면 뉘 감히 청종聽從치 않겠습니까? 원수가 제나라의 판도版圖로 회수淮水와 사수泗洙 사이의 토지를 옹유擁有하여 은덕으로 제후를 안무하고 공수안거拱手安居[두 손을 맞잡고 공경하며 예절로써 편안히 거처함]하며 현사賢士를 맞아 예양禮讓[예의를 지켜 서로 양보하며 교제함]하면 천하의 제후로서 어찌 필경은 서로 제나라에 조배朝拜[천자에 대한 조회의 배례]치 아니하게 되리이까? 내 들으니, '상천이 내게 내리는 것을 받아들이지 아니하면 도리어 죄책을 받기에 이르고, 시기가 도래하였는데 행동하지 아니하면 도리어 재화災禍에 득도得到한다 하니, 바라건대 원수는 심사숙려하소서." 한신이 듣기를 마치고, "한왕이 나를 박대薄待하지 아니하였거늘 내 어찌 이로움을 보고 능히 의리를 잊어 배은망덕하리오" 하니 괴철이 다시 장광설을 폈다. 본시 사제지간으로서 생사지교生死之交였던 장이張耳와 진여陳餘가 장초왕張楚王 진승陳勝을 섬기다가 조나라를 정벌하고서는 진승을 등지고 상산왕常山王과 성안군成安君이 되어 다시 양자가 불구대천지수不俱戴天之讎로 된 일 등을 예로 들며 반복무상한 천하대사를 이해득실로 논변하여 마지않았다. 그러면서, "속설俗說에 야조野鳥를 다 잡으면 사냥개를 팽살烹殺하고, 적국을 파멸하면 모신謀臣은 곧 사망에 이른다 하였습니다. 지금 원수의 공업은 너무 높아 무엇으로도 장상獎賞하기 어렵고 위풍이 무거워 주군主君으로 하여금 외기畏忌[두려워하고 꺼림]함이 많게 하여, 초나라로 귀부하면 초인이 원수를 신임치 아니할 것이요 한나라에 귀부한즉 한인이 원수가 두려워 해칠 것이니, 생각건대 원수가 그같은 공업과 위망威望을 띠고 뉘에게 귀부하리까. 인신人臣[남의 신하됨]의 지위에 처하면서 높이가 천하에 명성을 떨치기에 이르렀으니, 내 실로 원수를 염려하여 마지않습니다" 하였다. 한신이 "선생은 잠시 물러가 쉬시오. 내 한번 고려해 보리다" 하였다. 며칠이 지나 괴철은 다시 한신에게 가 설도說道하였다. "노복奴僕[자칭]의 충고를 좇지 아니하신즉 큰일의 성패가 달린 징조인 바이고, 모획謀劃이 마땅함을 얻고 못얻음은 존망과 득실의 관건關鍵인데 노복을 차역差役하여 종사케 아니하심은 만승두인萬乘枓仁[천자의 집을 받치는 두공枓拱과 기둥]의 권병을 버리고 낮고 미약한 봉록俸祿을 보전하려다 정녕 공경이나 재상이 될 기회도 잃고 마니, 심중에 이런 도리를 명명히 밝혀 간직하고 익히시어 결단을 주출做出하고 아울러 행동을 감행 아니하시면 장차 백 가지 일에 재앙이 뒤따라, 맹호가 출림을 유예하는 동안 봉갈蜂蝎[벌과 전갈]이 사람을 물고 쏘아 다 해치는 바 될 것입니다. 실제로 능히 행동함이 중귀한지라, 공업은 이루기 어려우나 잃기는 쉽고, 기회는 만나기 어렵되 잃기는 쉬워, 시기가 또한 시기인만치 다음에 다시 오는 게 아니오이다." 한신이 이를 듣고 유예하며 결단을 내리지 못했다. 차마 마음으로 한왕을 배반할 수가 없고, 또한 자기의 공이 크므로 한왕이 그가 제나라를 통치하는 권한을 빼앗지 않을 것으로 믿고 완곡한 말로 괴철의 건의를 사절하였다. 한신이 그 유세를 받아들이지 않자 괴철은 해침을 받을 것이 두려워 거짓 미친 사람이 되어 무사巫師[무당 점쟁이] 행세를 하고 유랑하였다. 유방이 천하를 평정한 후 한신은 제왕에서 초왕楚王으로 옮겨 봉해지고 이윽고 죄를 얻어 회음후淮陰侯로 폄척되었다. 그리고 오래지 않아 또 모반죄로 잡혀 가 여후呂后에게 죽게 되어서는 탄식하며 '내 괴철의 말을 듣지 않고 충성하다 여인의 손에 죽게 되었으니 진실로 후회된다' 하였다. 황제 유방이 한신을 족멸한 뒤 제나라에 조서를 내려 한신의 변사辯士 괴철을 잡아 보내라 하였다. 괴철이 잡혀 오자 유방은 역이기를 팽살당하게 하고 한신을 온갖 변설로 모반하도록 극간한 그를 팽살코자 하여 '네 어찌 한신을 그토록 모반하도록 교사하였더냐'고 물었다. 괴철이 대답하기를 "개는 모두 제 주인이 아닌 사람한테 아무 때나 미쳐 날뛰며 짖습니다. 당시 나는 다만 제왕 한신이 있음만 알고 폐하가 있는 것을 아지 못했습니다. 하물며 진조秦朝가 제위帝位를 잃고 천하 사람이 모두 거창去搶[앞을 다투어 자리를 차지하려 질주함]하는데 천하의 분란 중에 재능이 있는 자가 먼저 득도得到하였거니와, 폐하가 천하를 얻었다고 하여 상대를 다 진멸殄滅코자 하십니까?" 하니 유방이 그를 사면하였다. 뒤에 조참曹參이 제 도혜왕齊悼惠王 유비劉肥의 국상國相이 되어 현사를 예빙하며 괴철을 불러 빈객을 삼았다. 괴철은 조참에게 제나라 산곡에 깊이 숨어 세상에 나온 적이 없는 은사 곽선생郭先生과 양석군梁石君을 모셔 오도록 천거하여 상빈上賓을 삼게 하였다. 앞서 괴철은 제나라에 들어온 항우에게도 은덕으로 다스려 민심을 안정시킬 헌책을 한 바 있었는데 항우가 채납하지 않았다.

'웅준용안雄俊龍顏[걸출한 영웅의 천자 얼굴]을 만나 천여대공天與大功[하늘이 내려주는 큰 공]을 이룰지라. 초국楚國이 있음이여, 공에게 세중世中[세상 가운데 있음]하고, 왕위를 당하옴[봉하여 받게 됨]이여, 공이 반드시 죽으리로다. 이사李斯 동문東門에[서] 베임이여, 황건黃巾[반란한 도적]을 생각하고, 한생韓生을 삶음이여, 치국治國할 인연이라. 위태한 때 됨이여, 평안함을 생각하고, 뉘우침이 있음이여, 내 말을 좇으리라. 제국齊國을 위함이여, 흥망을 보리로다. 환난을 당함이여, 내 머리 금석가탄지今昔可嘆之[고금을 생각해 가히 탄식함]라. 세 번 생각지 아니하고, 거짓 미친 노래로 비함이여, 진실로 노래[대로]를 징험徵驗하면, 일신 평안하리라.'

사람이 듣고 원수元帥[한신]께 고한대 "나를 저해沮害[막고 방해함]하는 말이라, 어찌 들으리오" 하고 기병하여 성고에 이르러 한왕께 배알하고 봉작封爵을 사은하고 영채를 정제한 후에 병마를 연습하니라. 장량이 성고에 돌아와 3국[제 회음 양][에] 청병請兵한 말씀을 주달하니 한왕이 왈 "선생이 아니시면 3국 병마를 어찌 모으리오." 장량이 사례 왈 "이는 신의 힘이 아니요 대왕의 덕이로소이다." 수일 후에 경포 팽월 등이 장졸을 거느려 와 사은하니 한왕이 대희 왈 "원수元帥[한신]의 지휘대로 하라" 조서詔書[제왕의 선지宣旨를 내리는 문서]하더라.

이때 한신이 각처 제후[의] 병마를 점고點考할 새, 연왕燕王의 군사 50만이요, 한위韓魏 양국 병사 20만이요, 소하[의] 관중병關中兵은 50만이요, 장량의 병이 3만이요, 한병漢兵이 14만이요, 낙양병洛陽兵이 5만이요, 삼진병三秦兵이 8만이요, 한왕의 호위병이 10만이요, 한신병이 20만이라 하니, 다 180만이요, 명장名將은 경포 팽월 번쾌 주발 관영 기염 노관盧綰 장학 진희陳豨 주창周昌 등 50여 원이요, 좌우 모사謀士는 장량 진평 소하 조참曹參 육가陸賈 숙손통叔孫通 이좌거李左車 등 30여 명이라. 한신으로 도총대장都摠大將을 삼고 장량 소하 진평을 불러 오창곡敖倉穀[오산敖山의 창고에 저장한 곡식]을 수운水運하여 군량을 끊[어지]지 아니케 하고, 장졸 죽는 자 관곽棺槨을 갖추어 극진히 장사하라 하니 군중 장졸이 한왕의 은덕을 사례하더라. 한왕이 한신을 불러 의논 왈 "이제 대병을 정제하였으니 장군의 묘책을 듣고자 하노라." 한신이 왈 "장졸을 모처에 분발分發[나누어 보냄]하여 매복하고 아무 데[어느 곳의]로 응하게 한 연후에, 그때 대왕도 함께 행군하[시]리다." 왕이 왈 "사자를 초진에 보내어 항우, 친히 와 싸우게 함이 어떠뇨?" [한]신이 왈 "패왕이 멀리 나와 싸우지 아니하기는, 양초糧草[식량과 마초] 수운함이 불행不幸하기로 퇴병하[게 되]는지라, 항우 비록 용맹이 있으나 각처 제후 병이 합세함을 듣고 나오지 아니하리니[이]다. 주발로 영군領軍[군사를 거느림]하여 팽성 백리[밖]에 복병하였다가 패왕을 유인하여, [패왕이] 나온 연후에 패[하게]할 묘책이 있나니이다." 한왕이 탄복하더라.

이때 한신이 대군을 총독總督하여 팽성으로 행할 새, 군위 엄숙하여 금고진퇴지절金鼓進退之節[징과 북을 침에 따라 나가고 물러서는 절도]이 다 법도[가] 있어 귀신도 측량치 못할 바라. 장량[이] 왈 "원수는 행군만 하고 군사를 각처에 분발치 아니하시니이까?" 한신이 대왈 "내 전일에 사람을 양무관陽武關 서주徐州에 보내어 두루 살펴보[게 하]니 별로 좋은 땅이 없고 구리산九里山 남녘에 태산太山이 있어 산세 험악하여 그 안에 매복하기 평안하고, 그 뒤로[부터] 엄살하기 좋으니, 이곳은 한왕[이] 흥복興復할 땅이요, 패왕, 망할 곳이라. 그러하나 사람을 다시 보[내]어 내 자상히 탐지한 후에 행군하리이다."

장량 왈 "간밤에 천문天文을 보온즉, 오성五星[금·목·수·화·토성]이 동정東井[28수宿의 옥정玉井 동쪽에 있는 정수井宿]에 돋았으며 자미성紫微星[북두칠성 동북의 큰곰자리 곁의 천제가 거처한다는 자미원紫微垣의 별]이 뭇별 가운데 특출히 밝아서 천문天門에 이르니 일정 수상殊常이 흥국興國할 징조라, 대병[전]大兵戰을 이곳에서 이룰 징조[이]오니 원수는 큰 공을 세워 백성을 건지고 우리 등이 봉작을 받들어 [태평]천하를 누리게 하소서." [한]신이 기계機械를 준비하고 회보回報를 기다려 행군하려 하더라.

각설, 제장이 패왕께 보報하되 "한왕이 천하제후를 모아 140만 병을 거느려 형양으로부터 성고에 이르니, 군사는 8백여 리에 연하였고, 두병頭兵[선두의 전군前軍]은 2백 리 허에 진치고, 밤이면 화광火光이 충천하며 낮이면 기치검극旗幟劍戟[깃발과 창칼]이 일월광日月光을 가리우고, 호령이 엄숙하며 병마 웅장함이 전일前日에서 백배나 더하고, 또 오창곡敖倉穀을 수운하여 군량을 끊이지 아니하고, 초로 더불어 자웅을 결단코자 한다 하나이다." 패왕이 대노 왈 "전일 범증이 날더러 이르기를, 한왕의 뜻이 적지 아니하다 하여, 짐朕을 권하여 홍문연에서 죽여 후환이 없게 하라 하더니, 이제로[이제 와] 생각하면 그 말이 과연 옳도다" 하고, 항백 항장 주란 환초桓楚 종리매 등을 불러 문왈問曰,

"방邦[유방]이 대병을 몰아 짐과 자웅을 결단하려 하니, 이는 나를 수이 앎이라, 이번[에] 쾌히 저를 죽이려니와, 우리 군사는 30만 뿐이요, 각처 병마가 아직 오지 아니하니 곧 싸우고자 하나 승전치 못할까 하노라." 주란이 간왈諫曰 "강동江東[양자강 남동지역]은 장군의 속땅[속지]이라, 사자를 보내어 회계태수會稽太守를 부르면 군사 1만 병兵은 올 것이요, 또 주란에게 청병請兵하오면 군사 4,5만 병은 오리이다." 패왕이 왈 "들으니 주란이 경포에게 [몰래] 항복하고 [내심] 응치 아니한다 하니, 주란을 먼저 베고 한병을 파하리라." 항백, 대왈對曰 "대왕의 말씀이 옳사오나, 사세 위급하오니 사자를 보내어 청병하소서." 패왕이 옳이 여겨 중랑장 이경으로 교서를 주어 보내니라.

이경이 즉시 서주徐州에 이르러 보[주]란을 보고 교서를 전하니, 주란이 견필見畢에 생각한즉, '패[왕]에[게] 이 형세[가] 고단孤單하고 성정性情이 포악하니, 내 이제 돌아가도 죽음을 면치 못하리라. 아직 서주를 지키다가 승부를 보아 한왕이 초를 파하거든 경포에게 부탁하여 한에 항복하면 봉작封爵을 잃지 아니하리라' 하고, 이경더러 왈 "서주의 도적이 떠나지 아니하니 도적을 평정한 후에 기병起兵하여 가리니이다." 이경이 왈 "일이 다 완급緩急이 있나니, 서주에 도적이 있으나 불과 일일지환一日之患[하루 동안의 우환]이라. 지금 초한楚漢이 대전함이 사세 위급한지라, 장군은 작은 일을 버리고 대사大事를 구하소서."

주란이 왈 "그대는 싸움을 중히 알거니와, 전일 패왕이 범증의 말을 듣지 아니하고 반간反間[반간의 계책]을 신청信聽[믿고 곧이들음][아니]한 고로 오늘날 환을 당함이 도시都是[도무지] 천수天數[하늘의 운수]요, 또 나를 이곳에서 죽으라고 정배定配[귀양지를 정하여 유배함]를 보내었으니 내 일신이 이 땅을 지킬 따름이라" 하고 노기등등怒氣騰騰[노한 기운이 치솟음]하니, 이경이 다시 청[하지]치 못하고 헛되이 돌아가, 강동[으로]을 건너[가] 회계태수 오용을 보고 교서를 전하니, 오용이 응낙하고 병마를 취취聚[모음]하니 수일지내數日之內에 8만 대병을 거두어 부장副將 정형으로 초영楚營[을 향]하여, 이경과 한가지로 팽성에 이르러 패왕께 뵈옵고, [이경이] 주란[이] 하던 말을 고한대, 패왕이 대노하여 먼저 주란을 잡아 죽이려 한대, 항백이 왈 "주란*은 서절구투鼠竊狗偸[쥐처럼 도둑질하고 개처럼 훔치는 좀도둑]라 염솜[염두]에 없거니와, 급한 바는 유방이라, 급히 막으소서." 패왕이 병마를 점고하니 50여만이[러]라.

*주란周蘭[?-?]은 초한이 쟁패하던 시기 초나라 무장武將으로 문무를 겸비한 지모智謀의 장군인데 여기에서 1인2역의 이중 인물로 나와, 저본 저자의 어떤 착오인지 갈피가 안 잡힌다. 정전正傳 등의 기록에도 그의 행적은 아주 소략하여 몇 줄에 불과하다. 서기전 209년 항우의 숙부 항량이 회계會稽에서 거병擧兵할 때부터 추수追隨하기 시작하여 제나라를 구원하는 유수濰水의 싸움에서 용저龍且의 부장副將으로 참전하여, 한신의 수공책水攻策을 간파하고 지구전持久戰을 펼 것을 제의했으나 용저가 채납치 아니하여 대패하고 전군이 궤멸되었으나 주란은 관영灌嬰에게 사로잡혔다 도생하였고, 최후 관영이 팽성 주변을 휩쓸 때에 싸우다 재차 관영에게 사로잡힌 뒤의 행적이 없다.

차시此時에 관국사자觀國使者[제후국을 살피러 다니는 사자인

듯], 구리산을 탐지하고 돌아와 지도서地圖書를 원수元帥[한신]께 올리거늘 원수, 대희하여 이좌거를 청하여 의논 왈 "구리산은 한나라 흥복을 정한 산이라, 좌편은 악산惡山이요 우편은 대택大澤[큰 늪과 연못]이요 앞으로는 물이 막히고 뒤로는 복병伏兵[군사를 매복해 숨김]하기 좋은 곳이라, 뉘 패왕을 속여 이곳으로 유인하리오? 선생은 반드시 묘책을 생각하여 가르치소서." 이좌거 왈 "비록 기병하였으나 좌우에 모사謀士 많은지라, 지금 모사의 말을 들어 성을 높이 쌓고 해자垓字[성밖으로 둘러 판 못]를 굳게 하여 나[가]지 아니하면 초국을 파하기 어렵고, 만일 패왕의 양초糧草 핍절乏絶한 때를 타 치오면 파하기 반듯한지라, 이제 지모 있는 사람을 초에 보내어 거짓 투항投降하여 패왕의 마음을 회심回心케 하옵소서. 패왕이 참소讒訴[헐뜯어 고해바침]를 믿어[워]하는 고로 반드시 기병하여 계교에 빠질 것이오니 사람을 택출擇出하여 보내소서."

원수 대왈 "희초希楚[초국을 희망]에 투항할 사람은 선생[이] 곧 아니오면 성사치 못하리니[이]다. 선생이 조국趙國에 있을 때에 명망이 높[았]고 말을 잘 하오니 패왕을 유인하여, 우리[가] 승전하오면 선생의 공을 어디[에] 비하오리까." 좌거 왈 "내 한에 돌아옴으로부터 은혜 많이 입었으되 갚지 못하였으니, 이제 원수 영令대로 할 것이니 원수는 대군을 조발하여 주소서. 내 초에 가 패왕을 유인하여 구리산에 가게 하리다" 하고 전일 조국에서 따라온 사람을 데리고 팽성에 이르러 대사마大司馬 항백을 찾아 부중府中[재상이 집무하는 관아]에 들어가니, 항백이 예필 후 문왈 "내 들으니 그대 한신의 막하幕下[주장主將의 책사와 종사관從事官] 되었다 하더니 무삼 일로 왔나뇨?"

이좌거 왈 "조왕이 내 말을 듣지 아니하고 진여를 명하여 한과 싸우더니 한신에게 패망하기로, 그 후에 의지할 곳이 없어 일시 한신에게 있더니, 향자嚮者에 한왕이 한신을 제왕齊王에 봉함이 진심이 아니[닌지]라, 한신을 달래되 [나의] 계책을 [한신이] 듣지 아니하는 고로, 한을 도움이 불가하기로, 원컨대 장군 휘하에 있어, 비록 재주 없사오나 천만 가지 지혜로 한신의 계교를 행치 못하게 하러 왔나니이다." 항백 왈 "네 간사히 투항함이 아니냐?" 좌거 대왈 "장군의 마음이 그러하오면 내 즉시 존공尊公 막하에[서] 죽어 한을 풀리이다." [하고 좌거가] 칼을 빼어 자결코자 하거늘, 항백이 칼을 잡고 왈 "선생이 한으로부터 오매, 어찌 의심치 아니[하]리오. 선생은 내 말을 괴이[히] 여기지 말라" 하고 술을 대하여 대접한 후에, 이튿날 좌거를 데리고 패왕께 가서 투항한 사연을 자세히 고한대, 패왕이 대희[하여] 왈 "짐이 좌하座下[에]의 모사謀士 없음을 한하더니 금일 선생을 만나오니 가히 대사를 이룰지라."

좌거 왈 "신이 조국에 있을 때 조왕이 쓰지 아니하옵기로, 또 한신에게 돌아와도 계교를 쓰지 아니하옵기에 분함을 이기지 못하여 대왕 휘하에 투항하오니 버리지 아니하시면 진심갈력盡心竭力[마음을 다하고 힘을 쏟음]하여 도우리이다." 패왕 왈 "선생은 조석朝夕[아침과 저녁]으로 있어 묘책을 가르치라." 좌거, 첩첩간언疊疊諫言을 유수流水 같이 하니 패왕이 크게 즐기더라.

각설, 한신이 한왕을 모시고 행군할 새, 아장亞將[부장副將] 공희로 좌선봉左先鋒을 삼고, 진희로 우선봉을 삼아 정병 3만을 거느려 먼저 행군하라 하고, 한왕은 대군을 조발하여 따르니 고각함성鼓角喊聲[북을 치고 나발 불며 아우성침]은 천지[를] 진동하고 기치검극旗幟劍戟[깃발과 칼 창]은 일광日光[에]을 휘황하니, 오강烏江 수천 리와 팽성 5백 리와 구리산 사면을 가리니, 지나는 바[에] 항복 아니함이 없고 백성이 다투어 한왕을 맞으니 공희 진희 양장이 간왈 "대왕의 은덕이 사해四海[사방의 온 세상]에 가득하와 각군各軍이 앙풍귀순仰風歸順[바람을 맞아 우러러 귀순함]하더니다." 한왕이 대희하여 양장을 중상重賞[상을 후히 줌]하고 소하를 명하여 군량[을] 수운輸運하라 하고 구리산에 가 영채營寨를 정하며 팽성 형세를 탐지한[하는]지라. 한신이 구리산 뒤에 병마를 머물고 기를 높이 세우고 그 [깃발] 위에 여덟 자를 썼으되 '항項씨는 망하고 유劉씨는 흥하리라.'

• 구리산과 비운의 우미인

이때에 세작細作이 그 글을 보고 패왕께 고한대, 패왕이 그 글을 버리고 세작을 향하여 대질大叱 왈 "내 필부 유방을 베지 못하면 맹세코 돌아오지 못 하리라" 하고 3군을 호령하여 행군하니 기초 주란이 급히 간왈 "한신이 글을 지어 패牌를 달기는, 대왕이 친행親幸[제왕이 친히 나섬]치 아닐[아니할]까 의심하여 대왕 마음을 격동케 함이니, 만일 폐하, 친정親征[몸소 정벌에 나섬]하시면 반드시 한신의 간계奸計에 들으[시]리다." 패왕이 대노 왈 "짐이 천하에 횡행하여도 일찍 욕봄이 없더니, 이제 필부 말을 듣고 기병을 아니하면 천하에 부끄럽지 아니하랴. 속히 행군하라!" 호령하니, 주란이 또 간왈,
"한병의 형세 중하고, 또 한신 장량의 진기한 술법을 당할 이 없으니 폐하는 경적輕敵[적을 가벼이 대적함]지 마옵소서. 신이 아는 바로는 심구고루深究考屢[깊이 궁구하고 거듭 고려함]하고, 조서詔書를 내리[시]와 각처[에] 구충병救充兵을 청하며, 각군[에] 군량을 수운輸運하여 한병을 대적지 말고 견벽불출堅壁不出[방벽을 굳게 하며 나가 싸우지 않음]하면 저희 양식이 핍절하여 절로 물러갈 것이니, 그

때를 타 대왕이 3군을 크게 엄살하면 한신[의] 장졸 등이 미처 묘책을 베풀지 못하고 스스로 파산破散[깨져 흩어짐]하려니와, 그렇지 아니하면 반드시 패하리니[이]다."
패왕이 침음양구沈吟良久[근심에 잠겨 오래 깊이 생각함]에 영중營中[야전군의 영막 안]에 들어가 우미인虞美人[항우의 애희愛姬로서 별희別姬 우희]으로 [더불어] 대좌對坐하니 우미인이 왈 "듣사오니 한병의 형세 장하다 하오매, 어찌 써 막으려 하나니이까?" 패왕이 주란의 말을 전하니, 우미인이 답왈 "말이 그 유리하오니 대왕은 깊이 생각하옵시고 사직社稷[나라]을 안보하옵소서."

익일에 [패왕이] 군신群臣을 모으고 의논 왈 "주란이 간하여 싸우지 말라"[하였다] 하니[며], 패왕 왈 "군등君等의 마음은 어떻[게]하면 좋으리오?" 이좌거 간왈 "폐하, 만일 싸우지 아니하면 한병이 팽성을 겁칙刦飭[겁탈]할 것이니, 폐하, 장차 어디로 가[시]려[하]나니이까? 청컨대 급히 싸우소서. 만일 승전치 못하여도 사직은 안보하오리이다." 이렇듯 간계로써 주촉奏促[아뢰어 재촉함]하니 패왕이 듣고 대희 왈 '너의 말이 옳다' 하고 대병을 거느려 [발]행하니라.

이때에 난데없는 대풍大風이 일어나 패왕의 몸 깃대[가] 부러지거늘 3군이 다 떨며 진동하는지라, 또 패왕이 탄 오추마[가] 눈을 부릅뜨고 벽력霹靂 같이 우니 항백 주란이 간왈 "이는 길조吉兆 아니라, 반드시 이번 싸움은 불가하오니[이]다" 하고, 우미인에게 고하여 행군치 못하[도록 말리]게 하고, 다시 간왈 "잠시 회군하였다가 타일에 행군함을 천만 바라나니이다." 패왕 왈 "상주商紂[상나라, 즉 은殷나라 말주末主 주왕紂王]는 갑자일甲子日에 망하고, 주 문왕周文王은 갑자일에 흥했으니 어찌 정법定法[정해진 법칙]이 있으리오. 몸기旗 부러짐은 대풍대작大風大作[큰 바람이 크게 일어남]함이요, 오추마 울기는, 옛글에 하였으되, 준마장명시북풍駿馬長鳴是北風[준마가 길게 울면 이게 북풍]이라 하였으니 그대 등은 듣지 못하였느냐. 내일에 출병하기를 단정하였으니 장부일언丈夫一言[대장부의 한마디 말]이 중천금重千金[천금 같이 무거움]이라, 이제 회군하면 천하 사람의 웃음을 면치 못할 것이요, 또 한병이 승세勝勢할 것이니 빨리 행군하라." 재촉이 성화같은지라.

문득 우미인의 글월이 왔거늘, 개탁開坼하니 우미인의 친필이라, 하였으되 '옛날 무왕武王[주周의 시조]도 여후[태임太任의 잘못]의 간함을 들어 성군聖君이 되고 하우씨夏禹氏[하夏나라 시조 우왕禹王]도 신하의 간諫을 들어 흥국興國하여 통일천하하였사오니, 신첩臣妾[임금에 대한 왕비의 자칭]은 아녀자라 소견이 없거니와, 이제 듣사오니 한신의 계책이 측량測量[할 수가] 없고 장량 진평의 모계謀計 무궁하다 하오니 대왕은 깊이 생각하옵소서. 대사를 경輕히 마옵[시]고, 또 금일 용기龍旗[제왕의 기] 부러지고 오추마가 세 번 울었으니 길치 못할 징조라 더욱 염려[되]오니, 어찌 심상尋常[예사로이]히 알으시나이까."

패왕이 견필에 침음沈吟하니 좌거가 왈 "향일向日[지난날]에 신의 집사람[가인家人]이 패 땅을 지나다가 들으니 한왕은 군민軍民을 거느려 성고로 가고, 한신은 퇴병할 뜻이 있[다]더라 하니 어[리석은]린 소견에 생각건대 저[들]의 장졸은 많고 군량은 부족한[해서인]지라, 이때를 잃지 말으소서. 또 병서兵書에 하였으되, '장수해태군병태將帥懈怠軍兵怠[장수가 해이하고 게으르면 군병도 게으름]'라 하오니 깊이 생각하옵소서." 패왕이 좌거의 말을 혹惑하여 급히 장졸을 영칙令飭[영을 내려 신칙함]하여 성화같이 출병하니 감히 막을 자 없더라.

[패왕이] 한국漢國에 이르러 성외城外 50리에 결진結陣하니, 한 사람이 보하되 '한왕의 대세 웅장하여 호령이 추상秋霜같고 영채營寨 안정하며, 한신[의] 대병이 구리산 동구洞口에 덮여 회군할 뜻이 없다' 하거늘, 패왕이 듣고 이좌거를 잡아들이라 하니 벌써 도망하여 한진으로 갔는지라 패왕이 변색대질變色大叱[낯색이 변하여 크게 꾸짖음] 왈 '좌거는 분명 한신이 보내어 투항함이라' 하며 항백을 불러 대질 왈 "좌거의 투항함을 아지 못하고 천거하여 저의 간계에 속으니 다 너의 불명不明한 죄로다." 항백이 왈 "신이 좌거의 성명을 높이 듣고 천거하였다가 저의 간계에 들었사오니 진실로 신의 죄로소이

다."

패왕, 노기등등하여 항백을 내어 베라[는] 호령이 추상같으니 주란이 급히 간왈 "항백은 극한풍신極寒豊神[엄동嚴冬의 봄소식]이라, 국가를 위하다가 그릇 천거하여 간계에 들었으니, 차此는 막비천수莫非天數[천운이 아닐 수 없음]라, 그러나 이미 출병하였으니 방적防敵[적을 방어함]을 의논하고, 뉘우쳐[치지] 말으소서." 패왕이 노怒를 참고 주란을 중상重賞하고, 즉시 장중帳中에 들어가 우미인으로 더불어 가로되 "내 네 말을 듣지 아니하다가 좌거의 간계에 속으니 후회막급이라." 우미인이 답왈 "이왕已往을 물설勿說[말하지 않음]하시고 다시 묘계妙計를 생각하옵시어 대업을 이루소서."

왕이 이튿날 장대將臺에 높이 앉아 제장을 불러 왈 "너희 등이 나를 따라 수십여 전을 싸우되, 일찍 패함이 없더니, 이제 한의 병세 웅장하니 경적輕敵치 말고 각각 용력을 다하여 영令대로 시행하라" 하고, 종리매로 10만 군을 거느려 좌초에 매복埋伏[케]하고, 계포로 10만 군을 거느려 우령에 매복[케]하고, 환초로 5만 군을 거느려 선봉을 삼고, 우적으로 5만 군을 거느려 후영後營[후군]이 되어 '짐을 따라 싸우되, 비록 한병이 패하여 달아나도 따르지 말고 사면을 굳이 지키고 있으면, 한병의 양식이 절핍하여 자연 퇴병하리니 힘써 영을 어기지 말라' 한대, 제장이 응명應命하고 패왕의 용병을 치사致辭하더라.

각설, 이때 한신이 제장을 분발할 새, 군사 [하나가] 고하되 "이좌거 왔나니이다" 하거늘, 원수, 맞아 볼 새, 좌거, 패왕을 유인한 말을 다 하고, 초진楚陣 허실을 다 고하니, 원수 대희 왈 "선생 곧 아니[었]던들 패왕이 오지 못할 [일이] 났[을 것이니]다. 우리 군사를 유[주]留駐하다가 양초 핍진乏盡하면 위태할지라. 이제 패왕이 임진臨陣[전진에 친림함]하였으나 뉘 유인하여 중지重地[중요한 요해처]에 들게 하리까?" 이좌거 왈 "명일 출전할 때에 주상이 친히 장대에 나가 패왕을 조롱하여 서으로 달아나면 패왕은 천하 웅호지장熊虎之將[곰과 호랑이 같은 장수]이라 성정이 조급하여 분명 따를 것이니, 내 중로中路에 가서 패왕을 분忿케 하면, 전일 거짓 투항함을 분[노]하여 필연 따라올 것이니, 쫓겨 가다가 패왕의 앞지[地][에]서 박장대소拍掌大笑[손뼉을 치며 크게 웃음]하면 패왕이 더욱 분하여 죽기를 세[헤아리]지 아니하고 따라 중지에 들 것이니, 복원伏願, 원수는 높은 마음이 어떠하시니이까?"

원수 대희 왈 "선생의 비계秘計는 [누구도 이를] 벗어나지 못할지라" 하고, 좌거를 데리고 영채에 들어가 한왕께 계교를 고하니 왕이 대희 왈 "내 먼저 용장勇將을 데리고 가리라." 원수 "공희 진희로 대왕의 좌우익左右翼을 삼아 [나가시어] 패왕을 유인하여 해하垓下로 들[어오]면,

진희가, 그때에 매복하여 기다리[리]이다." 한왕이 대희하여 왈 "그리 하리라."

이튿날 원수, 장대에 높이 앉아 대장기와 절월節鉞을 진전에 높이 세[우]고 호령[하여] 왈 "구리산상에 매복하였다가 정병 발행하는 형세를 살펴 회보回報하라" 하고, 또 "대왕은 1만 병을 거느려 후군을 쫓아 행하고, 박소손 가리고, 기철 등은 검극劍戟 3천병을 거느려 사면으로 인마를 총독總督하여 앞으로 나[가]게 하고, 유가劉賈는 3천병 거느려 가되 소로小路로 가서 주[상]主上 좌편에 복병했다가 초병이 진을 비우고 성에 가거든 성중에 들어가 패왕의 궁궐을 거두고 백성을 진무鎭撫하여 굳게 지키고, 초국 기치旗幟는 빼[어] 버리고 한국 붉은 기치를 빼어다가 패왕을 유인하여 파하기를 기다려 돌아오라. 대장 공희는 좌군左軍 30만과 항오군行伍軍 3만을 거느려 오강烏江 좌우에 복병하였다가 패왕을 [잡아] 결박하여 들이라" 하니, 왕릉이 간왈 "원수[께서], 이미 병마를 분정分定하여 복병伏兵[케]하였으니 제장이 다 청령聽令하여 알거늘[니와], 이제 구리산에서 패택沛澤이 1백 50리라, 초병이 50리를 결진結陣하였으니 아지 못[할 것]이게라, 어느 길로 가 여하처如何處에 매복하며, 원수는 어느 곳에 가 싸우며, 주상은 하처何處에 계시니이까? 자상히 가르쳐 소장 등의 근심이 없게 하옵소서."

원수 왈 "내 벌써 사람을 보내어 지형을 탐[지]하여 매복한[하는] 곳을 다 알고 분발分撥하였나니, 내 방위를 아지 못하면 어찌 적병을 대적하리오. 서주徐州 북녘에 한병漢兵이 결진하리니, 구리산은 산이천山而川[산과 내] 험악하고 길이 험로險路하니, 패왕이 생각하되 심중에 의심이 많[을]은지라. 이제 날로[나와] 더불어 싸우다가 패하면 반드시 팽성으로 달아날 것이니, 한 묘책이 있노라. 패왕이 진퇴난감進退難堪하여 강동江東[으로]을 건너가 구원병을 얻어 다시 싸우[려하]리니, 오강 좌우에 대장사인大壯士人을 매복하였으니, 패왕이 제 어디로 가리오." 왕릉과 제장 등이 합주 왈 "원수의 신기한 묘책을 천하의 귀신이라도 아지 못하리로소이다."

원수, 장졸 분발하기를 다하매, 장하帳下[막하]의 일원대장一員大將이 고성高聲 왈 "원수는 사람 보기를 초개草芥[지푸라기] 같이 하나니이까?" 모두 보니 이는 무양후舞陽侯 번쾌라, 원수 왈 "장군을 경히 여김이 아니라, 크게 쓸 곳이 있어 보내고자 하나니, 만일 실수 있으면 백만군졸이 큰 바다에 빠짐과 같을지라, 능히 당할소냐?" 번쾌 대왈 "어느 곳에로 보내고자 하나니까? 소장이 비록 무재無才하나 힘을 다하여 당하리니이다." 원수 왈 "구리산 상상봉에 올라가 기를 좌우로 두르며 제장군졸諸將軍卒이 보아 사면팔방으로 응하[게 하]여, 동서남북으로 지휘하여 적병을 [뒤]따[르게 해야 할]를 것이니, 장군이 구리산 상상봉에 정병 10만을 거느려 한군을 지휘하여 백만군졸의 눈을 밝게 하라" 하니, 번쾌 왈 "낮이면 기를 응하[게 하]거니와, 밤이면 무엇으로 지휘하리까?" 원수 왈 "밤이면 큰 초롱을 만들어 앞으로 나오면 이는 초병을 통하여[응하]나니 마땅히 명심하여 실수치 말라." 번쾌, 청령하고 나가니라.

차시에 패왕이 주란 계포 등을 불러 왈 "너희는 짐을 도와 행하라. 짐이 친히 18장將을 거느려 싸우거든 그 남은 군사는 6대장이 [거느려] 청령聽令하라" 하고 패왕이 비신상마飛身上馬하여 진전에 나와 외어 왈 "한왕 유방아, 내 너로 더불어 한번 싸워 승부를 결단하리라. 양국 승패, 금일에 있나니 너는 물러가지 말라" 하거늘, 또 한왕이 갑주甲冑를 갖추고 일월용봉대기日月龍鳳大旗를 좌우에 세우고, 우수右手에 천사검天賜劍을 들고 좌수에 홀기笏記[명을 기록하는 서판 예구禮具 모양의 제왕의 의물]를 잡아 군병을 호령하여 진전에 나와 "패왕 항적아, 너 어여쁜 인생을 살해 말고 항복하여 잔명殘命[남은 목숨]을 보전하라. 그렇지 아니하면 내 칼은 하늘이 주신 바라, 네 목의 피로 칼을 씻으리라" 한대, 패왕이 질왈叱曰[꾸짖어 가로되] "필부 유방아, 너와 나와 맹세한 [지] 5년에 수십여 전을 싸우되 서로 교전치 못하였더니, 오늘은 맹세코 네 목을 베어 천하를 평정하리라."

한왕이 왈 "너는 다만 포악한 용맹만 믿고 그러하나, 나는 수명우천受命于天[하늘에서 명을 받음]하였기로 수덕창

성수덕창盛[덕을 지켜 크게 흥성함]하려니와 너는 내 손에 망하리라." 패왕이 대노하여 장창을 비껴 들고 말을 채쳐 한왕을 취하니 양장이 합전合戰하매 두 범이 다투는 듯 70여 합슴에 이르러 한왕의 용검用劍[칼을 씀]이 둔하거늘, 공희 진희 양장이 일시에 내달아 패왕을 대적하니 양장의 말이 거꾸러지는지라, 진희, 급히 소리할 새, 패왕이 창으로 치려 한대, 공희, 급히 구원하여 본진으로 달아나니 패왕이 쫓아갈 즈음에, 한왕이 말을 잡고 높은 언덕에 섰거늘, 패왕이 양장을 버리고 한왕을 취하니, 한왕이 하후영夏侯嬰을 데리고 서으로 행하여 달아나거늘, 패왕이 3군을 호령하여 벽력같은 소리를 천둥같이 지르며 급히 따르더니, 수리지내數里之內[몇 리 이내]에 무수한 한병이 둘러싸니, 계포 왈 "한왕이 비록 달아나오나, 형세 중하오니 반드시 계교 있나니이다. 폐하는 병을 거두어 한병을 헤치고 [돌아]가사이다."

의[패]왕이 옳이 여겨 주저하더니, 문득 이좌거가 나서며 패왕을 불러 왈 "신이 초에 갔을 때에 패왕의 후은을 입었더니, 대왕이 지금 위태하오니 한왕께 잘 간하여 죽음을 면케 하려니와, 그렇지 아니하면 패왕의 명이 이곳에서 떨어질까 하나니이다. 오늘 칼끝에 달린 혼백魂魄이 나를 원망치 말으소서." 패왕이 보고, 그 대왈對曰 "이 간사한 놈아!" 하며 말을 채쳐 따라오니 좌거, 급히 달려가다가 돌아[서]며 박장대소拍掌大笑 왈 "대왕

이 나를 잡으려 하다가는 대왕의 명이 이곳에서 자진自
盡[스스로 다함]하리라" 하고 또 나[아]가서 크게 웃어 왈
"나를 원망치 말라!" 하더니 좌거는 간데없고, 산상을
바라보니 기치는 나열羅列한대[하는데] 일성방포一聲放砲[한
소리 포를 쏨] 소리 사면팔방으로 일어나며 금고함성金鼓
喊聲이 천지진동하고, 한병이 별불[유성流星]같이 내달아
초병을 짓치니, 초군이 미처 회군치 못하여 한군 중에
[둘러]싸이니, 패왕이 그제야 계교에 속은 줄 알고 방황
하는 차에 또한 한신병이 산야山野를 덮어 몰아오는지
라, 그 사명司命에 황금대자黃金大字로 썼으되 '제왕겸천
하병마도총대원수한신齊王兼天下兵馬都摠大元帥韓信의 사명'
이라 하였더라.

이같이 둘러싸오며 초병을 짓치니 패왕이 계포 종리매
등을 거느리고 평생 힘을 다하여 좌충우돌左衝右突하되
벗어날 길이 없는지라. 문득 주란이 일지군一枝軍[한 갈래
의 군대]을 거느려[와 항왕을] 에워싸고 [한병을] 들이치고
평생 기력을 다하여 구원하니, 패왕이 장창을 들고 한
병을 짓치니 용맹은 용이 북해北海 상에 굽이[치]는 듯,
금광金光이 한번 빛나면 장졸의 머리 추풍낙엽秋風落葉이
라, 패왕을 뉘 당하리오. 또 날랜 장수 8원을 한칼에
베고 군중軍中에 [들어와] 충살衝殺[충돌하여 죽임]하[여]고,
장졸의 주검이 태산 같고 피 흘러 성천成川하니 한병이
넋을 잃어 물결 흩어지듯 하더라.

황혼에 패왕이 하후적을 만나 돌아와, 우미인으로 더불어 가로되 '한병의 형세 웅장하니 금야今夜에 팽성에 돌아가, 다시 군마를 정제整齊하여 싸우리라'하더니 문득 하후적이 고하되 "연차連次[거듭하여]로 듣사오니 한왕, 팽성을 겁칙하여 궁궐을 앗았다 하니, 그 허실을 아지 못하고 팽성으로 가심이 위태하오니 금야에 군사를 성초省招[불러모아 살핌]하여 다시 싸움만 같지 못하나이다." 패왕이 대경大驚 왈 "허다 궁궐과 사직社稷이 다 팽성에 있으니 장차 어찌 하리오?" 한대, 우[하후]적이 대왈 "들리는 말을 적실히 아지 못하니 소장이 먼저 팽성에 가 궁궐을 구하옵고 우선 노국에 청병請兵을 하오리다" 하고 즉시 3군을 호궤犒饋[음식을 베풀어 군사를 먹이고 위로함]하니 정히 5경更[새벽 3~5시]이라. 퇴병하여 소현에 이르니 팽성이 20리라, 한병이 연락부절連絡不絶이라, 멀리 바라보니 산상山上마다 기치를 세우고 [군사가] 무수히 왕래하니 패왕이 대경[하여] 문왈 "이곳에 한병이 이다지 많으냐?" 좌우 대왈 "천하 제후가 이곳에 다 모였으니 어찌 하리이까?"

종리매 대왈 "앞에는 한왕의 대병이요, 뒤에는 한신의 대병이 급히 쫓나니 장차 어디로 가리오. 대왕은 신등臣等과 8천 제자弟子[자제]를 거느려 강동으로 돌아가 다시 기병하여 도모할지언정 이곳은 머물지 못하리이다." 패왕이 크게 앙천탄왈仰天嘆曰[하늘을 우러러 탄식하고 말함]

"내가 7,8년에 3백여 전을 싸웠으되, 한 번도 패함이 없더니 이제 조그마한 한신의 군마를 저어하여 어찌 회군하리오!" 하고 분기충천憤氣沖天[분한 기운이 하늘에 가득함]하니 다시 간할 자 없더라.

패왕이 군마를 총독하여 팽성으로 행할 새, 군사 보하되 "팽성 3문에 한국 기치 붉었으니 팽성이 이미 한왕의 땅이 되었나니다." 패왕이 말[에]게[서] 내려 갑주를 정제하고 계명산雞鳴山을 향하여 크게 꾸짖어 호통하니 그 소리 산이 무너지는 듯하더라. 문득 산상에서 일성방포一聲放砲에 큰 기를 [휘]두르니 사면팔방의 무수한 한병이 풍우 같이 에워싸니, 서에는 왕릉이요, 북에는 유관이요, 동에는 조참이요, 남에는 경포 팽월 주발 관영 장외 장박 모영 능무 진희 공희 여동 장창 등이 창검을 다 들고 쫓으니, 패왕이 장창을 비껴들고 비신상마하여 좌충우돌하며, 한번 공중에 솟으며 동서남북으로 제비 같이 왕래하니 용이 북해北海에 노는 듯, 흑운삼천黑雲三天[33천의 검은 구름]의 번개 같으니 패왕의 정신과 기운이 점점 등등하여, 동으로 가는 듯 서를 치며 남으로 가는 듯 북을 엄살하며 천둥 같은 소리를 우레 같이 지르니 한장漢將 등이 당치 못하여 사산분주四散奔走하는지라, 한[의] 장박 손간 등이 또 내달아 패왕을 대적하니 패왕이 손간 등을 찔러 말께[서] 내리치고, 적사 등을 따르더니 능무 진희 등 10여 장이 또 산 어구에[서] 짓쳐 나오니 함성이 진동하며 서로 싸울 새, 10여 합에 또 패하여 달아나는지라, 패[왕]이 한왕[의] 장 60여명을 대적하되 한 번도 실수함이 없으니 제장 등이 치하 분분하더라.

날이 저물매, 패왕이 장중에 들어가니 우미인이 왈 "듣사오니 금일에 한장 60여명을 대적[했]한다 하오니 옥체 곤하실지라 잠깐 쉬소서." 패왕, "전일 진국秦國 명장 장한을 대적하되 수일 밥을 먹지 아니하여도 곤함이 없어 오히려 승전하였거든 1일지간에 무삼 곤함이 있으리오." 주란이 간왈 "비록 승전하였으나 무수한 한병이 사면을 에워쌌으니 금야에 분명히 겁칙할지라, 군영을 신칙申飭[단단히 타일러 조심함]하여 안찰按察하소서." 패왕이 3군에 전령하여 잠을 자지 말라 하고 8천 제자[강동자제]를 좌우에 옹위擁衛[케]하고 우미인으로 [더불어] 술을 마시니[라].

이때에 한국 원수, 제장 등의 패함을 보고 좌거더러 왈 "명일은 패왕과 싸우지 말고, 구리산 사면에 복병으로 일시에 둘러싸고, 항오行伍를 엄숙케 하고 있으면 초국 양초가 진할 것이니 어찌 파破치 못하리오. 만일 싸울진대 패왕은 만부부당지용萬夫不當之勇[1만 장부가 당해내지 못하는 용맹]이 있으니 천의天意[하늘의 뜻]만 기다릴 것이로되, 또한 묘책으로 잡으리라" 한대, 제장 등이 문왈 "무삼 묘책으로 패왕을 잡으리까?" 원수 왈 "초군이 이산

離散[헤어져 흩어짐]하게 하리라" 하고 자방子房[장량의 자]을 청하여 왈 "패왕이 8천 제자를 거느려 강동으로 달아나 다시 기병하오면 천하에 당할 자 없으니 선생은 좋은 묘책을 가르치소서."

자방이 왈 "초군을 이산하기는 어렵지 아니하리다. 이제 초군 장졸과 8천 제자를 다 이산하면 수일 내에 패왕을 잡아 천하를 평정하리다" 하고 좌거와 원수의 귀에 대이고 왈 "장량이 소시에 기묘한 사람을 만나 통소洞簫[통소]를 배웠으니 묘한지라, 그 사람이 가로되 '이 통소는 황제 헌원씨黃帝軒轅氏가 대를 베어 만들어내니, 장長이 5촌寸이요 오음육률五音六律이 합하여 천지를 화합하오니, 그 후에 대순大舜[순임금]이 이 통소를 불어 음률을 화답하니, 앵무공작鸚鵡孔雀[앵무새와 공작새]이며 비취백학翡翠白鶴[물총새와 백두루미]이 계하階下[섬돌 아래]게[에] 와 춤을 추고, 이향離鄕한 사람은 고향을 생각하고, 즐거운 사람은 들으면 즐겁고, 슬픈 사람은 들으면 넉[넋이] 슬픈지라' [하였소.] 이때는 추 7월 망간望間[보름께]이라 달은 밝고 바람은 소슬蕭瑟한데 고요한 깊은 밤에 계명산에 올라가 통소를 불면 일정一定[한] 초진 장졸이 자연 부모처자를 생각하여 스스로 막았던 물결 [터져] 헤어지듯 하오리다." 원수, 재배왈再拜曰[두번 절하고 가로되] "선생의 신기한 묘책은 측량치 못하리로소이다."

이튿날 사면의 천기天旗[천자기天字旗]를 버리고 수리[산 정

수리] 위에 붉은 기를 세우고, 소하를 명하여 군사를 정제하고, 번쾌는 산상에서, 주락을 붙여 북을 울려 군사의 마음을 요동케 하고, 또 관영을 명하여 초영楚營 좌우에 복병하였다가 패왕의 진이 충돌하거든 내달아 막으며, 각진 제장이 기계를 예비하여 싸우기를 힘써 하라 [하더라].

이때에 한왕이 진에 들[어가]고 3일을 나[오]지 아니하니, 항백 계포 등이 패왕께 고왈 "신등이 8천 제자로 합력하여 각영各營을 추돌追突하여, [에워]싸인 곳을 헤쳐 형양으로 돌아가 강동으로 가사이다." 패왕이 왈 "우리 군병이 핍절하고 한병의 형세 중하니 벗어나지 못할까 하노라." 항백 계포 왈 "폐하는 8천 제자를 거느려 앞을 치고, 신등은 3군을 호령하여 뒤를 막아 낭랑娘娘[우미인]을 보전하오리다." 패왕이 그날 밤 들기를 기다려 한진[을] 중해重害할 묘책을 생각하더라.

이날 밤 삼경三更[자정 전후]이 되매 추풍이 우연히 소슬하여 초목이 영락零落[시들어 떨어짐]하는지라 수천리 타향에 8년을 출전한 장졸이 회포와 고향 생각이 절로 날뿐 아니라, 또 군량이 핍절하고 노곤勞困이 자심하여 8,9인씩 모여 서로 울며 말을 하여 왈 "패왕이 통일천하한 후에 우리 등이 공을 바랐더니 군운軍運이 불행하여 패망하게 되었으니, 더운 세월을 보내고 추운 때를 당하여 군량조차 핍절하여 기한飢寒[굶주리고 추움]이 자심하니

이 일을 어찌 하리오" 하며 서로 붙잡고 낙루탄식落漏歎息하는 차에 문득 들으니, 달 밝고 깊은 밤에 높은 산상에서 순풍順風[을] 좇아 옥소玉簫[옥퉁소] 소리 들리거늘 자세히 들으니, 맑은 곡조와 오음육률이 어찌하여 슬픈 소리 의의절절依依節節[아쉽고 그리움이 심금에 울림]하여 창오산蒼梧山[호남성湖南省 영운현寧運縣에 있는 구의산九疑山의 이칭, 순舜이 죽자 아황娥皇 여영女英 두 비妃도 따라 죽은 곳] 저문 날에 외기러기 짝을 부르는 듯, 만군萬軍이 소리를 듣고 자연 경동驚動하여 슬픈 눈물이 비 오듯 하는지라. 또 한 곡조를 들으니 고저장단高低長短과 오음육률이 불란不亂[가지런함]하여 학이 구름 속에 우는 듯, 유수流水[가] 옥면玉面에 흐르는 듯[하여], 사람이 새로[이] 비창悲愴하며 마음을 안존치 못할러라.

그 곡조에 하였으되 '진나라 일은 사람이 뉘 손에 갔는고. 관후장자寬厚長者는 하늘이 내린 바라 천하 임자는 반드시 유씨劉氏로다. 뉘라서 얻어 보리오. 무도한 항씨項氏는 천심을 항거하여 생민도탄生民塗炭 무삼[엇]일꼬. 구리산 십사면十四面 두루 다 매복이요, 도로마다 복병이라. 음릉추야陰陵秋夜[항우가 전패하여 길을 잃은 안휘성 정원현定遠縣 음릉의 가을밤] 깊은 밤에 길은 어이 험악하며, 월색은 희미하고 오강 너른 물은 수운愁雲[근심스러운 기색]이 적막한데, 가련타, 백만 군병아, 부모형제 처자 고향, 사세부득事勢不得 이별하고, 무도한 항왕 따라 만리

전장 나왔다가 골폭전장骨暴戰場[싸움터에 나뒹구는 해골]될 것이니 어느 아니 한심하랴. 가련코 불쌍토다. 이바, 초군들아, 천시天時를 모르도다. 항씨 운은 멸운滅運이요, 유씨 운은 흥국興國할 운수이라, 하늘이 정한 운수를 게 뉘라 막을소냐. 너희는 천운을 순종하여 내 인도함을 허수히 생각 말고 경경耿耿[깊이 새겨 명심함]히 생각하여, 이 밤 밝은 달에 만군은 이산하라. 만일 천심을 항거타가 어여쁜 너희 청춘 전장백골戰場白骨될 것이니 어이어이 한심하랴. 나는 천명을 순종키로 옥소생玉簫笙 한 곡조를, 인명을 애휼愛恤하여 지극히 경계하니 만일[에도] 허수히 듣지 말라. 어찌타 너희 신세 일각一刻이 여삼추如三秋라, 가다가 못갈지라도 좌이대사坐而待死[앉아 죽기를 기다림] 어이 하리. 강동 제자 8천인도 네 아무리 용맹한들 부질없이 허비강력虛費强力 마라' 하며, 옥적성玉笛聲[옥피리 소리] 맑은 소리 청천월영晴天月影[맑은 하늘의 달빛]하에 무한심사無限心事 자아낸[냈]다.

이때 장량이 계명산에서 구리산까지 20여 순順[번]을 불고, 또 초군 망할 노래를, 한병[에게]을 가르쳐 곳곳[에서]이 부르니, 밤은 고요하고 노래 처량하여 초진 중에 눈물 아니 흘릴 이 없더라. 초군이 서로 울어 가로되 '이는 반드시 하늘이 신선을 보내어 우리 명을 구함이라, 금야 밝은 달에 도망하다가 한병에게 잡히어 한왕에게 바쳐지거든, 부모처자 보기를 애걸하면, 한왕은 어진 임금이라 분명 우리를 살려 보낼 것이니 어찌 한병 칼 아래 죽으리오!' 하고 일시에 행장을 수습하여 사산분주하니 순식간에 8천 제자와 각영 장졸이 십상팔구十常八九[열에 여덟아홉]나 [사라져] 없는지라.

제장이 패왕께 아뢰고자 하되 심야삼경深夜三更이라 패왕이 우미인으로 더불어 잠을 깊이 들었으니 감히 아뢰지 못하고, 제장이 의논하되 '삼군이 다 도망하고 진세陣勢 해리解離[풀려 헤어짐]하니, 한병이 우리 진 비인 것을 알고 겁칙하면 우리도 죽을지라. 밤이 깊어 피차를 분별치 못하니 급히 도망하리라'하고, 일시에 도망하는지라. 주란 환초 양장이 패왕 잠깨기를 고대하더니, 패왕이 잠을 깨거늘 고한대, 왕이 대경하여 창[장]밖에 나와 보니 한병이 사면[으로]을 [들]어나는 소리를 듣고 [또] 대경하여 왈 "한[이]에 이미 초를 다 얻었느냐?" 한대, 주란 환초 울며 고왈 "한신이 기이한 묘계로써, 계명산에 올라 통소를 부니 초병이 듣고 비회悲懷[슬픈 회포] 감동하여 다 이산하니, 오직 신등이 초병 흩어진 장졸 8백을 거느려 폐하를 모시나니이다. 대왕은 신등이 합력하여 [에워]싸인 데를 [헤치게 하고] 급히 벗어나사이다" 한대, 패왕이 두어 순[차례] 눈물을 흘려 자탄自嘆 왈 "내가 기병 8년에 70여 [대]전이로되, 일찍 패함이 없더니 어찌 곤함이 이 같으뇨? 이는 천지망아天之亡我[하늘이 나를 망하게 함]요 비전지죄非戰之罪[싸움을 못하여 지은 죄가 아님]라!" 하고 통곡하시니, 좌우 다 체읍涕泣하여 감히 우러러 이[기]지 못하더라.

우미인 왈 "대왕이 어찌 이다지 서러워하나니이까?" 패왕이 왈 "초병이 다 이산하고 한병이 사면에 가득하였으니, 이제 너를 이곳에 버릴 지경이니 어찌 하리오. 내 아무리 너를 생각한들 한병을 어찌 하리오. 그러나 수화水火 중이라도 차마 어찌 버리리오. 짐이 너를 만난 후로 일시에[도] 떠남이 없더니, 사세부득事勢不得[한] 고로 오늘날 이곳에서 이별을 당할지라, 아무리 생각하되, 이제 난 백계무책百計無策[백 가지 계책이 다 소용없음]이로다. 경경耿耿[잊히지 않고 염려됨]한 회포를 어찌 다 측량하랴. 내 역발산기개세力拔山氣蓋世라도 엄적掩敵[적을 가려 막음]하기 망연茫然쿠나."

우미인 거동 보소. 월태화용月態花容[달과 꽃 같은 용모] 고운 태도, 칠보단장七寶丹粧으로 옥수玉手를 곱게 들어 아미蛾眉[초승달 모양 길고 고운 눈썹]를 나직[이] 하고, 옥백홍안玉帛紅顔 양 귀밑에 구슬 같은 눈물이 녹의홍상綠衣紅裳[연두저고리에 다홍치마] 다 적시며, 체읍양구涕泣良久[울며 흐느낌을 오래 함]에 하는 말이 "신첩臣妾이 폐하를 모시고 장중帳中에 동행하와 평생을 의탁하고 후은을 입어 대위大位[황제위]를 바라옵더니 국운이 불행하와 대환大患을 당하매, 천리 전장 험한 곳에 무정히 버릴진댄, 청춘 소첩小妾 혈혈단신孑孑單身 뉘를 위하여 보전하리오." 구곡

간장九曲肝腸 다 녹는다. 섬섬옥수纖纖玉手 겨우 들어 패왕의 옷을 잡고, 목이 메어 말을 못하고 옥안玉眼[아름다운 눈]에 눈물이 가득하며 연연한[하는] 그 거동은 차마 보지 못할레라. 눈물을 금치 못하여 좌우를 분별 못하고 처량한 애원성哀願聲, 신세자탄身世自歎하니 듣고 보는 사람들도 자연히 누가 아니 체읍涕泣하리. 차마 보지 못할레라.

이러한 가운데 패왕이 아무리 철석鐵石이요, 장부의 뜻인들 어찌 슬프지 아니하리오. 연연然[그러함]이나 [패왕이] 하릴없어, 우미인 어루만져 옥수를 부여잡고 "우야, 우야, 우지 마라!" 이별주離別酒 친히 부어 우희虞姬를 먼저 권하니 우미인이 잔을 받아 패왕께 권하며 "이 세상 이별 후 후생에 다시 만나 이별 없이 태평동락太平同樂 하오리라." 또 패왕이 노래를 불러 왈 "역발산혜力拔山兮여, 기개세氣蓋世로다. 시불리혜時不利兮[시기가 이롭지 못함이여]여, 추불서雛不逝[오추마 가지 않도다]로다. 추불서혜雛不逝兮[오추마 가지 않음이여]여, 가내하可奈何[어찌하리오]오. 우혜우혜虞兮虞兮[우야, 우야]여, 내약하奈若何[어찌하리]오." 패왕이 노래를 끊치매, 우미인이 이별주를 마시고 노래를 화답하여 왈 "한병이 땅을 노략하니. 사면이 다 초가楚歌로다. 애달플사, 패왕 뜻과 기운이 진盡함이여, 어찌 살기를 바라리오!"

이때는 오경五更이라, 주란 환초 왈 "한병이 급하고 날이 장차 밝사오니 급히 도망하사이다." 패왕이 우미인으로 더불어 슬피 울며 이별할 새, 우미인이 또한 슬피 울고 왈 "대왕이 한병을 헤치고 나가실진대, 신첩을 이곳에 버리고 가시려 하시나니이까?" 패왕 왈 "너는 진정하여라. 네 자색姿色이 초월初月 같으니, 유방이 너를 보면 일정一定[한결같이] 버리지 아니할 것이니 어찌 의탁을 염려하리오." 우희 왈 "신첩이 군중軍中에 싸여 나가다가 사세 위급하면 대왕의 마하馬下에서 죽어, 대왕의 연거輦車에 싸여 강동 고향에 가 묻힘이 소원이로소이다." 패왕이 낙루落淚 왈 "네 말이 진실로 가련하나 천병만마千兵萬馬 중에 창검이 서리 같고 시석矢石이 비 오듯 하니, 나의 용맹이라도 벗어나기 어렵거든, 너 같은 약질이 어찌 벗어나리오. 속절없이 화용옥태花容玉態를 헛되이 버릴지라, 이팔청춘二八靑春이 어찌 가련치 아니하랴."

우희* 대왈 "청컨대 대왕은 보검을 주시면 신첩도 남장男裝을 입고 대왕을 따라가려 하나이다." 패왕이 마지못하여 칼을 끌러 주니 우미인*이 받아 들고 슬피 통곡하여 왈 "신첩이 대왕의 후은을 입었으나 갚사올 길이 없는지라, 이제 신첩으로써 대왕의 작은 근심을 덜리이다" 하고, 칼을 들고 패왕을 바라보며 크게 소리하여 가로되 "신첩이 본시 강남 사람으로 대왕을 따라온 지 수년이라. 용모는 경국지색傾國之色[나라가 기울어질 만한 미인]이요, 화용월태는 서초의 제일이라 하더니, 금일에 화안옥골花顔玉骨이 마두馬頭에 떨어지는도다!" 하며 한번 칼을 들어 치니 머리 마하에 떨어지는지라. 패왕이 참혹함을 보고 실성통곡失性痛哭하며 말[에서]께 떨어지는지라.

*우미인虞美人[서기전 224?-202년]은 우희虞姬라고도 하며 패왕별희霸王別姬로 잘 알려져 있다. 초나라 때 인물로 항우가 전진에서도 항상 같이 한 애희愛姬로서 서시西施 초선貂蟬 왕소군王昭君 또는 양귀비楊貴妃와 함께 중국 고대 사상 4대 미인으로 꼽힌다. 그 이름이 알려지지 않아 한서漢書에 '유미인성우씨有美人姓虞氏 : 미인의 성이 우씨이다'로 나와 있을 뿐인데 초나라 술양沭陽 땅의 귀족 집안 장자長者의 딸이고 그 장자가 젊은 항우를 보고 경탄하여 딸을 주었다는 설 등이 있다. 사마천의 사기史記에는 '유미인명우有美人名虞 : 미인이 있어 이름이 우이다' 하여 우가 그 이름이라 하였다. 미인이 아름다운 사람이라는 모습의 형용이 아니라 당시 정실 왕후가 아닌 후궁後宮의 칭호였다고도 한다. 역사서에 남은 우미인에 관한 기록은 해하전垓下戰에서 항우가 완패하여 사면초가四面楚歌에 빠졌을 때 통한의 해하가垓下歌를 지어 부르고 결별하였다는 것 정도이고 그 밖의 여러 설화는 나름의 근거가 있는 전설이다. 그중 가장 유명한 것이 항우의 해하가와 이에 화답한 우미인의 화해하가和垓下歌이다. 4년에 걸친 초한간의 총력전 종말에 참패한 항우가 해하에서 회복불능의 병소양진兵少

糧盡에 빠졌다. 밤중에 사면초가를 들으면서 대세가 이미 사라졌음이 애처로운 항우가 영막營幕의 유중帷中에 우희와 마주앉아 결별주를 마시며 즉흥의 비가悲歌를 지어 불렀다. "역발산혜기개세力拔山兮氣蓋世[힘으로 산을 뽑으니 기운이 세상을 덮었거늘] 시불리혜추불서時不利兮騅不逝[때 불리하니 오추마烏騅馬 가지 않네] 추불서혜가내하騅不逝兮可奈何[오추마 가지 않으니 어찌 할꺼나] 우혜우혜내약하虞兮虞兮奈若何[우여 우희여 이 어찌 할꺼나]"하니 그 노랫말이 창량蒼凉하고 비장悲壯하며 정사情思가 견권繾綣[간곡하고 진정어림]하고 비측悱惻[말 못하게 슬픔]하므로 사서史書에서 해하가로 일렀다 한다. 항우가 해하가를 부름에 이어 곁에서 수시隨侍하던 우희가 창연愴然히 칼을 뽑아 들고 일어나 검무劍舞를 추며 화답의 노래를 지어 불렀다. "한병이략지漢兵已略地[한나라 군병이 땅을 앗으니] 사방초가성四方楚歌聲[사방이 초나라 노랫소리라] 대왕의기진大王意氣盡[대왕의 의기 다하니] 천첩하료생賤妾何聊生[천한 몸 어찌 힘입어 살리오]"하니, 사서에서 복해하가復垓下歌 혹은 화해하가和垓下歌라 이르게 되었다는 것이다. 이 화해하가는 사마천의 사기나 한서漢書에 보이지 않는데 한초漢初의 육가陸賈가 지은 초한춘추楚漢春秋에 있어 인용케 되었는데, 혹인或人 등이 한초에 이처럼 성숙한 오언시五言詩가 나올 수 없었다 하여 위작설僞作說을 제기하였다. 이에 대해 당대唐代의 명가들이 한서 외척전外戚傳의 척부인가戚夫人歌와 역도원酈道元의 수경주水經注 하수주河水注의 장성가長城歌를 보면 진한기秦漢期 민간가요에 오언률五言律이 적지 않았다고 반증하여, 우희의 화해하가가 중국 최초의 정격 오언시로 평가되고 있다. 우희는 술양沭陽[강소성江蘇省 숙천시宿遷市 동부東部]의 귀족 출신이고 거문고를 잘 타고 곡曲을 잘 연주하며 무예舞藝와 검술劍術에 능했다고 한다. 그래서 줄곧 항우를 따라 오래 전진에 종군하며 항우를 근접 수발하며 기마갑주騎馬甲冑로 전사戰士의 몫을 겸하였다. 원래 항량項梁이 살인을 하고 화를 피해 조카 항우를 데리고 하상下相에서 오중吳中으로 도망해와 강동江東의 자제를 모아 거의擧義하였는데, 오중이 바로 소주蘇州 지역이고 진나라의 회계군會稽郡에 속했으며 우虞씨가 이 오중의 망족望族이었다. 여기에서 항우와 우희가 만나게 되었는데 우희가 항우의 영명英名을 듣고 먼저 사모하였고 그 부친도 그들과 함께 피하여 우희가 사는 곳에 은둔해 있었는데 이때 우희의 부친이 항우의 웅품雄稟을 보고 사위를 삼았으며, 이 무렵에 항우는 사나워 누구도 제어 못하는 용마龍馬 오추마도 얻었다 한다. 항우와 일신이 된 우희는 그 좌우에 배반陪伴하며 출정에 상수常隨하였다. 항우가 스스로 천자격의 서초패왕이 되어서는 각방면의 유공자를 봉작하여 왕과 후侯 등으로 하고 우희도 미인美人을 봉하였는데 당시 황제의 내궁內宮은 황후 부인夫人 미인 양인良人 팔자八子 칠자七子 장사長使 소사少使의 8등급이었다 한다. 항우는 우희를 만난 이래 8년 전진에서 서로 떨어지지 않고 고락을 같이 하였고 우희 이외에 어떤 여색도 가까이 하지 않았으며 함양에 입성하여 아방궁을 불태우고 그 안에 있던 수많은 미녀를 다 고향으로 돌려보내고 그 가운데 단 하나의 미색도 취하지 않았다. 우희는 본디 성정性情이 온유溫柔하고 지서달례知書達禮로 글을 많이 읽고 예도禮度에 통달하여 항우가 깊이 희애喜愛한 터라 다른 여색이 그 눈에 찰 수가 없었다. 그 많은 전영戰營에서 항우를 배반하며 항우가 패전하여 낙담하면 승패는 병가지상사兵家之常事라 위무하고 승전하면 몸소 가무歌舞로써 축하와 여흥연을 베푸니 항우에게는 천하에 오직 우희만이 있을 뿐이었다. 이러한 우희의 최후에 대한 여러 설에 별동이別同異가 있는데, 우희가 마지막 밤에 항우에게 화해하가를 부르고 흐느껴 읍불성성泣不成聲[울음에 소리가 되어 나오지 못함]이다가 돌연 몸을 돌려 항우의 허리에 찬 패검佩劍을 뽑아 가로 날려 제 목을 날리니 항우의 날램으로도 손쓰지 못하고, 그 시신을 끌어안아 어루만지며 실성대곡失性大哭하였다. 연후 수하에게 구덩이를 파 우희의 시신을 엄매掩埋케 하고 바로 오추마에 올라 에워싼 한군의 포위를 뚫고 나가며 수백 명을 격살하고 오강烏江에 이르렀다. 일설에는 우희의 시신을 옆구리에 끼고 말에 올라 800군사와 함께 한군의 포위를 돌파하며 한 손으로 수백 적군을 쓰러트리고 나와서는 더 시신을 끼고 탈주할 수 없어 28인이 남은 초군을 시켜 패리포覇離鋪라는 곳의 동쪽 5리허에 엄매케 하였다 한다. 뒤에 유방이 여기에 이르러 우희를 예장禮葬해 주었는데 그 무덤에서 이름 모를 꽃풀이 자라 절미絶美한 홍색과 지색紫色 백색의 꽃이 피니 사람들이 이를 우미인초虞美人草라 불렀고 지금의 개양귀비가 되었다 한다. 그리고 이 마을을 우희촌虞姬村이라 하며 근대에 발견된 이 고묘는 강소성江蘇省의 문화재로 보호되고 있다. 지금 중국의 강소성 술양현 안집진顔集鎭이 우희의 고향인데, 경내에 우희구虞姬溝라는 하천이 굽이굽이 흐르고 있다. 그 반경畔境에 인지정胭脂井 패왕교霸王橋 구룡구九龍口 점장대點將臺 항택項宅 등의 사적史迹이 보존되고 있다. 강소성에 속한 술양은 술하沭河의 양지陽地, 즉 북변北邊이라는 뜻에서 이름하였고, 강서江西 길안吉安의 여릉항씨廬陵項氏 족보에 의하면 우희가 태어날 때 그 가택에서 다섯 마리 봉황鳳凰이 울고 정내庭內에 이향異香이 가득했으며, 서기전 224년 정축丁丑에 태어나 서기전 202년 기해己亥에 23세로 거세去世하고 팽성彭城에 장사되었다 한다고 한다. 또 우희가 태어난 곳이 강소성 소주蘇州의 상숙常熟인데 그 별칭이 우성虞城이라 한다. 여기에 우산虞山이 있어 지금의 저명한 우산풍경구虞山風景區가 되었으며 이 우산의 한 줄기 아래 촌사村舍에서 우희가 태어나 마을이 우계촌리虞溪村里가 되었다 한다. 해하의 패리포 또는 팽성에 장사했다는 우희의 묘는 지금 안휘성安徽省의 영벽靈壁과 정원定遠 두 곳에 있다고 한다. 영벽묘라고도 하는 영벽의 우희묘는 영벽현의 성동城東 구역 숙사공로宿泗公路 남쪽의 작은 노목老木 수림 속에 일좌고묘一座古墓로 있으며, 봉분이 '융기隆起하고 비석이 임립林立하여 정목응중靜穆凝重한데' 이게 우희묘로서 안휘성의 '중점보호문물重點保護文物'로 지정되어 있다. 그리고 공원 안에 진열실陳列室이 있는데 나무와 벽돌로 짓고 회벽에 작은 창을 냈으며 청회색靑灰色 기와로 지붕을 이고 실내는 그림을 새긴 들보와 기둥을 써 결구結構한 것이 교묘하다. 우희묘 곁에는 일찍이 우희의 사당 우희묘虞姬廟가 있었는데 그 사당 안에 항우와 우희의 소상塑像이 모셔져 있었다고 한다. 또 하나의 우희묘는 같은 안휘성의 저주시滁州市에 있는 정원현定遠縣 이룡향二龍鄕에 있다고 한다. 후세 명의종毅宗[1623-1644] 연간에 우희의 고향 사람들이 술양의 안집진 서쪽 머리에 묘우廟宇를 갖추어 짓고 건괵영렬巾幗英烈[건괵은 여장부女丈夫의 뜻]이라 쓴 위패位牌를 모시고 제사하였다. 청의 건륭乾隆 30년[1765]에 이곳 향인 오구령吳九齡이 사당의 중전中殿과 대전大殿을 중건하고 10년 뒤 후루後樓를 중건했으며, 광서제光緒帝[1875-1908] 초에 숙천宿遷 사람 협상린協祥麟이 사당을 높고 크게 중수重修하고 정전正殿에 융복戎服 무장武裝을 한 우희의 소상을 공봉하여 향민의 우희에 대한 숭경심을 고양한 공으로 광록시정光祿寺正에 후선候選[관직의 후보에 오름]되었다. 오늘날까지도 우희의 최후를 그린 패왕별희霸王別姬는 중국 경극京劇의 백미로서 공연되고 있다. 패왕은 초패왕 항우, 별희는 미인 우희를 지칭하는 이 연극은 중국의 전통공연예술을 대표하는 연극 중에서 고전극의 미학적 전통을 집성하여 최고의 완성미를 이룬 작품으로 꼽히고 있다. 경극은 중국의 다양한 지방연극의 하나인데 800년 고도古都 북경北京을 중심으로 형성되었다 하여 경극으로 호칭하고 있고 패왕별희가 그 대표적인 걸작이며, 노래 대사臺詞 동작 무술 화장化粧 의상 소품 등 다채로운 요소가 모여 이루는 종합 예술적 성격의 희곡이다.

주란이 간왈 "폐하, 마땅히 천하를 중히 여겨 대사를 결단함이 목전에 있거늘, 어찌 아녀자를 생각하여 이다지 슬퍼하시나이까?" 패왕이 체읍 왈 "내 출세出世[세상에 나옴]한 후로 이같이 참혹함은 처음 볼 뿐 아니라, 또한 짐의 기개로서 일개 여자를 구치 못하여 아름다운 인명을 원통히 죽게 하니 아무리 철석간장鐵石肝腸인들 어찌 슬프지 아니하랴" 하고 8백 장졸을 호령하여 싸인 데를 헤칠 새, 한장 관영이 일지군一枝軍을 몰아 대적하거늘, 패왕이 분기탱천憤氣撑天[분노한 기운이 하늘을 침]하여 칼을 들고 말을 달려 관영의 진을 치니, 관영이 대패하여 말을 돌려 달아나는지라, 패왕이 대노하여 따르지 아니하고 좌충우돌左衝右突하니 그 용맹은 천신天神 같고, 검광劍光은 번개 같으며 오추마는 창해滄海에 노는 듯하니 한병이 당치 못하는 차에, 한왕이 친히 대병을 총독하여 급히 와 엄살하고, 번쾌는 산상에서 큰 기를 들어 백만군병을 일시에 지휘하여 성화같이 짓쳐들어오는지라, 비컨대 흑운黑雲이 하늘에 덮여, 바람에 몰린 듯이 엄살하니 천신이라도 지나지 못할레라. 아무리 역발산기개세인들 벗어나리오.

• 항우, 한신의 최후

이때 주란 한초, 패왕 형세 진함을 보고 칼을 빼어 스스로 목 찔러 죽는지라 패왕이 더욱 분하여 좌충우돌하며 한병을 무른 풀 베듯 하니 한병이 물결 헤어지듯 하는지라, 패왕이 버리고 해하垓下에 이르니 물가에 조그마한 어선이 있거늘, 군사를 명하여 배를 건너 북녘 어귀에 이르러 군사를 점고하니, 창도 맞고 살도 맞아 상한 군사 겨우 1백이라. 수십 리를 달아나니 음릉陰陵에 당도하여 길이 희미한 가운데 사방을 살펴보니, 함성과 쟁錚[꽹과리]북 소리 천지[가] 진동하는지라 정히 민망한 차에, 문득 바라보니 한 노인이 있거늘, 패왕이 문왈, "어느 길로 가면 강동으로 가나뇨?"
노인이 치어다보니 위의거동威儀擧動[위엄 있는 의표儀表와 행동거지]이 초패왕이라, 당초에 팽성[에] 도읍하여 민생을 무휼撫恤치 아니하고 생민을 살해하더니 이제 한병에 쫓기어 강동에 가고자 하나 길을 잃고 찾지 못하여 주저하는 차의 패왕[이라]. [패왕이] 다시 문왈 "나는 서초패왕일러니 지금 한병에게 패하여 강동으로 건너려 하나니, 어느 길로 가나뇨?" 노인이 속여 왈 "좌편 길로 가

소서."

패왕이 말을 재촉하여 수리를 가다가 큰 못에 빠져 능히 나오지 못하는지라. 오추마는 근본 용종龍種[비룡飛龍 같은 준마의 품종]이라 한번 뛰어 언덕에 오르니[라]. 이때 한국 장량이 일지군一枝軍을 호령하여 짓쳐 들어가니 패왕이 크게 불러 왈 "너는 일찍 나를 좇아 수년을 다녔으니, 내게 항복하면 함께 강동을 건너 다시 기병하여 천하를 평정하고 부귀를 한가지로 하리니, 네 마음이 어떠하뇨?"

장량이 대왈 "대왕이 전일 충신의 말을 듣지 아니하고 무도한 일을 행하[였으]니 비록 강동으로 돌아가나 마침 [내] 대사를 이루지 못하리라. 나는 선군善君을 만나 힘을 다하여 한을 도웁나니, 대왕이 항복하면 내 옛일을 생각하여 한왕께 잘 간하여 왕작王爵[후왕侯王의 작위]을 잃지 아니하게 하리니다." 패왕이 대노하여 창을 들고 장량을 치려 하더니, 장량이 맞아 싸워 10여 합에 패왕이 창을 말[의] 길마[짐 안장]에 걸고 철퇴鐵槌를 들어 양을 칠 새, 철퇴 마하馬下에 떨어지거늘, 패왕이 창을 빼어 들고 치려 하더니, 양무 여마동呂馬童 양장이 대적하고 또 주발 경포 팽월 등이 달려드니 패왕의 기운이 쇠잔하여 동성東城으로 달아나 군사를 점고하니 겨우 28기騎라. 날은 황혼 되고 길은 험악하여 초목이 창천漲天[하늘을 넘쳐 가림]한지라.

좌우 고왈 "대왕이 여러 날 절식絶食[음식이 끊김]하시고 신등도 여러 날 주렸으니, 전촌前村[앞마을] 인가를 찾아가서 잠깐 쉬어 평명에 적장을 대적하사이다." 패왕이 몸이 곤하고 기력이 쇠진하여 서편[으로] 인가를 찾아 들어가니, 마침 수풀 사이로 화광火光이 보이거늘, 급히 나아가니 언덕 위에 한 집이 있거늘, 이는 후궁원後宮院이라, 두어 노인이 있거늘, 군사 문왈 "원중院中에 어찌 사람이 없나뇨?" 노인이 왈 "원 지키는 사람이 본디 20여명이 있더니 한이 교전하매 다 도망하고, 우리는 원촌院村 사람으로서 이 원[을] 지키노라. 그대는 어떠한 사람이관대 이 깊은 밤에 묻나뇨?"

군사 왈 "서초패왕이 한병을 벗어나 심야에 갈 바를 아지 못하여 원중에서 쉬어 명일로 가려 하니, 행여 밥이 있거든 패왕께 드리라"하니, 노인이 패왕 오심을 듣고 바삐 나와 복지伏地[땅에 엎드림] 주왈奏曰[아뢰어 가로되] "산촌 인민이 늙고 병들어 무례태심無禮太甚하오니 대왕은 죄를 용서하소서. 급히 원중에 들어가 쉬옵심을 바라나이다." 패왕이 왈 "너희는 남은 양식 있거든 밥을 급히 지어 군사를 먹이면 내가 강동에 건너가서 쌀 한 섬에 백미 백석씩 갚으리라." 노인이 대왈 "대왕이 팽성에 도읍하였사오니 이 땅은 팽성에 붙인 땅이라 백미 열 섬이라도 쓰온들 어찌 갚기를 바라리이까." 인하여 밥을 지어 먹이니라.

차시此時에 패왕이, 창이 둔하여 군사 10여명으로 칼을 갈라 하니, 군사 등이 칼을 이[기]지 못하나니라. 패왕이 왈 "어찌 그만[한] 것을 이기지 못하나냐?" 하고 친히 칼을 들어 암석을 간[가격하]니 백설白雪이 30리[에]를 분분하더라. 차시에 패왕이 노곤하여 조우[졸]더니, 비몽사몽非夢似夢 간에 한왕이 오색채운五色彩雲[다섯 가지 색채가 아롱진 제왕의 구름]을 타고 일월日月을 몸에 품고 하늘로 올라가거늘, 일월을 앗으려 하고 따라 오르니, 한왕이 두 발길로 패왕의 목을 차니 오강에 떨어져 보이거늘, 깨달으니 흉몽이라, 홀로 차탄嗟歎 왈 "천시天時[하늘이 돕는 시기]가 이미 유방에게 돌아갔으니 인력人力으로 취할 바 아니로다!" 하고 방성통곡放聲痛哭[목을 놓아 몹시 아프게 욺]하더니,

이윽고 한병이 수풀 속으로 짓쳐들어오거늘, 패왕이 번창출마飜槍出馬[창을 뒤쳐 날리며 말에 올라 차고 나감]하여 내다르니 한장 관영이 맞아 교전할 새, 또 후면에서 양무 기흠 조참 등이 따르거늘, 패왕이 기운이 쇠진하여 창을 두르며 전면을 엄살한대, 한군이 일시에 헤어지는지라, 초장 등이 뒤를 막으며 오강에 이르러, 패왕이 말을 이끌고 사면을 둘러보니 한병이 또 풍운風雲 같이 몰아오거늘, 패왕이 또 생각한즉, 몽사夢事[꿈에 나타난 일] 흉함이 있는지라 천명이 이에 진함을 작酌[헤아림]하고 군사더러 일러 왈 "내가 기병 8년에 70여 전을 싸우되

한 번도 패함이 없더니, 오호嗚呼라, 천지망아天之亡我[하늘이 나를 망하게 함]요 비전지죄非戰之罪[싸움을 못하는 죄가 아님]라. 그러나 너희를 위하여 [에워]싸인 데를 헤치고 죽기로써 한진 장졸을 한칼에 무찔러 천하를 아우르게 하리라" 하고 언파言罷[말을 마침]에 분기충천憤氣沖天하여 장창을 비껴 들고 한군 중에 무인지경無人之境 같이 왕래하니 장졸의 머리 팔공산八公山[안휘성安徽省 회남淮南에 있는 명산] 나뭇잎 같이 소소蕭蕭하여 뚝뚝 떨어지니 가히 그 장략將略[장수의 지략과 기량]을 알리라.

그러나 뒤에 따르는 장수 1월도 없고 군사 1명도 없으니 아무리 역발산기개센들 좌우익이 없고, 백만군 한병이 그 앞을 막았으니 그 가운데 든 자, 승천입지昇天入地[하늘로 오르고 땅으로 들어감]하랴. 패왕이 분을 참지 못하여 칼을 빼어 자결코자 하더니, 강강[오강烏江] 정장亭長이 배를 [물가에] 대고 왈 "강동이 비록 작으나 왕王 하올 것이니 대왕은 급히 강동으로 건너소서." 패왕이 문득 생각하고 왈 "내 강동 자제 8천인을 데리고 강을 건너 서으로 왔더니, 어찌 한 사람도 돌아감이 없으니 강동 부형父兄이 어여삐 여겨 왕을 삼[은들]으나, 무삼 면목으로 강동 부형을 대면하리오. 홀로 부끄럽지 아니하랴!" 하고 말을 배에 실으니, 오추마, 패왕을 돌아보고 크게 소리하며 강중에 뛰어들어 죽는지라.

패왕이 오추마 죽음을 보고 비회悲懷를 금치 못하여 앙

천탄왈仰天嘆曰 "나는 내 죄려니와 오추마는 나를 위하여 죽는도다. 오호통재嗚呼痛哉[아아, 아프도다]여!" 호천통곡呼天痛哭[하늘을 불러 슬피 욺]하니, 용이 구천九泉[땅속 깊은 밑바닥으로 죽어 넋이 돌아간다는 황천黃泉]에서 우는 듯, 초목금수草木禽獸[푸나무와 새 짐승] 다 서러워하더라.

또 한병이 첩첩이 둘러싸니 패왕이 분기를 이기지 못하여 이를 갈고 창을 번개같이 날려, 보행步行으로 백만군 한병을 무른 풀 베듯 하[여도]고, 종시 벗어나지 못하고, 몸에 또한 70여 창을 찔려 상한지라. 그러나 한진 중에서 뉘 능히 패왕을 잡을 자 있으리오. 패왕이 길이 탄식 왈 "하늘이 도웁지 아니하시니 속절없이 내 명命이 자진自盡하여 억조창생億兆蒼生의 수고를 덜리로다."

차시此時, 한장漢將이 [있어] 따르는 자 여마동이라, 패왕*이 여마동을 불러 왈 "약덕若德[여마동의 자]은 나의 고인故人[옛벗]이라. 내 들으니 한왕 유방이 전령傳令하되, 내 머리를 얻어 오는 자[이]면 천금상千金賞에 만호후萬戶侯[1만 호가 사는 영지의 후작]를 봉한다 하니, 이제 너는 내 머리를 유방에게 드리고, 너나 귀히 되라" 하고 분기를 참지 못하고 칼을 빼어 머리를 자참自斬[스스로 벰]하여 죽는지라.

*패왕 항우項羽[서기전 232-202] : 주周 왕족 제후국 항項나라 후대로 원성原姓이 희姬여서 희성항씨姬姓項氏라 하는

귀족이다. 이름이 적籍이고 자가 우羽여서 자로 높이면 항우, 이름으로 부르면 항적이다. 지금의 강소성江蘇省 숙천시宿遷市인 진秦의 사수군泗水郡 하상현下相縣 사람으로 전국시대 초국楚國 명장 항연項燕의 손자이다. 그는 일찍 부친을 여의어 숙부 항량項梁의 훈육을 받고 자랐다. 학서學書를 게을리하여 숙부의 노여움을 사자 '독서는 사람의 이름자를 알고 쓰면 된다'고 대답하고, 검술을 가르치자 '검술은 1개인을 대적하는 것일 뿐이니 만인을 대적하는 전술을 배워야 한다'고 맞섰다. 당돌하지만 그 기백을 아낀 항량이 이제는 병법을 가르치자 항우가 이도 배우기를 좋아하지 않아 대강만 익히고 깊이 궁구하지 않았다. 진시황이 회계會稽에 순유巡遊를 나왔을 때 항우가 숙부와 같이 나가 구경하면서 '저게 시황이니 내 가히 저 사람을 대신하겠다' 하였다. 항량이 당황하여 마주 보고 꾸짖어 '네 그런 호란胡亂한 소리를 말라. 아니면 멸족의 화를 당한다'고 신칙하고 이로부터 이 조카를 예의주시하였다. 항우는 신장이 8척[주척으로 166.6 센티미터]을 넘고 힘은 능히 정鼎[세발솥]을 들며 재기才氣[재주와 기개]가 사람에게서 벗어났다. 항우는 이러한 자질로 곧 오중吳中[지금의 강소성江蘇省 소주시蘇州市 중심구역]의 젊은 자제子弟를 모아 위세를 떨치니 모두가 항우를 두려워 떨었다. 진 2세 원년, 서기전 209년 7월 진승陳勝 오광吳廣이 대택향大澤鄕에서 기병거의하자 동년 9월에 회계태수會稽太守 은통殷通이 항량을 불러 '강서인江西人이 모두 조반造反[반란]하니 이는 하늘이 진을 망하게 하는 시기라, 내 들으니 먼저 나서는 자 남을 거느리고 뒤에 나서는 자 남을 섬긴다 하니 내 먼저 발병發兵할 준비를 하며 그대와 환초桓楚를 장수로 삼고자 하는데 지금 환초가 대택향에서 도망하였다 한다'하니 항량이 대답하여 '환초가 도망하였는데 그 사람이 어디에 있는지 모르고 다만 항우가 있음을 안다' 하였다. 그리고 항량이 물러나와 항우를 시켜 칼을 가지고 따라와 밖에서 기다리게 하고 은통에게 들어가 대좌하여서는 '항우를 불러 데려왔으니 그로 하여금 명을 받들어 환초를 찾아오게 하시라' 하였다. 은통이 그러라 하자 항량의 지시를 받은 항우가 칼을 차고 들어가 은통을 배알하며 단칼로 살해하였다. 항량이 은통의 관인官印을 거두어 차고 그 머리를 손에 움켜들고 밖으로 나가니 은통의 부하가 대경황망大驚慌忙하여 혼란한 가운데 항우가 덤벼드는 장사 1백여 인을 삽시간에 무찔러 죽였다. 군부郡府가 처참히 정돈되고 상하가 모두 땅에 꿇어 엎드려 한 사람도 감히 일어서지 못했다. 항량이 회계군내의 업무에 달한 기존 호강관리豪强官吏를 모두 소집해 진나라에 모반 기의起義한 도리를 설명하고 오중에서 거병擧兵을 발동하였다. 오중 군하群下의 각 현에 사람을 보내 현치縣治를 접수하고 정병 8천의 강군을 창설하며 군내의 호걸豪傑로 부서部署를 정하여 무리별로 교위校尉 후후侯 사마司馬를 분정하고 항량은 스스로 회계태수會稽太守가 되어 항우는 비장裨將을 삼아 영속領屬의 각 현을 순행하였다. 진 2세 2년, 서기전 208년 1월, 장초왕張楚王 진승의 장수 소평召平이 광릉廣陵에서 패전하고 지원병을 구하던 중 항량에게 찾아와 진승이 항량을 상주국上柱國에 봉작하고 회계군에서 서쪽으로 진군할 것을 요청했다고 둘러댔다. 항량이 이를 곧이듣든 말든 이를 계기로 발병하여 2월에 오강烏江을 건너니 항우도 아장亞將으로 종군했다. 서진하면서 항량은 진영陳嬰 영포英布 포장군蒲將軍 등과 그 세력을 흡수하여 군세가 신속히 커지고 항우는 뒤에 합류하는 유방과 함께 별동군을 나누어 이끌고 따로 작전을 벌이게 되었다. 4월에 그러한 항우가 양성陽城을 공취하여 힘들게 함락시켰는데 적이 필사 저항하였다 하여 그 군졸과 주민을 모두 생매장하였다. 6월 진승이 피살되자 항량이 부하를 소집해 의사議事를 하는데 거소居巢 사람 범증范增이 앞에 찾아와 항량에게 '과연 초나라를 다시 세우지 아니하고 [진승처럼 왕으로] 자립한다면 결코 오래 갈 수 없을 것'이라 하니 항량이 그 의견을 취하여 민간에 몸을 숨기고 사는 초 회왕楚懷王의 손자 미웅심芈熊心을 찾아내 초 회왕으로 세우고 항량은 스스로 무신군武信君이 되었다. 진승의 남은 군사까지 흡수하여 대군을 통솔하는 항량은 동아東阿에서 진군을 대파하고 별도로 항우와 유방劉邦을 파견하여 성양成陽을 공타하고 진군을 복양濮陽 동쪽에서 공파하니 압박을 견디지 못한 진군이 복양성내로 퇴각했고 항우와 유방은 정도定陶를 공파하며 옹구雍丘 외황外黃 등지를 휩쓸고 삼천三川을 쳐서는 진의 정승 이사李斯의 아들 이유李由를 참살하며 대승하였다. 이 과정에서 항우는 용맹만큼이나 포악하여 처처에서 군민을 도륙하고 7월에 성양을 치면서 무자비한 학살을 자행하여 잔혹한 이름을 세상에 함께 떨쳤다. 또한 항량의 군사는 수십만 대군으로 불어나고 진군을 연전연파하게 됨에 따라 점차 항량 자신이 비상히 교오驕傲해졌다. 이때 진나라가 대량의 원군을 보내 용장 장한章邯을 지원했다. 크게 원군을 얻은 장한이 초군의 배후를 치며 항량을 돌습突襲하여 패사敗死시켰다. 항우와 유방은 진류陳留를 공타하던 중이었는데 성을 함락시키지 못한 경황에서 이런 일을 당하자 진류성 공타를 그만두고 급히 회군하여 항량의 본군을 지휘하는 여신呂臣의 군대와 합류해 퇴군하여 항우는 팽성彭城의 서쪽에 주둔하고 유방은 탕성碭城에 주찰駐扎하였다. 장한은 항량을 패살한 후 초병이 족히 우려할 게 없다 생각하여 군사를 북으로 돌려 황하黃河를 건너가 조국趙國을 대파하니, 조나라 왕이 진승의 부하였던 진여陳餘를 장군으로, 장이張耳를 재상으로 하여 거록鉅鹿으로 패주하였다. 장한은 왕리王離 섭간涉間과 함께 40만 대군으로 추격하여 거록을 에우고 공격하여 벼랑끝으로 몰았다. 한편 초 회왕은 항량의 전사 소식에 크게 두려워하여 도읍을 우태盱台에서 팽성으로 옮겨 와 항우와 여신呂臣의 군대를 수편收編하여 왕이 직접 통령하고, 여신을 사도司徒로 삼고 그 부친 여청呂靑을 영윤令尹으로 임명하며 유방을 탕군장碭郡長으로서 무안후武安侯에 봉해 탕군의 군대를 통령케 하였다. 회왕은 항우가 포악하여 처처에서 학살을 자행함을 알고 항량이 없는 초국의 군권을 항우가 장악하여 벌일 전횡을 견제하려는 미연의 조처였다. 진 2세 3년, 서기전 207년에 회왕은 송의宋義를 상장군으로 삼고 항우를 장안후長安侯에 노공魯公으로 봉하여 차장次將을 삼고, 범증을 말장末將으로 하여 송의가 주수主帥로서 5만 군을 거느리고 나가 조나라를 구원하게 하였다. 송의의 원정군援征軍이 안양安陽에 이르러서는 다시 진군을 아니하고 46일을 두류逗留하였다. 경자관군卿子冠軍[회왕이 노신老臣 송의에게 내린 존칭으로 제장의 최상위에 있는 상대장군의 뜻] 송의가 이끄는 구원군은 양초糧草가 넉넉지 못한데도 마냥 진군을 아니하니 성급한 항우뿐만이 아니라 제장도 불만이었다. 항우가 거듭 진군을 건의했다. '진군이 거록에서 조군을 에웠으니 우리가 쾌속 군사를 이끌고 도하渡河하여 조군과 내외에서 협공하면 반드시 진군을 격파할 수 있다' 재촉해도 항우를 본디 무시하던 송의가 발진을 꺼리고 보급이 넉넉지 않은 터에 군중에서 아들 송양宋襄의 송별연을 베풀며 음주작락飲酒作樂을 행했다. 겨울의 천기가 한랭한 터에 마침 큰비가 내려 사졸이 추위와 굶주림에 시달리는 것을 본 항우가 노하여 동년 11월 밤 새벽에 송의를 유악帷幄으로 찾아 들어가 참살하고, 그 머리를 들고 나가 장졸에게 '송의가 제나라와 연합하여 모반코자 하여 회왕이 살사殺死를 암령暗令하였다' 하자 제장이 모두 외구畏懼하여 굴복하고 감히 항거치 못하였다. 이에 항우가 임시 상장군이 되어 수하를 시켜 송별연을 유발한 송의의 아들 송양도 처살하고 환초桓楚를 회왕에게 보내 이를 급보케 하자, 회왕이 경파驚怕하여 항우를 즉시 상장군으로 추인했다. 송의를 참살한 후 항우의 위엄이 초나라에 진동하고 그 이름이 제후국에 전문傳聞되었다. 대장군이 된 항우는 당양군當陽君[영포英布]과 포장군에게 별군 2만을 주어 선발 도하하여 진군의 장한章邯이 왕리王離의 포위군에게 군수軍需를 운송하는 용도甬道를 끊게 하여 수차 진공하였으나 수확이 크지 않았다. 조의 장수 진여陳餘가 사람을 보내 재삼 발병을 청하자 항우가 본대 병마를 모두 인솔하여 도하渡河하였다. 12월에 장하강을 건넌 항우는 사흘 양식만 남기고 솥을 부수며 타고 온 배까지 불살라 버리며 배수진背水陣을 쳤다. 일변 진군의 용도를 치면서 포위한 왕리의 본군과 정면으로 맞서 항우가 선두에서 돌파하니 초병이 일기당십一騎當十으로 호성동천呼聲動天하며 격파하여 무릇 아홉 번 싸워 아홉 번을 이겼다. 이에 앞서 조군을 구원하러 모여와 있던 제후군이 장한군의 배후를 쳐 물리치며 크게 고무되어 항우군과 합세, 왕리의 본군을 협격하였다. 진장 소각蘇角과 섭리涉利가 전사하고 용장 왕리가 생포되었으며 섭간涉間은 투항을 원치 않아 자결하며 궤멸되었다. 이것이 사칭史稱 거록대전鉅鹿大戰인데 진군을 대파한 후 항우가 원문轅門에서 제장과 제후를 불러 보니 모두가 앞에 나와 무릎을 꿇고 항우를 감히 올려다보는 자가 없었다. 이에 항우가 초나라 상장군에서 제후의 상장군이 되고 제후는 다 그에게 귀부歸附하였다. 패퇴한 진의 장한군은 극원棘原에 주둔하고 항우군은 거기까지 추격하여 대치했다. 장한은 항우에게 거듭 패퇴하며 군사와 장수의 태반을 잃은 데다 진 2세의 문책이 두려웠고 항우도 연승을 하고 있지만 거록전에서 군수품을 모두 태워 부순 일로 군량 등이 부족해 진군과 무한 대치하기에 어려움이 따랐다. 장한이 장사長史 사마흔司馬欣을 함양에 보내 황제에게 형편을 아뢰고 원군을 청하게 하였는데 간흉 조고趙高가 사마문司馬門[황궁의 외문外門]에서 기다리라 하고 사흘이 지나도 접견을 아니하니 신임치 않음을 알아챈 사마흔이 비상해파非常害怕코 도주해 장한에게 돌아와 급히 타산打算하기를 권했다. 한편 조군의 진여도 서신을 보내 장한에게 진을 등질 것을 거듭 권유했다. 장한이 암중暗中에 후시성侯始成을 장남漳南의 항우 군영에 보내 화약和約을 담론케 하였으나 별무효과였다. 항우는 포장군을 시켜 밤낮으로 세 차례나 군사를 거느리고 삼호진三戶津을 건너가 진군과 교전하여 격파케 하고 이어 항우가 전군을 영솔하고 나가 오수汙水 위에서 진군을 대파하자 장한이 재차 항우에게 사람을 보내 화약을 맺자고 하니 이는 말이 화약이지 실은 항복 협상이었다. 항우가 군리軍吏[군대의 장수와 부관장교 등]를 모아 상황을 헤아려 말하기를 '지금 군량이 갈수록 모자라니 저들에게 상답想答[잘 생각하여 회답함]해야겠다' 하니 군리가 모두 옳다고 하였다. 이에 항우가 장한을 원수洹水 남쪽 은허殷墟[하남성 안양현安陽縣에 있는 은대 중기 이후의 도읍지]에서 만났다. 항우는 자기를 길러준 친부와 다름없는 숙부 항량을 죽인 원수이지만 천하대업을 위해 장한의 화약을 받아들였다. 장한이 항우 앞에 꿇어앉아 대곡하며 조고가 저를 가지가지로 핍박한 일을 호소하니 항우가 일약 장한을 옹왕雍王으로 봉하고 사마흔을 상장군으로 삼아 진군을 거느리게 하여서는 이 항복군을 전부前部로 하여 함곡관函谷關을 향해 서진하며 신안新安으로 진군하였다. 해가 바뀌어 한漢 원년元年, 서기전 206년 11월, 항우가 진의 항복군 20만을 생매장하는 사칭 신안대학살을 자행하였다. 원래 항우가 거느린 제후군은 모두 진나라의 요역徭役에 징용되어 혹사당하면서 진군의 매질을 당했던 자들인데 이제 형세가 역전되자 제후군이 진군을 보복으로 천대하여 노예 부리듯하니 진군 중에 불만이 암암리에 쌓였다. 게다가 대군이 관중關中에 들어간 후에는 진나라에서 고향에 있는 그들의 가족을 몰살할 것이므로 달리 계책을 세워 대응할 궁리를 댔다. 이를 소문으로 알아챈 제후가 항우에게 보하니 성급한 항우가 노하여 경포黥布[영포]와 포장군을 소집하여 상의하고, 진군이 매우 많은데 이들을 데리고 관중關中에 들어간 뒤에 만약 군령을 듣지 않는다면 비상한 화환禍患이 된다 하여 진군 항졸降卒 20여 만을 몰살키로 하였다. 곧 경포와 포장군 등을 시켜 심야에 진군 진지를 급습하여 장한 사마흔 동예董翳를 제외한 진군 모두를 신안성 남쪽에서 연야連夜로 갱살坑殺케 하니 20만 인명을 산 채로 묻어 죽이는 데 사흘 밤낮이 걸렸다. 그러나 이때에 유방군이 먼저 함양에 입성하여 약법삼장約法三章을 공포하고 진왕秦王 자영子嬰을 유임시켜 민심을 안정시키므로 항우의 대살륙 구실은 기우에 불과했다. 또한 저희에게 목숨을 맡긴 20만 사졸이 무도한 생매장을 당하는데 침묵하고 옹왕과 새왕塞王으로 영화를 누리던 장한과 사마흔은 뒤에 한신韓信에게 죽고 항복하는데, 살아남아 한신에게 항복한 사마흔은 또 항우와 유방에게 항복하기를 반복하다 결국 자결하여 유방에 의해 그 목이 효수되었다. 항우는 진군의 주력을 멸살한 후 즉시 제후군을 인솔하고 관중을 향해 정진挺進하던 중 함곡관에 이르러 유방의 군사가 수비하고 있어 항우군이 무법 통과할 수 없음을 알고 대경하였다. 또 유방이 이미 함양을 공파했다는 소리를 듣고 대노하여 당양군 경포를 보내 함곡관을 공파하라 하였다. 이에 항우는 40만 대군으로 신풍新豊의 홍문鴻門에 주둔하고 유방군은 10만으로 패상霸上에 주둔하였다. 유방의 좌사마左司馬 조무상曹無傷이 사람을 항우에게 보내 '유방이 관중에서 칭왕稱王코자 하며 아울러 자영을 승상으로 삼고 함양의 진보珍寶를 전부 점유하였다' 밀보하였다. 이때 범증이 항우에게 '유방이 산동山東에 있을 때 재물을 탐하고 호색好色하였는데 관중에 들어온 후 전혀 재물과 여인을 취하지 아니하니 지향志向하는 바가 작지 않은지라 마땅히 일찍 죽여야 한다' 설득하니 항우가 옳이 여겼다. 항우를 수행하는 또 한 사람 숙부 항백項伯이 본디 유방의 수하에 있는 장량張良과 관계가 우호하여 밤낮으로 유방군에 찾아가 장량을 만나며 항우에게로 도주시키려 하다가 오히려 장량에게 설복되었다. 항백이 장량을 탈주시키러 갔다가 돌아와서는 항우에게 '유방이 함양성을 공파한 것은 대공인데 과연 그를 진공한다면 이는 천하가 불의지거不義之擧라 할 것'이라 하니 항우가 무도하되 암수를 쓰거나 비겁한 짓을 싫어하는지라 이에 찬동하였다. 이튿날 아침 유방이 바로 1백여 기騎만을 데리고 항우를 찾아가 현신見身하였다. 이미 은통과 송의를 참살한 항우일지라도 함양을 먼저 공파 입성하고 기다렸다 늦게 이른 자기를 알현하러 온 상대를 차마 죽이지 못할 것이라는 것 또한 유방의 담력이었다. 유방이 홍문에 이르러 칭신사죄稱臣謝罪하기를 '신이 장군과 힘을 다하여 진을 공타攻打하니 장군은 하북河北[황하의 북쪽]에서 싸우고, 신은 하남河南에서 싸웠으나 능히 생각지도 못하게 먼저 관중에 들어와 진을 파하게 되니 여기에서 장군을 다시 뵙게 되었습니다. 그런데 지금 소인小人의 말이 있어 장군과 신 사이에 틈이 있게 합니다' 하였다. 항우가 답하여 '이는 패공의 좌사마 조무상이 말한 것이오. 그렇지 아니하면 적籍[자칭]이 어찌 여기에 이르렀겠소?' 하고 바로 유방을 머물게 하여 연음宴飮하였는데 항우는 항백과 같이 동쪽을 향하여 앉고 범증은 남향하여 앉고 유방은 북향하여 앉고 장량은 서향으로 시립侍立하였다. 범증이 유방을 죽일 것을 누차 암시하며 허리에 찬 옥결玉玦을 들어 보였으나 항우가 불인不忍[차마 잔인하지 못함]하여 묵연默然히 불응하였다. 범증이 일어나 밖으로 나와 항우의 사촌 항장項莊을 불러 이르기를 '군왕君王[항우]의 사람됨이 불인하니 네가 들어가 축수祝壽[장수를 비는 술잔을 드림]를 하고 검무劍舞를 청하여 추다가 즉석의 패공을 쳐 죽여라. 그렇지 않으면 너희 모두가 장차 사로잡히리라' 하였다. 항장이 바로 들어가 헌수獻壽를 마치고 아뢰어 '군왕께서 패공과 술을 드시는데 군중軍中이라 즐길 것이 없으니 검무를 청합니다' 하니 항우가 '좋다' 하여 항장이 일어나 칼을 빼들어 춤을 추었다. 불상사를 눈치챈 그 숙부 항백이 일어나 '검무는 혼자가 아니라 마주 추어야 한다'며 발검하여 맞춤을 추며 매번 몸으로 유방이 있는 쪽을 가로막아 주니 항장이 유방을 칠 틈을 얻지 못하였다. 그 사이 장량이 밖으로 나가 서둘러 군문에 이르러 번쾌樊噲를 찾았다. 번쾌가 '오늘 일이 어찌 되어가느냐' 물으니 장량이 '심히 급하다. 항장이 검무를 추는데 그 뜻이 오직 패공에게 있다' 하자 번쾌가 '급박하다. 신이 청컨대 들어가 목숨을 같이 하겠다' 하고 검을 차고 방패를 끼고 영막營幕으로 들어가려 하자 창을 맞지른 두 위사衛士가 막았다. 방패를 비스듬히 밀어쳐 두 위사를 패대기친 번쾌가 장막 안을 헤치고 돌입해 서쪽에 우뚝 서 눈을 부릅뜨고 항우를 노려보니 그 두발이 곤두서고 눈초리가 찢어지는 형상이었다. 항우가 칼을 어루만지며 무릎을 세워 반신을 일으키며 '저 손[객客]은 무얼 하는 사람인가?' 물으니 장량이 대신 아뢰어 '패공의 참승參乘[임금이나 존자를 모시고 수레의 오른편에 앉아 말을 모는 사람] 번쾌라는 자입니다' 하였다. 항우가 '장사로다. 술을 한 잔 내리라' 하니 곧 말술을 주었다. 번쾌가 절하여 사례하고 선 채로 말술잔을 마셔 비웠다. 항우가 그에게 '체견彘肩[돼지의 어깻죽지가 달린 앞다리]을 주어라' 하니, 번쾌가 이를 받아 바닥에 엎어 놓은 방패에 놓고 칼로 잘라 몇 입에 먹어 치웠다. 항우가 '장사는 더 먹겠는가?' 물으니 번쾌가 '신이 죽음도 피하지 않거늘 어찌 술잔을 사양하리까' 하고 진언하였다. '무릇 진왕은 범과 이리의 심장이어서 사람 죽이기를 다 못할까봐 걱정하고, 사람 벌하기를 다 마치지 못할까 두려워하여 천하가 다 모반하였습니다. 회왕이 여러 장수와 더불어 약조하여, 진을 먼저 파하여 함양에 들어가는 자를 왕으로 한다 하였으므로, 오늘 패공이 먼저 진을 파해 함양에 들어가서는 감히 터럭만큼도 가까이하지 않고 궁실을 봉쇄하여 패상에 군을 둘러놓은 것은 대왕이 오시기를 기다린 것입니다. 그런 고로 함곡관에 장수를 파견해 지킨 것은 다른 도적이 출입하거나 비상시에 대비한 것이니 노고의 공이 높은 것이 이와 같은데 제후에 봉하여 상을 주는 대신 소인의 말을 들으사 유공자를 주살하고자 하시니 이는 망한 진나라를 잇는 것인즉 그윽이 생각건대 대왕께서 취하실 바가 아닙니다' 하니 항우가 가만히 듣고 있다 번쾌에게 '앉으라' 하였다. 번쾌가 비로소 장량을 따라 자리에 앉았다. 잠시 뒤 유방이 일어나 측간廁間[변소]에 가면서 번쾌를 불러내 같이 나갔다. 유방은 기회를 타 도탈逃脫하며 장량을 머물러 두고, 지니고 온 백벽白璧[화씨벽和氏璧 같이 진귀한 흰 옥]과 옥두玉斗[옥으로 만든 진귀한 구기]를 맡겼다. 장량이 백벽을 항우에게 올리니 항우는 이를 탁자에 방치했는데, 범증은 그가 유방의 예물로 드리는 옥두를 받아 바닥에 놓고 칼을 뽑아 깨부쉈다. 그리고 '항우의 천하를 탈취할 자 정녕 유방'이라 탄식하였다. 유방은 번쾌와 하후영夏侯嬰 등 몇 사람만 데리고 에두르는 험로 역산도酈山道를 택하여 패상으로 돌아갔다. 함양에 진입한 항우는 군사를 이끌어 닥치는 대로 도살하고 부수고 불질렀다. 진왕 자영을 살해하여 족멸하고 진왕궁을 모두 불지르니 큰불이 연속하여 석 달이 지나도 다 타지 못했다. 성안의 보물과 미녀를 모두 수색해 모아 강동으로 가져갈 준비를 하니, 혹자가 '관중은 부요富饒하니 가히 왕패王霸의 대업을 이룰 곳'이라고 권유하였으나, 항우가 진왕궁이 이미 다 파훼破毀되었고 또 자기가 강동으로 돌아가고 싶은 마음이 박절迫切하여 이를 듣지 않았다. 또 어떤 사람이 '대체 초나라 사람 성정性情이 잔포殘暴하다더니 과연 이 모양이구나' 탄식하였다는 소리를 항우가 듣고 그 사람을 찾아내 죽였다. 이렇게 진을 멸살滅殺한 다음 항우는 회왕의 동의를 청하여 스스로 서초패왕西楚霸王이 되고, 유방을 한왕漢王으로, 장한을 옹왕雍王으로, 사마흔을 새왕塞王에, 동예를 적왕翟王에 봉했다. 위왕魏王 표豹를 서위왕西魏王으로, 신양申陽을 하남왕河南王, 사마앙司馬卬을 은왕殷王, 조왕趙王 헐歇을 대왕代王, 장이張耳를 상산왕常山王, 당양군 영포를 구강왕九江王, 오예吳芮를 형산왕衡山王, 공오共敖를 임강왕臨江王, 연왕燕王 한광韓廣을 요동왕遼東王, 장도臧荼를 연왕燕王, 제왕齊王 전시田市를 효동왕胶東王, 전도田都를 제왕齊王, 전안田安을 제북왕齊北王 등으로 18제후왕을 봉하였다. 이는 물론 의제義帝로 격상된 초회왕 미웅심芈熊心의 이름으로 봉한 것이었다. 제후왕의 으뜸으로 사실상 천자가 된 패왕 항우는 머리 위에 의제가 있는 게 거추장스럽고, 앞서 함양에 먼저 입성하는 자가 관중왕이 되게 하기로 한 약조대로 유방을 한왕에 봉하게 한 데에도 앙심을 품고 후환을 없애고자 하였다. 제후의 분봉을 마친 항우는 의제를 천도遷都하여 장사長沙의 침현郴縣으로 옮기게 하고 몰래 형산왕 오예와 임강왕 공오를 시켜 도중에 강물에 빠트려 시살弑殺하였다. 한 원년, 서기전 206년 8월, 제와 조나라 제후가 반란을 일으키자 항우가 군사를 이끌고 앞서 나가 평란平亂시켰는데 듣자니 유방이 이미 삼진三秦[장한의 옹雍 사마흔의

항우, 한신의 최후   309

새塞 동예의 적翟 3국]을 취하여 관중을 평정하였다 하였다. 항우가 비상히 분노하여 정창鄭昌을 한왕韓王으로 봉하여 앞서 나가 유방을 저당抵擋하라 하고 소공각蕭公角을 보내 항우에게서 아무런 봉작도 못받고 유방 편이 된 팽월彭越을 조격阻擊케 하였다. 팽월이 소공각을 격파한 후 장량이 한왕 정창의 서신을 위작하여 항우에게 보내 '유방이 다만 관중만 얻을 생각이고 더는 동쪽을 향해 용병用兵치 않는다' 하고, 또 제왕과 양왕梁王의 서신을 위작해 항우에게 보내 '제왕이 양왕과 협심하여 초나라를 멸할 준비를 한다'고 믿게 하니, 항우가 유방 쪽은 방심하고 제나라를 공타攻打하였다. 항우가 원정하며 구강왕 영포에게 발병發兵을 징소하니 영포가 병을 칭탁하여 나오지 않아 항우가 원한을 품었다. 한 2년, 서기전 205년 겨울 항우가 북진하여 성양城陽에 이르자, 전영田榮이 군사를 이끌고 나와 회전하였으나 격패擊敗되어 평원平原으로 도주했는데 백성에게 살해되었다. 항우는 제나라의 방옥房屋을 부수고 불지르며 항복하는 사졸을 전부 파묻어 죽였다. 백성 남녀노유를 노략하고 포로로 잡아 모두 북해北海로 천왕遷往시키며 노략한 사람 대다수가 다 잔멸殘滅되니 남은 제국인이 일치하여 결사 항전하므로 전횡田橫이 기회를 타 수만 군병을 수편收編하여 성양을 반공反攻해 수복했고 항우가 이를 오래 공타하여도 떨어지지 않았다. 이럴 때 유방은 항우의 무도함에 반기하는 제후의 병마 56만을 모아 동쪽을 향해 진군해 나와 초국을 공타하였다. 항우가 이 소식을 접하여 부장 등을 머물러 두어 계속 제나라를 공격케 하고, 정병

3만을 친솔하고 팽성彭城을 구원하러 주야배도晝夜倍道로 달려왔다. 항우가 없는 팽성을 쉽게 함락한 유방의 50만 대군은 성안의 진보와 미인을 수색해 모아 놓고 승리에 도취하여 대연大宴을 벌이고 밤새워 흥청거렸다. 전광석화로 돌진해온 항우의 3만 기병은 신새벽에 작전을 개시하여 소현蕭縣을 경유해 서에서 동으로 기습하니 척후가 동쪽을 바라보던 한군의 서쪽 방어선이 돌파되어 중오中午가 되어서는 팽성이 타도되고 유방의 본군이 궤멸되어 살사자가 10만을 넘었다. 유방군이 남산南山으로 도주하고 항우가 급히 추격하여 영벽靈壁의 동쪽 조란阻攔에 이르러서는 한군이 절벽으로 떠밀려 수수睢水에 떨어지는 자가 10여만이라 강물이 막혀 흐르지 못했다. 항우가 유방을 잡아 세 겹으로 포위했는데 홀연 일진광풍一陣狂風이 일어나 초군을 강타하여 눈코를 못뜨는 사이 유방이 수십 기騎를 데리고 탈주하였다. 유방이 하읍下邑에 도달하여 패잔한 군졸을 수합해 형양滎陽으로 가니 각로에서 패주한 군대가 선후로 모여들어 회합하고 소하가 또한 관중에서 책적冊籍에 등기되지 않은 백성으로서 유방에게 투항해온 자들을 원군으로 발동해 와 합류하니 이로 말미암아 유방의 군세가 다시 진작되었다. 항우가 승승乘勝하여 전투를 걸어와 무법취승無法取勝을 거듭하는데 유방이 팽성에서 대패한 후 제후가 다시 배반하여 항우에게 귀부하였다. 한 3년, 서기전 204년, 유방이 형양에 용도甬道를 수축하고 강하를 건너 오지敖地의 식량을 취하니 항우군이 여러 차례 용도를 침탈하고 유방군은 무법으로 양초糧草를 보충하느라 횡행하여 일대가 비상한 해파害怕에 휩싸여 흉흉하였다. 이에 유방이 항우에게 화의和議를 청하고 항우도 동의하였다. 이때 항우는 범증의 건의를 받아 함께 형양을 포위하고 유방을 잡아 소멸시킬 타산이어서 유방이 심히 두려워하였다. 그래서 진평陳平의 계책을 취하여 항우와 범증을 이간시키니 단순한 항우가, 범증이 유방과 구결勾結되어 있다는 말을 곧이듣고 범증의 지휘권을 박탈하였다. 이에 분기가 치솟은 범증이 더는 항우와 더불어 구경究竟에 이를 수 없겠다 생각하여 노쇠함을 이유로 고향에 돌아가기를 청했다. 늘 범증을 성가셔 하던 항우가 역시 잘됐다고 쾌락快諾하니 범증이 환향 길에 등창이 나 객사했다. 항우가 전군으로 형양을 에워싸 총공격을 하자 안에 든 유방의 군세가 견디지 못하여 크게 위태로웠다. 유방을 닮은 부장 기신紀信이 2천 군을 거느리고 유방을 가장하여 황거黃車에 앉아 출성투항出城投降하니 항우가 이를 잡아 유방이 어디 있느냐 물었다. 기신이 유방은 이미 다른 길로 도주하였다 하자, 항우가 그런 기신을 태워 죽였다. 한 4년, 서기전 203년에 항우가 유방의 형양을 사면 포위하고 맹공하여 수장守將 주가周苛와 종공樅公을 죽이고 유방을 도주케 하였다. 도주하는 유방이 사람을 시켜 구강왕九江王 영포英布가 항우를 배반하고 유방의 편이 되어 성고成皐에 진입케 하였다. 항우가 이를 알고 신속히 성고를 공취하고 일로로 서진西進하므로 유방은 공현鞏縣으로 도망하여 중병重兵으로 굳게 지키니 항우가 치고 나갈 수 없었다. 이때 팽월彭越이 황하를 건너 동아東阿를 공격하여 초장 설공薛公이 패사하였다. 항우가 친군을 거느리고 가 팽월을 패퇴시켰으나 그 사이 유방이 성고를 쳐 함락시키므로 항우가 회군하여 광무廣武에서 유방과 대치하였다. 서로 수개월 상지相持하다가 항우가 단기單騎로 나가 도전하였으나 유방이 응하지 않았다. 이에 항우가 장사壯士를 내보내 도전케 하니 유방이 누번인樓煩人[용맹하고 활을 잘 쏘는 북방 누번족 사람]을 시켜 사살케 하자 항우가 대노하여 몸에 개갑鎧甲을 입고 장극長戟을 들고 나가 도전하니 누번인이 활을 겨누다가 항우의 노한 눈빛을 보고 감히 나가지 못했다. 유방이 뒤에서 이를 보고 진전으로 나아가 항우에게 대화를 걸자 항우가 또 도전하였으나 유방이 듣지 않았다. 항우가 쇠뇌를 쏘아 유방을 맞히니 다친 유방이 물러가 성고로 들어갔다. 한신이 하북河北에서 제濟나라를 공파하자 조趙나라 등이 함께 초나라로 진공할 준비를 하였다. 항우가 대장 용저龍且를 보내 먼저 한신을 진공케 하였더니 한신에게 패하여 피살하였다. 이때 팽월이 또 상곡성上谷城에서 출격해 나오므로 항우가 대노하여 몸소 진군하여 구원했는데 원지原地에서 유수留守하던 대사마大司馬 조구曹咎가 먼저 진공하지 말고 수비하며 보름을 기다리는 게 옳다 하여 항우가 돌아간 뒤 유방군이 전진해 나와 도전하니 조구가 노하여 군사를 이끌고 사수汜水를 건너자 유방군이 기회를 타 진공하여 조구군을 대파하였다. 조구의 패전 소식을 듣고 항우가 회군하는데 이때 유방군이 곧바로 형양을 동쪽에서 에우고 종리매鍾离昧를 공격하였다. 항우가 이 소식을 듣고 회군해 오니 크게 두려워진 유방의 전군이 퇴각하였다. 항우는 앞뒤로 적을 맞고 있는 터에 양식과 마초馬草의 보급이 이어지지 않아 한없이 싸우기가 어렵고 군졸과 백성도 피폐하였다. 마침내 항우가 억류해 두고 있던 유방의 부친 태공과 여후呂后 등 가족을 쇄환刷還해 보내고 유방과 더불어 화의의 맹약을 첨정簽訂하여 전쟁을 끝내며 홍구鴻沟를 경계로 천하를 양분하기로 하였다. 이 같은 홍구의 화의 후 항우는 군사를 거느려 동으로 돌아갔는데 유방은 물러가다가 돌연 맹약을 시훼撕毁하고 항우를 추격하였다. 생각으로는 항우를 일거에 잡아 소멸코자 함이었으나 유방의 본군에 맞춰 출병하기로 한 한신과 팽월이 거병하여 오지 않는 데다 분노한 항우가 대군을 이끌고 반격하여 유방군을 대파하는 바람에 퇴주退走한 유방은 깊은 물굽이와 높은 산구렁으로 들어가 굳게 지키고 나오지 않았다. 유방이 토지를 가봉加封하여 왕을 삼는 것을 조건으로 한신을 설득하여 제나라에서 남하하여 팽성과 소북蘇北 환북皖北 예동豫東 등 광대한 지역을 점령하여 병력의 예봉銳鋒으로 초군의 측배側背를 바로 찔러 항우를 동에서 서으로 협격挾擊케 하고, 양왕梁王 팽월은 수만 군사를 조발하여 양나라 땅을 출발하여 먼저 남하한 다음 서진하여 유방의 본부군과 공동으로 초군을 핍박하여 후퇴케 하고, 한장 유가劉賈는 군사 수만을 거느리고 구강왕 영포와 합병合兵하여 10만을 이루어 회북淮北에서 출발하여 서남쪽에서 초나라 땅으로 진공케 하니, 이들은 먼저 수춘壽春을 점령하고 다시 남하하여 성보城父를 병탄하고는 성내의 군민軍民을 전부 도진屠盡하였다. 이때 남선南線을 진수하던 초의 대사마 주은 周殷이 초를 배반하여 여섯 현縣을 도멸屠滅하고 다시 영포 유가와 더불어 군사를 합쳐 뒤따라 북진하여 항우를 협격하였다. 동시에 관중에서 도착한 보충병을 더한 유방의 본군 20만이 고릉固陵에서 동진하니 다섯 길 오로군五路軍은 60만에 가까운 무리로 서와 북, 서남, 동북에서 초군의 사면을 둘러싸는 형세였다. 압박을 받은 항우는 10만 초군을 거느리고 해하垓下로 진군하여 그 뒤쪽으로 철군하였다. 유방은 한신에게 30만을 주어 전군前軍이 되게 하고 장군 공희孔熙로 좌군을, 진하陳賀로 우군을 삼아 친군親軍과 함께 진군하며 장군 주발周勃로 뒤를 끊게 하였다. 항우는 10만군으로 먼저 한신과 큰 싸움을 벌였다. 한신은 실리失利를 하여 퇴각하며 돌진해오는 적군을 좌우 양익兩翼으로 하여금 깊숙이 유인한 다음 협격케 하였다. 항우가 협격을 맞아 분전을 그치지 못할 때 멀리 퇴각하던 한신이 되돌아 반격하여 맹공을 폈다. 항우가 난생처음 대패하여 달아나서는 벽루壁壘로 들어가 굳게 지키고 나오지 않으니 유방이 승세를 타고 대군으로 항우를 겹겹이 포위하였다. 해하에 처한 항우군은 병력이 상대가 안되게 적을 뿐만 아니라 양초糧草도 부족한데 유방의 수십만 대군에 포위되어 어찌 움직일 수가 없었다. 이에 항우는 800 기병을 뽑아 심야에 포위를 뚫고 나갔는데 날이 밝아 항우가 도망간 것을 안 관영灌嬰이 5천 정예기병으로 추격하였다. 도주하는 항우가 회하淮河를 건너가니 따르는 기병이 1백여 명이었다. 음릉陰陵에 이르러 미로迷路가 된 항우는 한 노의老衣[수의壽衣를 입은 노인]에게 어느 쪽으로 가야 오강烏江인지

길을 물으니 무도한 항우가 괘씸한 노의가 왼쪽이라 하는 바람에 반대로 치달려 가다 늪지를 만난 항우는 되돌아 나오느라 식경을 허비하고, 추격하는 한병과 맞닥뜨려 한바탕 격전을 벌인 뒤 다시 동주하여 동성東城의 한 산에 다다르니 살아남아 따르는 자는 28기이고 추격하는 한군은 수천이었다. 항우가 탈신 못할 것을 헤아리고 수하에게 말하였다. '내가 군사를 일으켜 지금에 이르도록 70여 전을 치러 대적하는 자는 모두 공파하여 내가 타격한 사람은 모두 내게 신복臣服[신하가 되어 복종함]을 표하니 일찍이 패배한 적이 없어 드디어 천하를 제패制霸하였다 하였거늘, 지금 이 곤액에 처했으니 이는 내가 병장기를 쓰지 못해서가 아니라 하늘이 나를 망하게 하는 것이다. 오늘 이 결사전을 벌임은 내가 너희를 위해 죽는 일전一戰이니 반드시 세 차례 승리로 너희를 위해 포위를 쳐 무너뜨려 장수를 베고 기치를 자를 터이니 너희는 이를 알고 탈주하라. 이는 하늘이 나를 망하게 하는 것이지 내가 병기를 못써서가 아니다' 하고 기병을 4대로 나누었다. 한군은 이러한 항우를 몇 겹으로 에워쌌는데 항우가 적의 기병들을 보고 '내 너희를 격살하고 대적하는 장수 하나를 베겠다' 하고 4대로 나눈 기병을 4면에서 짓쳐 내려가게 하였다. 이들이 산의 동면에서 모여 접전하자 항우가 크게 외치고 치달려 내려가 적장 하나를 베었다. 적천후赤泉侯 양희楊喜가 뒤를 쫓자 항우가 대갈일성大喝一聲으로 호통치니 양희가 탄 말과 함께 혼비백산하여 몇 리밖으로 달아났다. 항우가 28기를 다시 3대로 나누니 한군이 항우가 어느 대에 있는지 몰라

다가와 3대를 다 포위하였다. 항우가 비호같이 달려나가 또 장수 하나를 베고 동시에 백수명을 참살하더니 다시 기병 3대를 하나로 모아 2기를 잃은 것을 보고 '어떠하냐?' 물었다. 기병들이 엎드려 흠패欽佩[우러러 탄복함]하며 '대왕의 말씀만 같습니다'하였다. 항우가 일로一路 도주하여 오강에 이르니 그곳 정장亭長[역승驛丞]이 '강동江東으로 돌아가시면 동산東山에서 재기하실 수가 있다'고 권유하였으나 항우가 강동의 부로父老를 볼 면목이 없다고 거절했다. 그리고 스스로 타던 오추마에서 내려 이를 정장에게 하사하고 보전步戰으로 나아가 구기口氣[입으로 뿜는 기염] 일성一聲에 한병 몇 백을 참살하고 자신도 10여 군데 창검상을 입은 후 칼을 휘둘러 자문自刎[자기 목을 침]하였다. 초나라의 여러 노장老將은 항우가 '사람됨이 표한활적慓悍滑賊[경박輕薄하고 사나우며 교활하고 잔혹함]하여 지나는 여러 곳에 잔멸殘滅되지 않음이 없었다'하였다. 유방은 말하기를 '항우는 범증范增 하나를 쓰지 못하여 내게 잡히는바 되었다'하였다. 한신은 '항왕項王은 음악질타喑惡叱咤[고약하게 소리치고 호되게 꾸짖음]하고 천인千人을 다 부수지만 어진 장수를 임촉任屬하지 못하니 이는 특출한 필부匹夫의 용맹일 뿐이다. 항왕은 사람을 대하여 공경하고 자애로우며 언어가 구구嘔嘔[온화하고 즐거움]한데 질병이 난 자를 보면 울먹이며 음식을 나누어 주고, 공을 세운 사람에게 작위를 봉하고 봉작한 것은 닳아 없어지도록 마음에 새기는데 차마 내게는 그리할 수가 없었으니 이는 이른바 부인婦人의 인仁에 지나지 않는다'하였다. 사마천은 '내 들으니 주생

周生[제요帝堯의 후손 복성複姓 주생씨周生氏]의 말이, 순舜의 눈이 다 중동자重瞳子[눈동자가 이중으로 됨]라 하였고 또 들으니 항우 역시 중동자라 하니 어찌 그 묘예苗裔[먼 후손]가 아닌가. 어찌 포학暴虐하게 일어났는가. 대저 진秦이 정사政事를 잃어 진섭陳涉[진승]이 먼저 난을 일으키니 호걸이 아울러 일어나 서로 다투었으나 항우는 척촌尺寸의 재능도 없이 산골 밭이랑에서 일어난 지 3년에 다섯 제후의 장수가 되어 진을 멸하고 천하를 나누어 갈라 왕후王侯를 분봉分封하니 정사가 항우로부터 나와 호왈號曰 패왕霸王이라 하니 비록 지위를 끝까지 지키지 못했으나 근고近古에 없는 일이었다. 항우가 관중關中을 등지고 나와 초楚나라 땅을 품어 의제義帝를 방축放逐하고 자립하여 저를 원한하여 반역하는 후왕侯王들에게 수난受難하였다. 공벌攻伐을 자랑하여 사사로운 지혜로 분발奮發하며 옛사람을 스승삼지 않고 이를 패왕의 왕업王業이라 하며 힘으로 정복하여 천하를 경영하려다 5년 만에 그 나라가 졸망卒亡하고 동성東城에서 몸이 죽으면서도 오히려 잠에서 깨지 못하고 과오를 자책하지 않으며, 하늘이 나를 망하게 하는 것이지 내 용병用兵을 못한 죄가 아니라 하였으니 어찌 틀린 게 아닌가' 하였다. 제갈양諸葛亮은 '옛적 항적項籍이 굳센 무리를 총괄하여 고을을 타고 앉아 영토를 겸병兼并하고 힘써 이룬 바가 광대하였으나 끝내 해하에서 패하고 동성에서 죽어 그 종족宗族이 분멸焚滅하여 천년의 웃음거리가 된 것은 모두 의義로써 행하지 않고 위를 능욕하고 아래를 학살한 때문이었다' 하였다. 패왕별희에서는 항우가 불세출의 장렬한 천하영웅으로 나오지만 후세 역사의 평가는 냉혹하였다. 항우의 묘는 오천장묘五泉庄墓, 속칭 패왕분霸王墳 또는 패왕총霸王冢, 패왕두霸王頭[패왕의 머리만 묻었다는 뜻]라 하는데 제濟나라 땅 곡부曲阜의 노국魯國 옛 성 동북쪽 모서리에서 동쪽으로 100미터쯤에 있다. 원래 봉분은 직경 오륙십 미터, 현존 봉분은 30여 미터, 경사진 높이는 20여 미터라 한다. 청나라의 안광유顔光猷가 여기에 '찬패왕분贊霸王墳'이라 시詩하여 '사면초가패업이四面楚歌霸業移 사면의 초가에 패업은 사라지고, 오강전패수유지烏江戰敗誰有知 : 오강에서 패전한 일 뉘 있어 알리오. 노인상자종신절魯人尚自終臣節 : 노나라 사람 오히려 신하의 예를 마치는데, 폐호현송거한사閉戶弦誦拒漢師 : 닫힌 문의 시위 소리 한군漢軍을 거절하네'라 하였다. 항우의 사당 패왕사霸王祠는 안휘성安徽省 화현和縣 오강진烏江鎭의 봉황산鳳凰山에 있다. 항정項亭 항왕정項王亭 초묘楚廟 항우묘項羽廟라고 속칭한다. 항우가 이 산에서 자결한 뒤 산이름이 봉황산으로 된 모양이다. 당시 항우가 자결한 뒤 한장漢將들이 전리품으로 그 목을 베어 가고 사지四肢를 갈라 나누어 간 나머지 잔해와 혈의血衣를 묻어 무덤을 만들었기에 의관총衣冠冢이라 하였는데 후인이 여기에 정자를 짓고 제사하며 항정이라 하여 그 사당이 비롯되었다. 당초唐初 여기에 전각을 세우고 숙종肅宗 상원上元 3년, 762년에 서법가 이양빙李陽氷이 전액篆額하여 서초패왕영사西楚霸王靈祠라 하고, 서기 841년에 당의 재상 이덕유李德裕가 항왕정부병서項王亭賦幷序를 지어 '자탕무이간과기업自湯武以干戈企業 : 탕왕과 무왕이 방패와 창으로 대업을 일으킨 이래, 후지영웅막고항씨後之英雄莫高項氏 : 후일의 영웅으로 항씨보다 높은 자 없었다'하였다. 남당南唐의 문호 서현徐鉉이 항왕정비項王亭碑를 찬서撰書하고 남송 소흥紹興 29년, 1159년에 오강정을 영혜묘英惠廟라 격상하여, 역대로 수즙修葺과 확건擴建을 거듭하여 정전正殿과 청룡궁靑龍宮 행궁行宮 수령궁水靈宮 등 99간 반을 지었다. 전설에 황제라야 바야흐로 1백 간 사당을 짓는데 항우는 비록 공이 높고 업이 위대하지만 끝내 제업帝業을 이루지 못하여 100에서 반 간이 모자라는 99.5간을 지었다 한다. 전내에는 항우와 우희虞姬 범증 등의 소상塑像과 석사자石獅子 한선旱船 종 정비鼎碑 등의 문물이 있다.

차시, 여마동이 패왕의 머리를 가져다가 한왕께 드리니 한왕이 보시고 일희일비一喜一悲[한편으로 기쁘고 한편으로 슬픔]하여 왈 '도시都是[모두가] 천하를 위함이라'하고 오래 체읍涕泣[눈물을 흘려 슬피 욺]하더라.

차시에 천하를 다 평정하되 오직 노국魯國이 항복지 아니하거늘, 한왕이 대병을 조발하여 치고자 하니, 모왕이 간왈 "노국은 예의와 충성을 지킨[키는] 나라[이]오니 패왕의 머리를 봉하여 보내면 항복하리다"하니 한왕이 옳이 여겨 패왕의 머리를 노국으로 보내니, 노국이 패왕의 머리를 보고 국내에 발상發喪[초상을 발표]하며, 즉시 성밖에 나와 항복하더라. 이때 한왕이 황제위皇帝位에 즉위卽位하시니 한 태조 고황제漢太祖高皇帝라.

각설, 천자, 낙양洛陽 남궁南宮에 대연을 배설排設하고 제장의 공을 차례로 봉작封爵할 새, 태공을 추존追尊하여 태상황太上皇을 봉하시고, 모친 은씨殷氏로 황후皇后를 봉하시고 여후呂后로 태후太后를 삼고 열후제장列侯諸將을 불러 왈 "과인이 천하를 얻은 바는 경등卿等의 공이라, 대저大抵[대체로 보아] 장막帳幕 가운데 앉아 산을 둘러 천리 밖의 일을 결단하기는 자방子房만 같지 못하고, 나라를 진무鎭撫[진정시켜 어루만지고 달램]하고 백성을 무휼撫恤[불쌍히 여겨 위로하고 도움]하며 백만 군중軍中에 양식을 끊[이]지지 아니하[게 하]기는 내 소하만 같지 못하고, 백만 군병을 거느리고 전필승공필취戰必勝功必就[싸우면 반드시 이기고 공이라면 반드시 이룸]하며 군졸을 안으로 용납하기는 내 한신만 같지 못하니, 이 차삼인此三人[이 세 사람]을 과인이 얻어 쓴 고로 천하를 취함이요, 항씨項氏는 일개범증一介范增[그저 한 사람 범증 뿐]이었으되 쓰지 아니한 고로 내게 사로잡힌바 되니라" 하니 군신群臣이 크게 열복悅服[기쁜 마음으로 감복함]하더라.

즉시 한신으로 초왕楚王을 봉하고 장량으로 제국齊國 상만호上萬戶를 봉하시니 장량이 사례 왈 "신이 처음에 폐하를 유留땅에[서] 만났으니, 이는 하늘이 나로 하여금 폐하를 [모시도록] 주심이라, 유땅을 봉하심이 족할까 하나이다." 천자, 대찬大讚[크게 칭찬함] 왈 "자방은 전고前古

에 없는 충신이라" 하시고 유후留侯를 봉하시며, 소하로 대승상大丞相에 겸 찬후酇侯를 봉하여 계시니, 제장 등이 합주合奏 왈 "신등이 갑주를 입고 창검을 잡아 많이 싸운 자는 백여 전이요, 적게 싸운 자는 수십여 전이어늘, 소하는 일찍 말을 달려 땀[을 낸]난 공이 없삽고 한갓 문필文筆로 의논하다가 금일 신등의 위에 거居하기는 무삼 연고니이까?"

황제 왈 "경등이 사냥하는 법을 아느냐? 추살구토자追殺毆兎者[토끼를 쫓아가 쳐 잡는 것]는 구야狗也[개이다]요, 발종지시자發縱指示者[풀어주어 쫓도록 지시하는 것]는 인야人也[사람이다]라, 경등의 공은 구야요, 소[하]의 공은 인야라" 하시고, 왕릉으로 제왕齊王을 봉하시고, 진평으로 공렬후功烈侯를 봉하시고, 조참으로 평양후平陽侯를 봉하시고, 팽월로 대량후大梁侯를 봉하시고 경포로 회남왕淮南王을 봉하시고 번쾌로 무양후 대도독舞陽侯大都督을 봉하고, 육가로 임회태수臨淮太守를 봉하시고 숙손통으로 태상대부太常大夫를 봉하시고 주발로 명무관대부를 [봉]하시고 진희로 좌상左相을 봉하시고 공희로 우상을 봉하시고, 그 남은 공신은 차차로 봉하시니, 이날 제후 등과 공경대신이 사은숙배謝恩肅拜하고 만세를 부르더라.

각설, 한신이 초국에 돌아가 선치민정先治民政[백성의 정사를 먼저 다스림]하고 후치국사後治國事[국가의 일을 뒤에 다스림]하매, 덕화德化, 사해四海에 지동之動하니, 우순풍조雨

順風調[비가 때맞춰 오고 바람도 고름]하고 국태민안國泰民安[나라가 태평하고 백성이 살기 편함]하여 백성이 함포고복含哺鼓腹[실컷 먹고 배를 두드림]하고 격양가擊壤歌[풍년농부가 땅을 두드리며 부르는 환희의 노래]를 일삼으니 초왕의 덕이 명만사해名滿四海[이름이 온 세상에 퍼져 가득참]하더라.

이때 초왕이 표모漂母[빨래꾼 부녀, 한신이 소시에 밥을 얻어먹은 할미]의 은혜를 생각하고 표모를 부를 새, 제신諸臣이 주왈奏曰 "백성으로는 부르지 못하오니 전하殿下는 망령되이 마옵소서." 초왕이 옳이 여겨 사정부인司正夫人 직첩職牒을 내리실 새, 명관命官[왕명을 전하는 관원]이 교지敎旨[를 받아]와 봉명奉命[을]하고 회음성하淮陰城下에 가 표모를 찾아 직첩과 입시하교入侍下敎[대궐에 들어와 알현하라는 왕의 교명]를 드리거늘, 표모, 직첩을 받아 북향사배北向四拜[임금 계신 북쪽을 향해 네 번 절함]하고 그 사신을 따라 초국에 들어가 초왕께 친알親謁할 새, 초왕이 보시고 치사致謝[하여] 왈 "부인의 은혜로 초왕이 되었으니 부인의 덕인가 하노라"하고 천금으로 상사賞賜하시더라.

이때, 황제[를] 직위直衛[하는] 6인의 한 사람이 글을 올려 왈 '초왕 한신이 반한다' 하거늘, [황]상이 근심하사 진평더러 물으니, 진평이 주왈 "신은 듣사오니 천자 순수巡狩하시면 제후, 다 따른다 하오니, 폐하는 운몽雲夢 땅에 순수하시면 필연코 한신이 올 것이니 그때에 역사力士를 발하여 잡으소서." 상이 옳이 여겨 운몽 땅에 순수하시니 초왕 한신이 와 뵈[보이]거늘, 무사를 명하여 한신을 결박하여 후거後車[뒤따르는 수레]에 실으니, 한신이 자탄 왈 "과연 고인古시[옛사람]의 말이 옳도다. 교토사교兔死[교활한 토끼가 죽음]에 주구走狗[사냥에 부리는 개, 응견鷹犬]를 팽烹[죽여 삶음]하고, 고조진高鳥盡[높이 나는 새 없어짐]하매 양궁良弓을 장藏[갈무려 숨김]하고, 적국敵國이 파破하매 충신忠臣이 망亡[죽음]이라 하더니, 이제 천하를 정定[평정]하매 내 진실로 죽으리로다" 하거늘, 상이 환궁하여, 한신을 강작强作하여 회음후淮陰侯를 삼고,

상이 조용히 문왈問曰 "제장의 장병將兵[장수로 군사를 거느림] 다소多少[많고 적음]를 말하라" 하시니, 한신 왈 "폐하는 10만에 지나지 못하리다." 상이 소왈笑曰[웃으며 가로되] "그대는 얼마나 거느릴꼬?" 한신이 대왈 "신은 다다익선多多益善[많을수록 더 좋음]이로소이다." 상이 왈 "다다익선이면 어찌 내게 잡힌바 되뇨?" 한신이 왈 "폐하는 병 쓰시기는 능치 못하시고 장수 거느리기는 능하시기로 신이 잡힌 바이요, 또 폐하는 하늘이 내신 바요 인력이 아니니이다." 상이 왈 "선善[좋다]타" 하[더라]다.

차설且說, 대삼국帶三國[중국 새북塞北의 조대위趙代魏 세 나라 지역] 진희陳豨[가] 반한다 하거늘, 상이 친히 치러 가시더니, 그 사이 한신의 집사람[가신家臣]이 고하되 '한신이 진희와 더불어 반하기를 꾀한다' 하거늘, 여후呂后, 소하로 더불어 꾀하여 간사히 말하되 "진희* 이미 죽었으니

한신이 들어와 사례하라" 한대, 한신이 들어오거늘, 인하여 무사로 하여금 한신을 잡아 베어라 하신대, 한신이 왈 "내 괴철의 꾀를 쓰지 아니하였다가 여자의 손에 죽으니 어찌 천명이 아니랴!" 하거늘, 드디어 한신*을 죽이더라.

*진희陳豨[?-한고조 12년, 서기전 195] : 지금의 산동성山東省 하택시荷澤市에 있던 위魏나라 완구현宛朐縣 사람으로 소시의 사적事跡은 미상이며 어떤 연유로 일찍 유방을 따라 전쟁에 출정하였다. 진 2세 호해 2년, 서기전 208년 진의 장한章邯이 진승陳勝과 위구魏咎를 공격해 멸하고 위나라를 타격하자 무안후武安侯 유방의 집단군이 장한을 막아 교전을 벌였다. 유방군이 위나라의 평복平複에 있는 동안 완구를 습격하여 취하였는데 진희가 독자獨自로 500 장졸을 거느리고 유방의 진영으로 들어왔다. 이로부터 유방을 따라 전공을 세우고 진의 함곡관을 먼저 돌파한 유방군의 용장으로, 진왕秦王 자영 원년이자 한왕漢王 유방 원년인 서기전 206년 유방이 패상霸上에 주둔하고 있을 때, 진을 멸한 공으로 한왕에 봉해지면서, 진희도 초회왕 의제에 의해 번쾌 주발 등 한 무리 공신과 함께 후侯에 봉작되었다. 한왕 3년, 서기전 204년에는 유격장군이 되어 별동1군을 거느리고 한신과 장이張耳를 수행하여 대국代國을 평정하고 원래 장이의 문경지우刎頸之友이던 대왕代王 진여陳餘를 멸했고 이로부터 한신과 투합되었다. 한왕 5년, 서기전 202년에 유방이 제위에 오르고 오래지 않아 연왕燕王 장도臧荼가

모반하자 출격 진압함에 공이 컸다. 이듬해 한고조 6년, 서기전 201년 정월에 진희는 장량 소하 번쾌 주발 등 13인 개국원훈開國元勳에 들어 봉읍封邑과 양하후陽夏侯의 작위를 받았다. 이 해에 초왕楚王 한신이 병권을 앗기고 낙양洛陽으로 잡혀 오는 치욕을 당하며 회음후淮陰侯로 강봉되었다. 이듬해 한고조 7년, 서기전 200년 겨울 11월 7일부터 익년 2월 3일까지 3월여 간에 한왕신韓王信[한신韓信과 동일인이라는 게 통설이나 별개 인물이고, 진나라에 멸망한 한韓나라의 왕호王號를 얻은 어떤 인물인 듯함]이 대나라에서 국왕으로 있다가 모반하여 흉노로 도주해 들어가자 고조 유방이 친히 뭇 장수를 인솔하여 출정하였다. 그러나 한왕신을 잡지 못하고 백등산白登山에서 흉노의 선우單于[추장] 모돈冒頓에게 포위되는 곤액을 당했다. 이후 유방이 평성平城에서 철군하여 돌아오며 차남 유중劉仲을 대왕代王으로 바꿔 세우고 조나라를 지나는 동안 조국 재상 관고貫高 등의 불만을 품은 무리를 이끄는 조왕趙王 장이張耳의 아들 장오張敖에게 욕가辱駕[어가御駕를 욕되게 하는 일]를 당했다. 그리고 유방이 낙양을 지나 장안長安에 돌아와 장락궁長樂宮이 낙성되는 것을 기하여 승상 이하 전관원을 낙양에서 장안으로 옮겨 판공辦公케 하였다. 이로써 낙양에서 관중의 장안으로 천도하는 일이 완료되어 낙양에 억류해 두었던 회음후 한신도 장안으로 데려가 안치安置하였다. 한고조 7년, 서기전 200년 12월 흉노가 대 땅을 진공하니 대왕 유중이 나라를 버리고 낙양으로 도주했다. 유방이 노하여 유중을 합양후合陽侯로 강봉하고 서자 유여의劉如意를 대왕으로 세웠다. 황제는 대 땅이 흉노와 접하여 비상히 중요한 지방인데 종래의 경력으로 진희가 적임이라 깨닫고 그를 열후列侯로 삼아 대국의 재상직을 띠고 나가 조의 상국도 겸하여 대 조 양국을 통독統督케 했다. 진희가 양국의 변방부대와 북방의 막강한 정병을 통령케 되었다. 이런 진희가 대국으로 떠나기 전 한신을 찾아가 묘책을 구하는 이야기를 나누었다. 연금 상태의 한신은 진희의 손을 잡고 좌우를 피해 정원으로 들어가 산책하며 창천을 우러러 탄식했다. '그대가 오로지 나와 더불어 기대해 보겠는가? 불길한 이야기도 들어보겠는가' 하니 진희가 '장군의 분부에 맡기겠다' 하였다. 한신이 '장군이 진수하는 지구가 천하의 정병이 취집聚集한 변방이고 장군은 폐하의 신임과 총행을 받는 신자이다. 과연 누가 장군이 모반한다 발고하면 폐하가 전혀 믿지 않을 것이다. 재차 발고하면 폐하가 의혹을 품을 것이고 삼차 발고하면 반드시 대노하여 친히 군사를 이끌고 나가 장군을 위초圍剿[에워싸 절멸함]할 것이다.' '그 때 내가 중앙에서 거사하면 천하를 가히 얻을 것이다.' 진희가 한신의 웅재대략雄才大略을 깊이 믿어 의심치 않고 '나는 일체를 장군의 지교指敎대로 준봉遵奉하겠다' 하였다. 한고조 8년, 서기전 199년 겨울 유방은 군사를 거느리고 동진하여 동원東垣에 있는 한왕신의 잔여 반구反寇를 공타하였다. 그리고 회군하는 길에 조왕 장오가 바친 미인 조희趙姬의 시침을 받았다. 이때 백인현栢人縣에서 조나라 상국 관고貫高가 황제를 자살刺殺하려다 미수되었는데 일이 이듬해 발각되었다. 관고는 자살하고 조왕 장오는 선평

후선평후宣平侯로 강봉되었으며 대왕 유여의가 조왕이 되고 어사대부 주창周昌이 그 국상으로 나갔다. 유방이 총애하는 아들 여의가 어리고 황도 장안에 있기 때문에 주창이 조국 승상으로서 정사를 총집總執했고 대나라 왕 자리는 비어 있어 진희가 조와 대 양국 재상으로 대국에 있으면서 북방의 정병을 총괄하는 실권자가 되었다. 진희는 소시에 위魏의 공자公子 신릉군信陵君을 흠모하던 터인데 이때에 대군으로 변경을 수위守衛하게 되자 옛적 신릉군이 쓰던 주법做法을 본받아 빈객을 불러모으고 하사下士[상중하 3등급 중 3등의 신진 선비]를 예현禮賢하니 도처에서 많은 사람이 모여들어 신릉군의 식객 수천을 방불케 했다. 그런 진희가 휴가를 얻어 귀향길에 조나라를 지나는데 조의 재상 주창이 보니 수레를 타고 그를 수행하는 빈객이 1천여 명으로 수도 한단邯鄲의 관사官舍를 모두 넘치게 채웠다. 그리고 진희가 그들을 대우하는 것이 평민간에 교환하는 예절로 하여 자기를 겸비謙卑하는 공경으로 굴기대인屈己待人[제 몸을 낮춰 남을 우대함]을 하였다. 진희가 휴가를 마치고 대국으로 돌아오는 것을 기다려 주창은 그에게 경사京師에 가 폐하께 조현朝見하기를 권했다. 그리고 진희가 경사에 이를 때에 맞춰 황제에게, 진희의 빈객이 심히 중다衆多하며 변방의 병권을 해가 넘게 독장獨掌하고 있어 변고가 날 일이 있을까 두렵다는 등의 경황을 설주說奏하였다. 이에 유방이 사람을 시켜 진희가 유거留居하는 대국에 가 그 거느리는 식객과 재물 등의 위법난기違法亂紀한 일을 핵사覈査케 하니 여러 가지 부정과 비리가 진희와 견련牽連되어 나왔다. 진희가 신변에 비상한 해파害怕를 느껴 몰래 문객을 한왕신의 장령將領 왕황王黃과 만구신曼丘臣에게 보내 소식을 전하고 연락케 하였다. 한고조 10년, 서기전 197년 7월 고조의 부친 태공이 거세去世하자 유방이 진희에게 사람을 보내 진경進京[상경]하라 하니 진희가 중병重病을 칭탁하고 불응하였다. 흉노에 있는 한왕신이 이에 왕황 등에게 밀명하여 설화說和[중재설득]로 진희를 오도誤導하라 하였다. 동년 9월 진희는 왕황 등 일동과 함께 반반反叛하여 스스로 대왕代王이 되고 조나라도 아울러 겁략劫掠하였다. 유방이 이 소식을 접하고 '일찍부터 내 진희를 신임하고 여러 주사做事를 맡겼으며 대지代地가 특히 중요한 지방이라 하여 저를 열후에 봉하고 상국의 신분으로 이를 진수케 하였는데 지금 기어코 왕황의 무리와 함께 대지를 겁략한단 말인가. 다만 대지의 관리와 백성은 다 죄가 없으니 그들은 전부 사면하라' 하였다. 이에 대와 조에서 진희에게 견루牽累되어 겁략을 행하는 관리가 다 사면되었다. 고조는 백관의 만류를 물리치고 친히 병마를 거느리고 진희를 토벌하러 나갔다. 많은 중신과 명장이 황제를 호종해 나가는데 회음후 한신은 병을 칭탁하여 수종하지 않으면서 암중에 진희에게 사람을 보내 '다만 장군이 기병起兵하면 여기에서 협조하겠다' 이르고 이로부터 가신들과 상량하여 밤중에 가조서假詔書를 전파하여 각 관부에서 복역하는 죄범자와 노예를 사면하고, 그들을 군사로 발동시켜 여후呂后와 태자 유영劉盈을 기습할 계획을 세우고 부서를 정하여 진희에게서 소식이 오기만 기다렸다. 유방은 진희가 방비를 홀하게 비워둔 조나라 서울 한단에 쉽게 도달하여, 높은 곳에 올라 멀리 바라보며 '진희가 남면하여 장수漳水를 점거하지 않고 북면하여 한단을 수주守住[머물러 지킴]하고 있으니 제 작위作爲치 못할 것을 알겠다' 하였다. 조 국상 주창이 상산常山의 군수와 군위郡尉[군수 보좌관으로 고을의 병권담당]를 잡아 참수할 것을 상주하였다. '상산군에 모두 25좌 성지城池가 있는데 진희가 반반反叛하자 그중 20좌를 실도失掉하였습니다.' 유방이 '군수와 군위도 반반하였는가?' 묻자 주창이 '반반치 않았습니다' 하니 유방이 '이는 저들의 역량이 못 미쳐서 그런 것이다' 하고 20성지를 잃은 죄를 사면하고 그 직무를 회복시켜 주었다. 유방이 또 주창에게 물었다. '조국에는 어찌 능히 군사를 대동하고 병장기를 쓰는 장사가 없는가?' 주창이 그런 사람 넷이 있다 아뢰고 그들을 불러 황제를 배알케 하였다. 유방이 일견에 파구破미[입이 찢어짐]로 크게 꾸짖어 '너희 같은 조무래기가 능히 군사를 대동하고 병장기를 휘두른단 말이냐?' 하니 4인이 부끄럽고 두려워 땅바닥에 납작 엎드렸다. 그러나 유방은 그들에게 문득 식읍 1천호를 봉급封給하여 장군을 삼았다. 좌우의 근신이 모두 간하여 '적지 않은 사람이 폐하를 수종하여 촉군蜀郡과 한중에 들어가고 그 후 서초를 정벌하며 유공하였지만 두루 미치는 봉상封賞을 받지 못하였는데 어찌 오늘 이다지 보잘것없는 자에게 무슨 공로로 이리 큰 봉상을 내리시나이까' 하니 유방이 '이는 그대들이 능히 알지 못하여 하는 소리다. 진희가 모반하자 한단 이북이 모두 점령되었다. 내가 긴급한 문고文告로 각지의 군대를 정집征集하였으나 지금 도달하는 자가 없어 가용할 수 있는 것이 한단 한 곳 군대 뿐이니 어찌 네 사람에게 4천호 봉급을 아껴 찾아온 그들을 쓰지 아니하여 조나라 땅 젊은 이를 무위撫慰치 않으리오'하니 좌우의 근신이 다 '그렇겠다'하였다. 이에 유방이 또 '진희의 장령에 대개 누가 있는가' 물었다. 좌우가 '왕황과 만구신이 있고 그 앞에 장수는 모두 상인商人이라'하자 유방이 '내 어찌 응부應付해야 할지 알겠다'하고 왕황과 만구신 등 장령 각자에게 천금을 현상懸賞하여 그 머리를 사들이게 하고 또 허다한 황금을 풀어 진희의 부장 등을 항복하도록 유인하니 많은 인원이 투항해왔다. 유방이 천하의 군사를 징집하면서 양왕梁王 팽월彭越에게도 정병征兵을 명했으나 팽월은 스스로 병이 났다 칭탁하고 장령 하나에게 군사를 주어 한단에 파견하니 황제가 매우 노하였다. 유방이 한단에서 토벌하면서 진희의 사람들이 결속이 되지 않았다. 진희의 장군 후창侯廠이 1만여 군사로 유동작전을 벌이고 왕황은 곡역曲逆에 주둔하였는데 무양후舞陽侯 번쾌가 진희와 만구신의 군대를 공격하여 조나라 양국襄國에서 싸워 백인성을 격파할 때 성장城牆에 먼저 올라가며 청하군淸河郡과 상산군 등지 27개 현을 평정하였다. 태복太僕 하후영夏侯嬰도 진희 부대와 싸우는 작전에 참여하여 함진살적陷陣殺敵하고 어사대부 조요趙堯도 유방의 정벌에 수종隨從하였다. 한고조 11년, 서기전 196년 겨울에 영양후潁陽侯 관영灌嬰이 군사를 거느리고 진격하여 곡역 성하城下에서 진희의 승상 후창을 격패시키니 후창의 휘하 사졸이 후창과 5인의 특장特將을 참수하여 바쳤다. 이때 거기장군車騎將軍 근흡靳歙이 양조제연초粱趙齊燕楚 등 제후국의 거기부대를 통솔하여 분로分路로 진희의 승상 후창의 부대를 공격하니 곡역성이 격파되기에 임박하여 부대가 통째 투항하였다. 진희의 장수 장춘張春이 황하를 건너 요성聊城을 진공하자 유방이 장군 곽몽郭蒙을 보내 제나라 장수와 같이 출격하여 그들을 대파케 하였다. 제나라 국상 조참曹參이 요성에 있으면서 장춘의 부대를 공파하여 1만여 급을 베었다. 곡역을 공파한 후 관영은 다시 노노盧奴를 평정하고 차례로 상곡양上曲陽 안국安國 안평安平 등지를 함락하였다. 한고조 11년, 서기전 196년 1월 진희의 장수로 조왕趙王의 후예인 조리趙利가 지키는 동원東垣을 유방이 친히 공격했는데 한 달여가 지나도 떨어트리지 못했다. 조리의 사졸이 유방을 욕매辱罵하니 유방이 십분 분기憤氣하였다. 우승상 역상酈商과 영양후 관영이 서로 이어 동원 공성전에 참여하고 번쾌가 달려와 동원을 맹공하여 좌승상으로 올랐다. 동원성이 견디지 못하고 투항한 후에 유방에게 욕한 사졸은 일률로 참수되고 나머지는 경형黥刑에 처하여 얼굴에 먹실 글자를 새기며 아울러 동원은 이름까지 진정眞定으로 바꿨다. 이보다 앞선 이 해 고조 11년 정월 황제가 정벌에 나가 있는 동안 장안에서는 회음후 한신의 모반 밀모密謀가 고발되어 한신이 여후와 소하가 설한 국문을 받고 장락궁長樂宮의 종실鐘室에서 살해되었다. 이때 한왕신은 재차 흉노의 기병과 함께 침구하여 삼합현參合縣에 주둔하고 한군과 대치하였다. 한고조 12년, 서기전 196년 가을 유방은 한단의 남쪽에서 진희군을 공격하고 연왕燕王 노관盧綰도 솔병率兵해 와 동북에서 진희를 공타했다. 진희는 흉노에 왕황을 보내 구원을 청했다. 노관은 본래 솔병해 들어와 흉노군을 저지하라는 요청을 받았으나 수하 장승張勝에게 설복되어 자중하느라 적을 키웠다. 노관은 유방과 동향에 동갑내기 친구로서 소시에 마유馬維의 마공서원馬公書院에서 같이 공부하며 자란 죽마고우였다. 그를 연왕에 봉하자 중신이 이성인異姓人을 봉왕한다고 반대했다. 이런 노관이 그 부하 범제范齊가 진희와 사사로이 연통하는 것을 묵인했다. 이는 진희가 오래 외지로 유리流離해 나와 변경을 방비하면서 일어나는 끊이지 않는 충돌을 겪으면서 각자의 권세와 성명性命을 보장받으려는 것으로 보는 때문이었다. 태위 주발이 태원太原을 경유해 대 땅에 도달해 마읍馬邑을 공격하였으나 오래도록 떨어지지 않았다. 도성屠城[성이 함락 유린됨]되기에 이르자 주발은 성내의 사졸을 모두 죽이고 진희의 장수 승마치乘馬絺도 죽였다. 이어 누번樓煩까지 쳐들어가 진희와 한왕신 및 조리의 부대까지 대파하고, 진희의 장수 송최宋最와 안문군수鴈門郡守 혼圂을 생포하였다. 승세를 타고 운중云中으로 전공轉攻하여 군수 칙遫과 승상 기사箕肆와 장수 훈勛을 생포하고 안문 17현과 운중 12현을 평정하였다. 좌승상 번쾌는 광창廣昌에서 윤반尹潘 군을 공파하고 무종無終에서 기무앙綦毋卬을 사로잡고, 대군代郡 남변에서 진희의 별장 흉노인 왕황의 군대를 대파하고 삼합으로 진군하여 한왕신의 군대를 공파하니 휘하 장군 시무柴武가 한왕신을 목베었다. 제나라 상국 부관傅寬이 종군하여 진희를 공타하였는데 태위 주발의 지휘하에서 좌승상 번쾌의 휘하로 옮겨 진희를 더욱 압박하였다. 주발의 군단이 재차 영구靈丘에서 진희군을 타격하여 궤멸시키니 진희의 승상 정종程縱과 장군 진무陳武 도위 고사高肆가 생포되며 대군代郡의 9개 현이 평정되었다. 번쾌의 군단은 횡곡橫谷에서 진희의 흉노 기병부대를 격파하고 대국 승상 풍량馮梁과 군수 손분孫奮 대장 왕황 외에 장군대장 1인과 태복太僕 해복解福 등 10인을 포로로 잡으며 대 땅의 73개 향읍을 모두 평정하였다. 이 해 한고조 12년, 서기전 195년 겨울 번쾌 휘하의 장사 낭중 공손이公孫耳가 진희를 추격하여 영구에서 잡아 참수하였다. 왕황과 만구신의 부장으로 현상된 자들이 상금을 노리는 무리에 모두 산 채로 잡혀 진희의 장졸은 남김이 없어졌다. 낙양으로 돌아온 유방은 아들 유항劉恒을 대왕으로 내보내 도읍을 진양晉陽에서 중도中都로 옮겨 정하고 대군과 안문군을 대국에 예속시켰다. 진희를 치러 나왔다가 진희 편이 된 연왕 노관은 유방이 부르자 칭병하고 불응하다가 흉노로 도망하여 그 선우한테서 동호노왕東胡盧王으로 봉해지고 고국이 그리워 진희가 죽은 후 유방에게 와 속죄하려고 벼르다 유방이 죽어 뜻을 이루지 못하고 진희보다 2년 뒤 병사했다.

*한신韓信[약 서기전 231-196] : 대략 진말 서기전 231년 신축辛丑에 지금의 강소성江蘇省 회안시淮安市인 회음淮陰에서 태어났다. 서한西漢 또는 전한前漢의 개국공신으로 장량 소하와 함께 한삼걸漢三傑의 1인이고 장량의 도움을 받아

3편으로 정리한 한신병법韓信兵法의 저자로 중국 병가사성兵家四聖의 한 사람이다. 병권모가兵權謀家의 대표적 인물로 후세인이 병선兵仙 또는 신수神帥로 받들고 있다. 그의 주요 성업成業은 암도정진暗度定秦[몰래 나아가 삼진三秦을 평정함. 암도진창暗度陳倉이라고도 하며, 한신이 몰래 한중漢中에서 진창으로 나가 항우의 삼진을 탈취하여 관서關西의 중원으로 진출한 고사], 암도멸위暗度滅魏[은밀히 지나가 위나라를 멸함], 배수멸조背水滅趙[배수진을 쳐 조나라를 멸함], 항연降燕[연나라를 항복받음], 멸제滅齊[제나라를 멸함], 수공용저水攻龍且[수공으로 용저를 잡음], 초가멸초楚歌滅楚[사면초가로 서초를 멸함]로 요약된다. 관직은 대장군에서 좌승상에 이르고 작위는 제왕齊王과 초왕楚王 회음후淮陰侯가 되고, 국사國士로서는 무쌍無雙[상적敵이 없음]의 일컬음을 받고, 전고典故로는 '한신점병韓信點兵 다다익선多多益善[한신의 군사 거느림은 많을수록 좋다]'이라는 말을 남겼다. 이러한 한신은 회음의 평민 집에서 태어났다. 왕족이라는 말도 있고 한왕실韓王室의 서족 출신이란 설도 있다. 일찍 아버지에 이어 어머니까지 잃어 고아처럼 자랐다. 대개의 한신에 대한 기전記傳은 소시의 그가 성격이 방종放縱하고 예절에 구애됨이 없으며 관리로 피천被薦되지 못하는 데다 장사를 하거나 생계를 꾀하는 도리도 없이 남에게 의지해 호구糊口나 하며 무위도일無爲度日한다 하여 사람들이 다 그를 괄시하고 싫어하였다 하고 있다. 그 모친이 죽었을 때 어린 한신이 장사 치룰 마련도 없는데 그 묘지는 높이 올라가고 앞이 트여 광활한 곳을 찾아내 그 사방 주위에 가히 1만 가호家戶

를 거느릴 자리에 장사하였다 한다. 그러한 한신을 당시 남창南昌이라는 정정亭[역참]의 장장長이 범부속자凡夫俗子가 아니라고 보았다. 그래서 회음의 하향下鄕 그 정장 집에 얹혀 한반閑飯[공밥]을 얻어먹었는데 여러 달이 지나자 정장의 처자가 이 식객을 싫어하여 어느 날 아침 식탁에 한신의 밥을 차려 놓는 걸 빠트리니 밥을 먹으러 들어갔다 이를 보고 노한 한신이 그 집을 나와서는 다시 찾아가지 않았다. 더 자라서는 성 밖으로 나다니며 낚시질로 고기를 잡아 보았으나 그런 것으로 생계가 되지 않았다. 이때 개울에서 면사棉絲를 빠는 표모漂母가 여럿이었는데 그중 한 대낭大娘이, 한신이 굶주린 것을 보고 싸 가져온 밥을 꺼내 주어 먹였다. 그렇게 하기 10여일에 표모가 면사 빨래를 마치고 돌아가게 되자 한신이 대낭에게 사례하여 '장차 내가 중직重職에 오르면 반드시 노인가老人家에 보답하겠다' 하였다. 표모가 화를 내며 '대장부가 능히 한 몸 양활養活을 못하니 그런 공자公子의 사정이 딱하여 싸온 밥을 대신 먹여 주었을 뿐, 설마 보답을 바란 것이겠느냐'고 꾸짖었다. 장성한 한신은 귀골의 풍채에 글도 많이 읽고 무예 또한 능하였는데 어디 가 하급 관리 자리라도 구하지 않고 걸식으로 무위도일하니 사람이 다 한심하여 혀를 찼다. 회음 저자의 도호屠戶[백정] 중에 나이 젊은 자가 한신을 모욕하여 '네가 비록 기골이 장대하고 긴 칼을 즐겨 차고 다니나 기실은 겁 많은 애송이'라 하고 또 여러 사람이 보는 앞에서 그를 모욕하여 '네가 죽음이 두렵지 않으면 그 칼을 뽑아 나를 찌르고 죽는 게 무섭거든 바로 내 가랑이 밑으로 기어가라' 하였다. 한신이 자세히 한 번 요량하더니 땅바닥에 엎드리고 기어서 왈패의 가랑이 밑을 빠져나갔다. 얻어먹는 신세의 한신이 그런 미물을 베어 사단을 일으키고 싶지 않아서였지만 길을 메운 구경꾼은 다 웃어대며 그를 겁쟁이라 하였다. 진승과 오광이 기의起義하고 나서 항량도 회하淮河를 건너 북상北上할 때 한신이 보검을 차고 거기에 투분投奔하였다. 항량의 부대에 있으면서 한신은 이름이 나지 않았다. 항량이 죽고 항우에게 귀속되어 한신은 낭중郞中이 되었다. 항우에게 여러 차례 계책을 드렸으나 귀족이 아닌 그의 헌책을 항우가 거들떠보지 않았다. 유방이 먼저 진을 멸하고 서촉西蜀으로 갇혀 들어간 후 한신은 항우에게서 도망하여 한중漢中에서 곤핍해진 유방에게 갔다. 멀쩡한 허우대로 저잣거리에서 백정의 가랑이 밑이나 기고 항우의 집극랑執戟郞 노릇을 하다 탈출해 온 한신을 알아보지 못한 유방도 창고나 관리하는 소관小官으로 써 주었다. 거기서도 남들에게 백안시되기는 마찬가지인 그가 미구에 좌법坐法까지 되어 같은 죄안罪案의 13인과 같이 목이 잘리게 되었다. 도부수刀斧手의 칼에 13인의 목이 차례로 잘려 치솟는 핏줄기로 허공에 떠올랐다 땅에 떨어진 다음 자기 차례가 되었을 때 한신은 눈을 들어 사위를 둘러보다 유방의 고우故友 하후영夏侯嬰에서 시선을 멈추고 외쳤다. '한왕은 천하를 얻을 타산打算이 없는가? 어쩔 셈으로 장사壯士를 도살掉殺하는가?' 하후영이 이 사람의 말이 범상치 않음을 깨닫고 그 상모相貌를 보니 위풍과 무략武略이 당당해 보이는지라 즉시 풀어주고 더불어 교담交談을 나누었다. 그리고 크게 흔상欣賞하여 유방에게 진언하였다. 그러나 유방은 여전히 한신을 보잘것없는 필부匹夫로 보고 일개 군량을 관리하는 치속도위治粟都尉에 봉하여 하관의 무리에서 발탁해 쓰지 않았다. 말직에 있으면서 한신은 재상 소하와 몇 차례 교담할 기회를 얻었다. 소하는 교담을 거듭하며 한신의 웅략을 십분 이해하고 상탄賞歎하였다. 서기전 206년, 유방은, 자기의 선공으로 진을 멸하게 된 덕에 사실상의 천자로 군림하게 된 서초패왕 항우로부터 한왕에 봉해졌는데, 실은 자기 유방을 함곡관函谷關 너머 한중漢中에 깊숙이 유폐해 배제排擠시키려는 바이라, 장안長安[함양]에서 쫓겨나 남정南鄭에 이르렀을 때 겨우 10여원 장수를 거느리고 도망하는 신세였다. 그럼에도 한신은 소하 등에게 수차 유방의 면전에서 설파하도록 자기를 천거할 계책을 드렸으나 유방이 듣지 않아 허사였다. 마침내 한신이 기회를 타 유방의 진영을 탈출하고 말았다. 이 소리를 들은 소하가 대경하여 미처 유방에게 보고할 겨를도 없이 한신을 뒤쫓아 달려갔다. 군중에서 한 사람이 유방에게 달려가 '승상 소하가 도주했다'고 하자 유방이 대노하면서 양팔을 잃은 듯 부들거렸다. 이튿날 소하가 돌아오니 유방이 노여우면서 일변 반가워 '그대가 도포逃跑하니 어째서인가' 꾸짖었다. 소하가 '내 감히 도포한 게 아니라 도포한 사람을 추포追捕해 왔습니다' 하니 유방이 그 잡아온 사람이 누구냐 묻고 소하가 한신이라 대답하자 또 꾸짖었다. '군관으로 도주한 자가 몇 십인이 넘도록 그대가 뒤쫓은 적이 없더니 도리어 한신 같은 자를 쫓아갔다니 이 무슨 허튼소리인가.' 소하가 그러한 군관은 어디서나 쉽게 얻을 수 있으나 한신 같은 인재는 이 천하를 다 뒤져도 제2인이 나오지 않는다 하였다. '대왕께서 가령 한중왕으로 노년을 보내시려거든 당연히 그를 높여 쓰지 마시고 만약 천하를 쟁탈하고자 하신다면 한신을 제외하고는 대계大計를 상량商量할 사람이 없으니 다만 대왕이 타산하심을 보고야 말고자 합니다.' 이에 유방이 '내 어떻게든 동방東方으로 돌아갈 타산이지 어디 이런 귀지鬼地에서 늙을 일을 번민煩悶하리오' 하였다. 소하가 '과연 대왕이 동방으로 타개해 나갈 결계決計시라면 한신을 높이 중용하시고, 그러면 한신이 휘하에 머물 것이나 가사 크게 중용치 못하시면 한신이 종내에 또 도주할 것입니다' 하였다. 유방이 소하의 체면을 보아 한신을 장군에 봉하랴 하니 소하가 또 일개 장군으로는 그가 결코 머물지 않을 것이라 하였다. 유방이 그러면 대장大將을 봉하란 말이냐 묻자 소하가 '태호太好'라 답했다. 유방이 당장 한신을 불러 대장을 배하려 하자 소하가 또 말렸다. '대왕께서 저에게 일향一向 오만무례하시다가 문득 일위一位 대장으로 임명하시면 이는 작은 아이를 불러오는 것과 같은 모양인즉 바로 한신이 떠난 원인입니다. 대왕이 만약 성심으로 저를 대장에 배하시려거든 좋은 날을 가려 스스로 먼저 재계齋戒하시고 높은 단좌壇座를 일으켜 세워 제왕이 대장을 임명하는 의식을 안조按照하여 비로소 행하셔야 합니다' 하여 유방이 그러겠다 하였다. 이 소식을 들은 군관장령이 제각기 고무되어 암암중 자기가 대장에 피임되는 줄 알고 의식이 거행되는 날을 기다리다 대장이 되는 사람이 한신이라는 것을 알고 전군의 상하가 대경실색하였다. 대장을 배한 후 유방은 한신에게 정국안방定國安邦의 양책良策을 물었다. 한신이 반문했다. '대왕이 한가지로 동향東向하여 천하를 다투려는 것이 항우가 아닙니까? 지금 대왕께서 한번 계책을 정하여 나아가심에 병력의 영용英勇과 강한强悍하고 정량精良한 것이 항왕에 비하여 누가 높고 누가 낮습니까?' 유방이 오래 침묵하더니 '항우와 같지 못하다' 자인하였다. 한신이 일어나 두 번 절했다. '대왕이 불리하십니다. 저 또한 대왕이 항왕과 같지 못하심을 아옵니다. 제가 일찍이 항왕을 시봉侍奉하였던바 항왕의 위인에 대해 말씀드리기를 청합니다.' 한신이 설파했다. '항우가 한번 노하여 대갈大喝하면 천인의 간담이 떨어지고 오금이 풀리나, 현량한 장수를 임용함에 무능하니 단지 이는 필부의 용맹에 불과합니다. 항우가 사람을 대우하는 것이 공경자애恭敬慈愛롭고 언어가 온화하며 질병자를 동정하여 낙루하고 자기 음식을 나누어주며 부하가 유공하기를 기다려 봉작封爵할 시는 관인官印의 모서리가 닳아 빛나도록 날인하는데 이는 부녀자의 어질음에 불과합니다. 항우가 비록 천하를 독패獨霸하여 제후가 칭신稱臣케 하였으나 관중에 어거御居치 않고 나가 팽성에 도읍하였으니 패착이요, 또한 의제와의 약정을 어기고 자기가 친신親信하며 편애하는 사람을 봉왕封王하니 제후의 불평이 분분하며, 항왕이 원래의 자기 군왕인 의제를 강남江南에 구축驅逐하고 스스로 패왕이 되는 것을 제후가 다 보았거니와, 무릇 항우의 군대가 지나는 지방은 유린과 잔학을 당하지 않음이 없으니 천하 사람이 다 원한에 차 있습니다. 백성이 모두 그 음위淫威에 억지로 굴복하는 것이니 명의로 비록 천하의 영수領袖라 하나 기실은 잃은 민심이 이미 떠났으니 저가 강대하다고 하나 성쇠盛衰의 쾌변快變에 허약합니다. 이같은 정황하에 대왕께서 능히 도의로 돌아와 행하시고 천하의 무용인武勇人을 불러 쓰신다면 어찌 적인敵人이 주멸誅滅되지 않을 것을 근심하리이까. 천하의 토지를 잡아 공신에게 분봉分封하시면 어찌 저들이 신복臣服지 않을 것을 근심하며, 영용한 장재를 거느리고 일심으로 노련한 병가兵家의 사병이 등돌려 이쪽을 향하게 한다면 어찌 적인敵人이 타산打散되지 않을 일이 걱정이리까. 하물며 삼진三秦의 봉왕 장한 동예 사마흔은 본디 진의 장수로서 진나라 자제를 거느리는 것이 여러 해에 전사하고 도망한 군사가 부지기수요, 또한 잘못 그 부하와 장졸이 항우에게 투항했다가 신안에 이르러 항우의 무도한 속임수로 20여만 장졸이 갱살坑殺되었는데 유독 장한 동예 사마흔이 득탈得脫하여 진나라 사람의 이 3인에 대한 원한이 인골人骨에 사무치거늘, 정작 항우가 무력으로 이들 3인을 봉왕한지라 백성이 이들을 도저히 옹대擁戴하지 않습니다. 대왕이 무관武關[함곡관 등과 함께 진사관秦四關의 하나이며 진진초秦晉楚 3국 경계의 관문]에 처음 들어가시어 추호도 범하지 않고 진의 가혹한 형법을 폐제하고 진 백성과 더불어 우선 약법삼장約法三章을 베푸시니 진나라 백성으로 대왕을 관중의 왕으로 옹대치 않는 자가 없었으며 당초 제후와의 약정대로 하였으면 대왕이 마땅히 관중에서 왕이 되었어야 함을 관중의 백성이 밝게 모두 알고 있는 바인데 대왕이 응당 받을 봉작을 실기하여 관중이 아닌 한중왕으로 배척되신바라 진나라 땅 백성으로 항왕에게 원한을 품지 않은 자가 없습니다. 이제 만약 대왕께서 기병향동起兵向東하시어 삼진의 속지를 공략하신다면 다만 호령 일성으로 수복이 가할 것입니다.' 한신이 말을 마치자 한왕이 특별히 고무되어 스스로 한신을 너무 늦게 만난 것을 탄식하고 곧바로 한신의 모획謀劃을 청종聽從하여 부서를 조정하고 각로의 장령이 공격할 목표를 지정하였다. 서기전 206년 8월 한왕은 한신의 계책을 채택하여 잔도棧道가 아닌 고도故道[한중에서 관중으로 나오는 원래의 험준하고 멀리 우회하는 소로]로 되돌아 관중으로 진군하여 옹왕 장한을 습격하였다. 장한이 진창陳倉에서 뜻밖에 기습해온 한왕군에 대패하여 퇴주해서는 호치정好時停에 이르러 재차 싸워 또 패하고 폐구廢丘로 도주하므로 한왕이 옹땅을 평정하였다. 폐구로 진군하여 장한을 포위한 한왕은 일변 장수들을 파견하여 토지를 거두게 하여 농서隴西와 북지北地 상군上郡을 평정하고 장군 설구薛歐와 왕흡王吸을 보내 무관武關을 나가 왕릉王陵의 군사를 차출하여 남양南陽에 주둔하고 패현沛縣에 가 한왕의 부친 태공과 부인 여후呂后를 모셔오게 하였다. 초왕 항우가 이 말을 듣고 양하陽夏에 군사를 보내 잘라 막게 하니 한군이 전진을 못했다. 초왕은 또 원오현령原吳縣令 정창鄭昌을 한왕韓王으로 삼아 한병을 저거抵拒케 하였다. 한 2년, 서기전 205년에 유방은 한군을 이끌고 관중을 나와 진군하여 위왕 위표魏豹와 하남왕 신양

申陽 한왕 정창의 항복을 받고 은왕殷王 사마앙司馬卬의 투항도 거두고 나서 제왕 전영田榮 조왕 조헐趙歇과 연합하여 초나라를 공략하여 4월에 수도 팽성을 함락하였다. 그러나 제나라에 원정을 나갔다가 급거 반격해온 항우에게 팽성이 탈환되며 패주한 한왕의 대군이 궤멸되었다. 한신이 궤산한 인마를 다시 수습하여 형양에서 한왕과 회합하고, 형양의 동남쪽 경현京縣과 북쪽 색정索亭의 두 요충에서 진격해오는 초군을 대파한, 한신과 항우가 처음 맞선 경색지전京索之戰에 대승하여 초군이 더 이상 서진西進을 못하게 하였다. 그러나 유방이 팽성에서 항우에게 대패하는 이른바 휴수지전睢水之戰이 있자 3진의 새왕 사마흔司馬欣과 적왕 동예董翳가 한을 배반하여 초에 항복하고 제왕 전영과 조왕 조헐도 한을 등지고 초나라와 구화媾和하였다. 한편 이 와중에서 유방은 초왕 항우와 흔단이 생긴 구강왕 영포英布의 귀순을 받아 회남왕淮南王을 삼고 유격遊擊의 명장 팽월彭越을 얻어 번번이 초군의 양도糧道를 끊게 하였다. 6월에 위왕 위표가 한왕의 군진에서 모친의 병을 구실로 떠나 봉국封國으로 돌아가서는 한을 배반하고 초나라와 화약을 맺어 하관河關을 봉쇄함으로써 한군의 퇴로를 끊었다. 이에 유방이 역이기酈食其를 보내 위표를 설득케 하였으나 듣지 않으므로 8월에 한신을 좌승상으로 삼아 위를 진공케 하였다. 위표가 많은 군사로 포판蒲坂을 굳게 지키며 포진관蒲津關이라고도 하는 하관을 막고 있었는데 한신은 거짓 의병疑兵[적을 양동陽動으로 속이는 군대]을 베풀고 배를 진열하여 하관을 건너려는 것처럼 꾸미고 복병으

로 하양夏陽에서 목분木盆[동이처럼 판 통나무배]과 목통木桶을 배 대용으로 타고 황하를 건너가 위의 도읍 안읍安邑을 기습하자 위표가 크게 놀라 군사를 거느리고 달려와 한신을 대적하다 패하여 생포되고 평정된 위나라는 하동군河東郡으로 격하되었다. 한신이 '신은 북으로 거병擧兵하여 연과 조를 정벌하고 제의 남방을 공략하여 초의 양도를 끊은 다음 서진하여 돌아와 형양에서 대왕과 회합하겠습니다' 하고 초나라를 포위할 전략을 건의하자 한왕이 채납하여 자기는 초왕과 정면대치하고 한신에게는 군사 3만을 주어 동진케 하였다. 유방은 또 장이張耳를 보내 한신과 같이 진군하여 조왕 조헐을 치고 북진하여 대왕代王 진여陳餘를 치게 하니 대의 재상 하열夏說을 생포하며 대를 파하고 그 노획虜獲한 정병을 보내와 한군에 편입시켜 본군을 증원케 하였다. 한신은 장이와 함께 몇만군을 거느리고 태항산太行山의 정형구井陘口를 지나 조나라를 진공하려 하는데 조왕은 성안군成安君 진여와 같이 20만 대군으로 정형구를 지키며 한군을 저격抵擊하였다. 광무군廣武君 이좌거李左車가 성안군에게 '한신이 서하西河를 건너와 위왕을 사로잡고 하열을 생포하며 어여閼與[한韓의 읍]를 유혈로 씻었는데 이제 또 장이가 가맹하여 승승장구 조국을 떨어뜨리고자 하니 그 군세의 예봉을 당할 수 없소이다. 내 듣기에 천리를 운량運糧하자면 사졸이 아사할 지경이고 당도하여 먹지 못하게 땔나무와 밥을 탈취하면 만군이 무용지물이라 합니다. 이 정형구는 수레가 아울러 지나지 못하고 기병이 대열을 짓지 못하며 수백리를 행군해야 하니 반드시 그 양초가 후미에 처질 것입니다. 귀공이 잠시 3만 기병奇兵[기습하는 유격전대]을 빌려주시면 내가 소로로 나가 한군의 양초치중糧草輜重[식량과 마초馬草와 군수물자]을 절단하고, 귀공은 본영을 에두른 해자垓字와 호구壕溝를 이용해 담벽으로 높이 둘러싼 병영을 견고히 지키며 기다리면 한군이 전진해 싸우지도 후퇴해 돌아갈 수도 없을 것이요, 나의 부대가 한군의 후로를 끊은지라 황야에서 약탈할 식량도 없게 되어 열흘을 넘지 못해 한신과 장이가 귀공의 기치 아래 머리를 굽힐 것입니다. 귀공은 깊이 고려하여 나의 계모計謀를 채납하십시오. 아니면 저 두 사람에게 사로잡힐 것이외다' 하였다. 그러나 진여는 일개 서생이었다. 정의로운 군사는 기모궤계奇謀詭計[기묘한 꾀와 간사히 속이는 계책]를 쓰지 않는다면서 '병법에 강하기를, 적의 병력에 아군이 10배이면 포위하고 한 갑절이면 더불어 교전한다 하였소이다. 한신이 비록 수만인이라 일컫지만 실은 선봉이 수천에 불과하고 멀고 먼 천리를 달려와 우리를 습격하자면 바로 지쳐 피로가 극에 달할 터인데 우리가 이를 피하여 출격치 않는다면 장차 강대한 본군이 진공해올 때는 이를 어찌 대적할 것인가요? 제후가 반드시 의논할 때는 우리가 담력이 없고 겁이 많다 하여 가벼이 보고 공타攻打할 것입니다' 하며 끝내 이좌거의 계책을 쓰지 않았다. 한신은 사람을 보내 암중暗中에 적정을 탐지케 했는데 이좌거의 계책이 쓰이지 않는다는 첩보에 크게 고무되어 대담히 군사를 전진시켜 정형구에서 30리 밖까지 다가가 주둔하고 심야에 2천 경기병을 뽑아 한군의 기치와 조군의 기치를 많이 가지고 소로로 험요처에 들어가 산 언덕에 위장 은폐하여 조군의 동향을 규시窺視케 하고 장졸에게 계고誡告하였다. '조군이 아군이 출격한 것을 보면 진영을 기울여 총출동할 것이다. 너희는 이때를 틈타 승기勝機를 잡고 신속히 조군의 영지營地로 들어가 조군의 기치를 뽑고 한군의 홍기紅旗를 바꾸어 꽂아라.' 동시에 부장副將과 여러 전령傳令에게 명하여 '오늘 조군을 타패打敗하고 크게 회찬會餐을 연다' 하니 장사將士가 누구도 서로 믿지 않고 좋은 말로 그런 척하였다. 한신은 또 장령을 소집하여 형세를 분석하며 '조군은 이미 이로운 지세地勢를 선점하였으나 아군의 대장이 기치와 전고戰鼓를 앞세우고 진군해 들어가는 것을 보지 못한다면 아군이 우연히 험저한 곳에 막혀 퇴군하더라도 만용을 부려 경적발병輕敵發兵을 못할 것'이라 하고, 1만 군을 선두부대로 진군시켜 고하靠河를 등지는 배수진을 쳤다. 조군이 보니 한군이 돌파해 나가보았자 전진만이 있을 뿐 퇴로가 없는 절진絶陣을 치고 있는지라 모두 크게 웃어 마지않았다. 날이 겨우 밝을 무렵 한신은 대장군 기호旗號[깃발 신호]와 의장儀仗을 일으켜 휘젓고 전고와 나팔을 불며 정형구로 진군하였다. 조군이 과연 영채를 나와 한군을 맞아 싸웠다. 그러기를 오래 하다가 한신과 장이가 전고와 기치를 버리고 거짓 패한 것처럼 퇴주하여 하변의 진중에 와서 돌아다보니 과연 조군이 그 본진에서 경소이출傾巢而出[소굴을 비우고 총출동함]로 쏟아져 나와 한신과 장이를 추격하며 한군이 버리고 달아나는 기치와 전고를 서로 줍느라 쟁탈을 벌였다. 하변 배수진으로 돌아온 한신과 장이는 수상에 준비해 두었던 한군을 상륙시켜 조군을 맞아 싸우게 하였다. 양군이 사전死戰을 벌였으나 미구에 조군이 한군에 밀렸다. 이때 한신이 협곡에 파견한 2천 경기병이 조군이 영루營壘에서 총출동해 나가 한군을 추격하는 것을 보고 즉각 조군의 영루로 충입冲入하여 조군기를 모두 뽑아내고 2천 개의 한군 홍기를 세웠다. 조군이 오래 싸워도 이기지 못하자 일단 본영으로 회군하고자 하여 퇴각하다 보니 영중에 붉은 한군기가 두루 나부끼고 있음에 대경실색하여 이미 한군에게 조왕과 장령이 포로가 된 것으로 알고 진세陣勢가 대란하여 다투어 사산분주四散奔走하니 조군 장수들이 몇몇씩을 베며 갈력저지해보아야 실효가 없었다. 이때를 놓치지 않고 한군이 양면에서 협격하여 조의 20만 대군이 해지기 전에 궤멸되고 쫓기던 성안군 진여는 저수泜水에서 참살되고 조왕 조헐은 사로잡혔다. 한신은 또 군중에 영을 내려 이좌거를 죽이지 말고 생포하는 자에게 천금 상을 준다 하니 미구에 이좌거가 잡혀 왔다. 한신이 몸소 내려가 그 송방松綁[결박]을 풀어주고 당으로 모셔 올라가 동면東面하여 앉히고 제자의 예로 서향하였다. 여러 장수가 몰려와 한신의 대승을 축하하였다. '병법에 포진은 반드시 오른쪽에 산릉을 끼고 왼편으로 수택水澤을 대하라 하였는데 이번에 장군께서 물을 등져 진을 치고 되레 조군을 파하여 회찬을 연다 하시니 저희가 다 믿지 않았더니 대승을 거두시니 이는 무슨 전술이오니까?' 한신이 답설答說하며 '병법에 함지사지이후생陷之死地而後生[죽을 곳에 빠진 뒤에야 살고]이고 치지망지이후존置之亡地而

後存[없어질 곳에 처한 뒤에야 생존한다]이라 하지 않았던가' 반문하였다. 호궤연犒饋宴을 파하고 한신이 정색으로 이좌거에게 연나라를 공략하고 제나라를 정벌할 계책을 물었다. 이좌거가 '패군지장敗軍之將은 용맹을 말 못하고 망국지신亡國之臣은 감히 정사를 말하지 못한다 하였는데 내가 부로俘虜로서 어찌 국가대사를 담론하랴'고 사절하니 한신이 양가죽 다섯 장에 팔렸던 명재상 백리해百里奚를 들어 간청하여 입을 열게 하였다. 이에 이좌거가 '성안군 진여가 비록 백전백승의 계모計謀를 지녔으나 한번 실산失算으로 호하鄗下에서 패군敗軍하고 저수泜水에서 몸이 죽었습니다. 지금 장군은 서하西河를 건너 위왕을 사로잡고 어여閼與에서 하열夏說을 생포하며 일거에 정형구를 공략하여 조의 20만 대군을 괴멸하고 성안군을 주살하는 데 한나절도 걸리지 않아 명성이 해내海內에 울리고 위엄이 천하에 진동하니 이제 적국으로 하여금 백성을 방하放下하여 농구農具를 잡고 생업에 전심하여 잘 먹고 입게 하면서 오직 장군의 진군 하령下令을 경청케 하신다면 이것이 장처長處의 계책이 될 것이요, 실은 오랜 원정과 전쟁으로 장졸이 곤비困憊하여 용병이 어려운데 장군이 이러한 군사를 발병하여 나갔다가 연국이 각 성지城池를 굳게 지키고 나오지 아니하면 형세는 정돈停頓되어 오래도록 역량이 모진耗盡되며 공극攻克이 안되면서 아군이 처한 실정이 폭로되면 약한 연국이라도 기꺼이 항복지 않을 것이요, 제국 또한 이를 보고 자강自强을 도모하여 변경을 고수할 것이니 연과 제가 상지相持하여 장군에게 대항하면 항우와 대치하여 승부를 내지 못하는 한왕이 또한 출병하여 장군을 지원할 겨를이 없을 것인즉 이는 장군의 단처지책短處之策이 될 것입니다' 하고 일별하면서 '북으로 연을 공격하고 동으로 제나라를 동시에 정벌하는 계책은 실책'이니 '지금 장군은 안병부동按兵不動하면서 사졸을 휴정休整시키고 조나라 지역이 안정되도록 유고遺孤[부모가 죽어 버려진 고아]를 거두어 무휼撫恤하며 날마다 장사將士를 소고기와 술로 호궤犒饋해 먹이고 포상한 다음 관문을 열어 연국을 공타할 태세를 취하고 연국에 변사辯士를 보내 유세하여 아군의 우세를 능히 현시케 하면 연국이 감히 장군의 명을 청종聽從치 않을 수 없을 것이요, 연이 항복한 다음 다시 변사를 제나라에 보내 이미 연이 한에 항복한 일로 설복하면 제나라가 반드시 바람을 좇아 한에 귀복歸服할 것인즉 이후로는 천하 대사가 잘 풀릴 것'이라 하였다. 한신이 이좌거의 계책을 청종하여 사자를 연에 보내 설득하니 과연 연나라가 사자를 맞이하여 선 자리에서 투항하였다. 한신은 장이를 조왕으로 세워 조나라를 진무鎭撫케 할 것을 청하니 유방이 동의하여 장이를 조왕으로 봉하였다. 이때 초나라가 자주 황하를 건너 조국을 공격하므로 장이는 한신과 함께 왕래하며 구원하는 행군 중에 허다한 조국의 성지를 안정시키고 아울러 군사를 발하여 유방의 본군을 지원하였다. 당시 초국은 정면으로 형양의 유방을 포위하여 곤경에 빠트리니 유방이 도주하여 완宛과 협현協縣 사이에 있다가 영포英布와 함께 성고成皐를 수복해 들어가자 초군이 또 급히 성고를 에워싸고 공격하였다. 한왕 3년, 서기전 204년 6월에 유방이 성고를 나와 동쪽으로 진군하여 황하를 건너서는 하후영만을 데리고 수무修武의 장이 군중으로 들어갔다. 이른 새벽에 스스로 한왕의 사신이라 칭하고 조군의 영중에 들어오니 장이와 한신은 기상도 아니하였는데 유방은 그들의 와실臥室로 직입하여 양인의 인신印信과 병부兵符를 탈취하여 제장을 소집하였다. 장이와 한신이 기상해서야 한왕이 친림했음을 알고 대경실색하였다. 한왕은 두 사람의 군대를 거두어들이고 장이는 조왕으로서 조국 땅을 비수備守하라 명하고 한신은 상국相國을 삼아 형양의 군사를 더 조발하고 새로이 기병起兵하여 제나라를 정벌하라 하였다. 한신이 한왕의 명대로 기병하여 원정군을 거느리고 동진하여 황하를 건너고자 평원平原의 도구渡口[나루]에 이르렀을 때 역이기酈食其가 이미 제국에 가 유세遊說하여 제가 한나라에 귀복키로 하였다는 소식을 득지하였다. 한신이 도강을 정지하려고 하자 휘하에 종군하던 범양范陽의 변사 괴철蒯徹이 권하여 말하였다. '장군이 조명詔命을 받들어 제를 공략하는데 한왕이 다만 일개 밀사에 불과한 사람을 보내 제나라를 설복하여 귀순케 했다는 게 믿어지지 아니하고 지금 조령詔令으로 장군이 진공을 정지하라는 것도 아니지 않습니까? 하물며 역이기는 한낱 세객說客에 불과하면서 세 치 혀로 제나라 70여 성읍을 단숨에 항복받았는데 장군은 몇 만의 인마人馬를 통수하고 1년여 세월이 걸려서야 조나라 50여 성읍을 점령하였으니 장군의 공로가 도리어 일개 유생의 것만도 못해서 되겠습니까?' 한신이 괴철의 말을 들어 솔군率軍하여 황하를 건너가 제나라를 공격하였다. 이때 제나라는 이미 한에 귀복키로 결하였으므로 계비戒備가 해이하였는데 한신이 이를 틈타 역하歷下의 제군을 기습 파멸하고 임치臨淄에 직도하여 공타하였다. 제왕 전광田廣이 놀라고 공황恐惶하여 역이기가 자기를 속여 팔아먹은 것으로 알고 격노하여 역이기를 삶아 죽였다. 제왕 전광은 급히 고밀高密로 도주하여 사람을 초나라에 보내 항우에게 구원을 청했다. 항우는 한신이 임치를 습파襲破할 때 소식을 듣고 급히 용저龍且에게 20만 대군을 주어 보내 전광을 도와 한군을 저격抵擊케 하였다. 용저의 군진에 사람이 찾아와 계책을 드렸다. '한군은 지금 멀리 원정해 온지라 가는 곳마다 지쳐 흩어져 있고 제와 초군은 본토에서 싸우는 바라 쉽게 분산되어 모이지 않고 있으니 도랑을 깊이 파고 보루를 높여 굳게 지키면서 공세를 취하여 여러 성읍이 이미 윤함淪陷되었지만 제왕이 그대로 상존尙存해 있고 초나라 원군이 대거 진주해 있음을 알게 한다면 저들 한군의 식량이 떨어져 도달할 길도 없게 되어 싸우지 않고 자패自敗할 것입니다.' 그러나 용저가 한신을 가볍게 보고 또 전공을 세우기에 급하여 이 계책을 쓰지 않고 솔병진군하여 한신군과 유수濰水를 동서로 격하여 진세를 활짝 열고 맞섰다. 한신은 연일 밤새워 군사로 하여금 1만여 개의 포대자루를 만들고 흙모래를 가득 채워 몰래 유하의 상류를 막아 쌓게 하였다. 그런 다음 한신이 군대의 절반을 나누어 거느리고 물을 건너 진격하자 용저가 기꺼이 출병해 맞아 싸웠다. 한참을 분전하는 척하다가 한신이 거짓 패주해 달아나니 용저가 한신이 겁약하여 그러는 줄 알고 전군을 휘몰아 진격하여 강을 건넜다. 이때 한신이 사람을 급히 보내 상류의 막은 모래주머니를 터뜨리게 하였다. 대군의 절반이 물속에 들고 선두가 피안에 올랐을 때 급류가 세차게 소용돌이쳐 초군의 인마가 태반이 익사하는 가운데 도주하다 되돌아 짓쳐오는 한군에 도강했던 서안西岸의 초군이 궤멸되고 난전 중에 용저는 전사하였다. 이어 한신이 강을 되건너 동안東岸의 초군을 맹격하여 사방으로 도산逃散하는 초군을 성양城陽까지 추격하여 거개를 사로잡고 살아 도주하던 제왕 전광은 미구에 추격군에 잡혀 죽어 한왕 4년, 서기전 203년에 제나라 땅은 전부 평정되었다. 한신이 일련으로 위魏를 멸하고 조를 정벌하며 연나라를 옆구리에 끼고 제나라를 평정한 후에 사람을 유방에게 보내 상서하여 설하였다. '제국은 교사狡詐하고 변덕이 심해 반복反覆이 무상한 나라인데 남으로 초와 인접하여 가왕假王을 하나 세워 통치하게 하지 않고는 국세局勢가 안정되기 어려우니 신이 가제왕이 되어 이러한 국세를 유리하게 하고 싶습니다.' 이때 승승장구하는 한신과 달리 유방은 형양에서 정면 격파를 노려 총공격을 늦추지 않는 항우군에 에워싸여 정세가 위급한 터에 이런 서신을 받고는 십분 놀라고 분노하여, 이처럼 위기에 빠진 형양을 달려와 구할 생각 대신 스스로 제왕이 되어 자립하려는 향배를 꾸짖어 대노대매大怒大罵하였다. 이에 한신의 비위를 건드려 한왕을 배반하고 제조연 3국으로 자립하여 3분천하가 되면 큰일이라 착급해진 장량과 진평이 몰래 바짓가랑이를 붙들고 귓불에 대고 '한군이 처한 형세가 불리

352 초한지

한데 무슨 수로 한신의 칭왕稱王을 막겠습니까? 이 기회에 아주 왕으로 세워 저를 우대하고 일방一方을 스스로 지키게 하는 것만 같지 못하겠습니다. 그렇지 않으면 변란이 일어날 수도 있습니다.' 이에 유방이 이를 명백히 깨닫고 꾸짖던 노여움을 돌려 '대장부가 제후를 평정하였다면 바로 진왕眞王이 되어야지 어찌 반드시 일개 임시 가왕이 될 것인가' 하고 장량을 파견하여 한신을 제왕으로 봉하고 그곳 군사를 정조整調하여 항초項楚를 정벌하라 하였다. 항우는 제나라에서 실리失利하고 용저가 전사함에 심한 공황恐慌에 빠져 우이盱眙 사람 무섭武涉을 세객으로 보내 한신으로 하여금 한을 배반하고 초와 연합하여 삼분천하三分天下를 이루고 제왕을 칭하도록 설득케 하였다. 한신이 사절하며 '내가 항왕을 여러 해 받들었으나 관직은 낭중이고 지위는 집극執戟의 사병에 불과하여 내 활동은 남에게 알려지지 않고 내 계책은 쓰이지 않은 고로 초를 떠나 한에 귀부하였더니 한왕은 나를 받아 상장군의 인수를 주고 나로 하여금 수만의 무리를 거느리게 하며 옷을 벗어 나를 입히고 음식을 주어 나를 먹이며 나를 대하여 하는 말은 들어주고 드리는 계책은 좇아주었기에 내 오늘의 성취가 있게 된 것이오. 한왕이 이같이 친근하고 나를 신임하는데 내가 그를 배반하고 좋은 결과가 있기를 바라겠소? 내 죽기까지 한을 배반할 수 없으니 청컨대 이 사사辭謝로 항왕의 아름다운 뜻에 갈음해 주시오' 하였다. 무섭의 유세가 실패한 다음 제나라 사람 괴철이 천하를 좌우하는 거사에 그 경중을 저울질하는 관건이 한신의 수중에 있음을 간파하고 또 사람의 관상술觀相述을 들어 한신에게 권설勸說하여 '지금 비록 신자臣子의 지위에 있으나 진주震主[임금까지도 두렵게 하는 위세]의 공로에 이름이 천하에 높은지라 이 때문에 매우 위험하다'며 끝내 설득하였으나 한신이 유예하며 차마 유방을 배반하지 못하였다. 한 5년, 서기전 202년, 유방은 항우의 방비가 없고 초군이 주리고 지친 것을 좇아 돌연 전략을 발동하여, 한신과는 동쪽 제나라 땅에서 출병하기로, 팽월과는 양나라 땅에서 남하하여 초군을 포위 공격하기로 약조하고 초군을 대거 추격하였다. 이 해 10월이 되어 한신과 팽월의 군대가 미처 도달하기 전에 유방이 고릉固陵까지 추격해 들어갔는데 초군이 반격하여 유방이 크게 패주해 돌아갔다. 이는 한신과 팽월이 속히 발병하지 않은 탓인지라 분심憤心하던 유방은 장량의 계책을 들어 회양淮陽에서 동으로 해광海廣에 이르는 대지역을 한신의 봉지에 더해주고 팽월을 양왕梁王으로 봉하여 수양睢陽에서 북으로 곡성谷城에 이르는 지역을 그 봉지로 더해주었다. 이에 한신이 이 전쟁을 지휘하게 되고, 한신 팽월이 드디어 발병하여 초를 공략해 한신은 제나라 땅에서 남하하여 초의 서울 팽성과 소북蘇北 환북皖北 예동豫東의 광대한 지역을 점령하고 군병의 예봉銳鋒이 초군의 측배側背를 겨누며, 팽월 또한 양나라 땅에서 서진하여 한장漢將 유가劉賈와 회동하니 구강왕 영포가 성보城父에서 나와 스스로 합류 북상하였다. 유방은 본군을 거느려 고릉에서 나와 동진하니 한군은 남북서 3면에서 초군을 포위공격하는 형세가 되고 항우는 핍박逼迫을 못견뎌 지금의 안휘성 영벽靈璧 남쪽

해하垓下로 퇴군하였다. 동년 12월에 유방 한신 유가 팽월 영포 등의 각로 한군은 총수 30만으로 초군 10만과 더불어 해하에서 결전을 전개하였다. 한군은 회음후淮陰侯 한신의 통령으로 30만 군을 6개 부대로 나누었는데 공장군孔將軍이 좌익左翼을 맡고 비장군費將軍이 우익, 유방은 그 후군이 되어 주발과 시장군柴將軍이 뒤를 후위後衛하였다. 초군은 모두 10만으로 항우가 통령하였다. 한신이 선봉군을 인솔하여 직접 항우와 교봉交鋒하다 불리하여 돌아서 퇴각하였다. 초군이 이를 추격하자 공장군과 비장군의 좌우군이 양쪽에서 나와 협곡에 들어온 초군을 협격하니 초군이 불리해졌는데 달아나던 한신이 멈추어 승세를 타고 반격함에 초군이 해하에서 대패하여 태반이 궤멸되고 벽루壁壘[진지요새陣地要塞]로 들어가 굳게 지켰다. 수많은 한군이 겹겹으로 초군을 에워싸 공격해오니 초군이 맞아 싸워 거듭 패하고 이기지 못하는데 군사는 지치고 식량은 다해가되 양도가 막혀 어디서 실어 올 수가 없었다. 한신이 밤에 한군을 시켜 초가楚歌를 부르게 하였는데 그 노래에 '인심은 모두 초를 등지고 천하는 이미 유방에 속했는데 한신이 해하에 둔쳐 패왕의 머리를 베려 한다' 하였다. 노래가 초군 사졸로 하여금 고향 생각에 전의를 잃게 하여 군심이 와해되는데 한신이 승세로 진공하자 초군이 대패하여 10만 군이 전멸하고 항우는 도주하여 동성東城에 이르러 자문自刎하였다. 이에 유방은 정도定陶[지금의 산동성 하택시荷澤市 서남부]에 이르러 한신의 군중에 치입馳入하여 병권을 빼앗은 뒤 초왕楚王으로 봉하여 지금의 강소성 하비현 동쪽의 하비下邳에 도웁케 하였다. 한신이 초나라에 당도한 후 자기에게 밥을 주던 표모를 불러 1천금을 하사하고 수레를 몰아 하향 남창의 정장亭長에게 들러 1백금을 상사賞賜하면서 '그대가 소인이라 좋은 일을 하되 시작은 있고 끝이 없었다'고 나무랐다. 또 진작 자기를 모욕하여 가랑이 밑을 기게 한 자를 불러 보고 중위中尉를 봉해 주며 제장에게 말했다. '저게 장사라 하지만 나를 모욕할 때 내 설마 저 하나를 죽이지 못하겠는가. 죽인들 양명揚名이 되겠는가. 그래 참고 낮추어 내게 오늘의 성취가 있게 되었다.' 항우가 패사한 뒤 도망한 그 부장 종리매가 평소 고향도 이웃 고을이라 친하던 한신에게 찾아와 의탁하였다. 한신이 항량을 종군하다 항량이 장한에게 패사할 때 살아남아 도주하다 도망병으로 잡혀 죽게 된 것을 종리매가 구해 주었다. 종리매가 항우를 친위하면서 여러 차례 유방을 공타하여 곤욕을 치르게 하여 유방의 종리매에 대한 혐오가 컸다. 종리매가 초나라에 있다는 소문을 듣고 유방은 즉시 한신에게 종리매를 잡아들이라 하였다. 한신은 이때 초국의 각현과 향읍을 초도初到 순시하며 도파군대都派軍隊를 계엄戒嚴하였다. 한 6년, 서기전 201년 어떤 사람이 유방에게 한신이 모반한다 고하였다. 이에 유방이 진평이 드리는 계책을 써 '천자가 밖으로 나가 순시하며 제후를 회견하겠다' 하고 제후에게 통지하여 진현陳縣에서 서로 모이기로 하고 '짐이 몽택夢澤에서 유람하고자 한다' 하였는데 실은 한신을 습격할 생각이었고 한신은 이를 알지 못하였다. 그러나 유방이 초국에 이를 즈음 한신이 군사를 일으켜 모반할 계획도 세웠으나 다만 자기가 무죄하므로 유방에게 나아가 알현하고자 하면서 또한 그랬다가 잡힐 것이 두려웠다. 이때 어떤 사람이 한신에게 건의하여 '종리매를 죽여 가지고 가면 고조高祖가 반드시 기뻐하여 후환이 없을 것입니다'하였다. 한신이 이 일을 가지고 종리매와 상의하였다. 종리매가 듣고 분연히 말했다. '유방이 초국을 치지 않는 것은 내가 그대의 뒤에 있기 때문이요. 과연 그대가 나를 잡아 가지고 유방과 교호交好코자 한다면 나는 오늘 죽을 것이나 뒤따라 죽을 것은 정녕코 그대일 것이요. 이제 보니 그대는 덕행德行이 고상한 장자長者가 아니로다.' 말을 마치고 종리매가 자살하여 죽자 한신은 그 수급을 가지고 진현에 가 유방을 알현하였다. 유방은 무사를 시켜 한신을 결박하여 황제의 수레 뒤에 달린 부거副車에 싣고 돌아왔다. 그렇게 묶여 끌려가면서 한신이 탄식했다. '과연 사람의 말과 같구나. 교활한 토끼가 죽으면 좋은 사냥개가 삶기고 높이 나는 새가 없어지면 양궁良弓이 감추어지며 적국을 파하면 모신謀臣이 죽는다 하더니 이미 천하가 평정되었으니 내가 마땅히 삶기는구나.' 유방이 한신에게 '네가 모반하였다고 고한 사람이 있다'하고 한신에게 형구刑具를 씌워 낙양洛陽으로 돌아와서는 그 죄과를 사면하고 회음후淮陰侯로 고쳐 봉하였다. 회음후로 폄천貶遷된 후 한신은 고조가 자기 재능을 외신畏愼함이 혹심하여 신세가 낙양에 억류되어 있음을 자탄하였다. 실의와 회한에 빠진 한신은 연금된 것이나 다름없는 거소에 갇혀 민민불락悶悶不樂하며 화강후和絳侯 주발이나 영양후潁陽侯

항우, 한신의 최후 357

관영 등과 같은 지위에 있는 것을 수치스러워하며 연일 병을 칭탁하여 황제의 조현朝見에 불참하고 그 출행에 호종扈從하는 것도 둔피遁避하였다. 그러던 중 한신이 번쾌의 부府를 배방拜訪하니 번쾌가 신하의 예로 무릎꿇어 배례하고 공영공송恭迎恭送하며 '대왕이 필경 신하의 가문에 광림하시니 진실로 신하의 광영입니다' 하였다. 한신이 문밖을 나와 웃으며 '저런 무리 번쾌 등과 동렬에서 거연居然히 지낸다' 하였다. 유방이 일찍이 유한悠閑에 한신과 각급 장군의 재능의 고하와 장단를 담론한 적이 있었다. 황제가 한신에게 '나의 재능 같으면 병마를 얼마나 통솔하겠는가?' 한신이 '폐하는 10만을 넘지 않게 통솔하십니다' 하니 유방이 '그대는 어떠한가?' 물었다. 한신이 답하여 '신은 월다월호越多越好[더 많을수록 더 좋다]'라 하니 유방이 웃으며 '그대가 많을수록 더 좋다면 어찌하여 나의 제할制轄을 받고 있는가?' 하니 한신이 대답하였다. '폐하는 사졸을 잘 통령하지 못하지만 장령을 잘 영도하시니 이것이 신이 폐하의 제어를 받는 원인입니다. 하물며 폐하는 하늘이 부여하신 바이라 인력으로 능히 도달하고 작위할 수 없는 바입니다.' 진희가 거록군수鉅鹿郡守로 피임되어 회음후의 부府로 찾아가 고별하니 한신이 그 손을 잡고 좌우를 물리고 정원을 거닐며 앙천탄식하며 말하였다. '장군이 관할하는 지역은 천하의 정병精兵이 다 취집聚集하는 지방이요 그대는 폐하의 총신寵臣인데, 한 사람이 그대가 모반한다 고하면 폐하가 대번 믿지 않을 것이다. 재차 누가 고발하면 폐하가 믿지 않으면서 한편 의심이 생길 것이다. 삼차 고발에는 폐하가 필연 대노하여 친히 군사를 이끌고 나가 에워싸고 겁박할 것이다. 그때 내가 경성에 있으면서 그대를 위해 내응을 하면 천하를 가히 취할 수 있을 것이다.' 이에 진희가 한신의 웅재대략雄才大略을 알고 깊이 믿어 의심치 않으며 '일체를 지교指敎에 따르겠다' 하였다. 한 10년, 서기전 197년에 진희가 과연 모반하였다. 유방이 친히 진압군을 거느리고 정벌을 나가는데 한신은 병을 칭탁하고 따라가지 않고 암중에 사람을 진희에게 보내 '오로지 기병을 하면 내 여기에서 장군을 위해 협조하겠다' 하였다. 그리고 가신家臣과 상량商量하여 야간에 가조서假詔書를 전령하여 각 관부에 복역하는 죄수와 노예를 사면하고 그들을 발동하여 여후와 태자를 습격할 계획을 세워 부서部署까지 완비해 놓고 진희에게서 소식이 오기를 기다렸다. 이때 한신의 가신 하나가 득죄하여 한신이 잡아 가두고 장차 죽일 생각이었는데 그 아우가 형을 구하고자 여후에게 상서하여 한신이 모반을 준비하는 정황을 고변하였다. 여후가 한신을 불러들이려 했으나 한신이 순순히 들어오지 않을 것이 두려워 소하와 모의하였다. 소하가 한신에게 사람을 보내 거짓으로 유방이 반란을 평정하고 돌아오고 진희는 이미 포획捕獲되어 죽었으며 열후군신列侯群臣이 모두 와 축연을 벌이니 들어오라 하였다. 소하를 추호 의심치 않는 한신이 곧이듣고 입궐하자 여후가 무사를 시켜 포박하여 장락궁의 종실鐘室에 가두고 혹형을 가해 유방이 돌아오기 전에 죽였다. 한신이 참수되기에 이르러 '내가 괴철의 계모를 듣지 않고 부녀소자婦女小子의 기편欺騙[속이고 업신여김]에 당하니 후회스럽구나. 설마 이게 하늘의 뜻인가' 하였다. 이어 여후가 한신의 삼족을 주살하였다. 유방이 진희를 평정하고 회군하여 경성에 이르니 한신이 죽었다 하므로 기뻐하는 한편 연민하여 '한신이 죽음에 임하여 뭐라 하였는가' 물으니 여후가 '괴철의 계모를 채납지 않은 걸 회한하였습니다' 하였다. 유방이 '그 사람이 제나라 세객이다' 하고 제국에 조령을 내려 괴철을 잡아들이라 하였다. 괴철이 잡혀오자 유방이 물었다. '네가 회음후를 사주하여 모반하라 하였는가?' 괴철이 '그렇습니다. 내가 그 소자小子[한신]를 적확的確히 교사하였는데 그가 내 계책을 받아들이지 않아 스스로 멸망의 구렁으로 들어갔습니다. 가령 내 계책대로 했더라면 폐하가 무슨 수로 그를 멸도滅掉할 것입니까?' 하니 유방이 노하여 그를 삶으라 하였다. 괴철이 '아하, 나를 삶아 죽이다니, 원통합니다' 하자 유방이 '네가 한신을 사주하여 모반케 하고 무엇이 원통하냐' 꾸짖자 괴철이 말했다. '진조秦朝의 법도가 패괴敗壞하여 천하가 와해될 때 산동山東[함곡관 동쪽 중원]의 6국이 대란大亂하여 각로의 제후가 분분 기병하고 천하의 영웅호걸이 갈가마귀 떼 같이 취합집산聚合集散하였는데 내 아는 것이 다만 한신 하나이고 아울러 폐하를 아지 못하였습니다. 이제 폐하가 대업을 이뤄 천하의 병장기를 갈아 농구를 만들 때에 일찍이 폐하를 모르고 남을 섬긴 창생을 무슨 수로 찾아 삶으시렵니까?' 유방이 '저를 풀어주라' 하고 괴철의 죄과를 사면하였다. 한신이 서기전 196년에 약 36세로 죽고 이듬해 유방이 62세로 붕서崩逝하였다. 그 이태 뒤 서기전

193년에 팽월 영포 한신의 전철을 밟지 않고자 여러 비책으로 명철보신明哲保身하던 소하가 자연사하여 여후의 독수를 벗어났다. 유방의 통일천하 후 은적隱迹한 장량이 홀로 소하보다 7년을 더 살아 서기전 186년에 고종명考終命하였다. 한신이 처음 회음후로 연금되어 있을 때 장량과 함께 선진先秦 이래의 병서를 총정리 서차序次하여 모두 182가家를 얻으니 이것이 중국사상 최초로 집대성된 병서이고 이후 중국 군사학술 연구의 과학적 기초를 확립하는 바가 되었고 동시에 군중의 율법을 수집 보정補訂하여 병법삼편兵法三篇을 저술로 남겨 후세의 군신軍神으로 추앙되었다. 한신은 병법을 익히 암송諳誦하여 자기의 용병은 다다익선多多益善이라 하였는데 손무孫武와 백기白起 이후 가장 탁월한 장수로 평가되며 그가 지휘한 정형井陘의 싸움과 유수濰水 싸움을 전쟁사의 걸작이자 초한전 승리의 근본 방략이었다고도 하고 있다. 한신이 전술가로서 후세에 남긴 불후의 전술전고戰術典故는 명수잔도明修棧道 암도진창暗渡陳倉 임진설의臨晉設疑 하양투도夏陽偸渡 목앵도군木罌渡軍 배수위영背水爲營 발치역치拔幟易幟 전격이정傳檄而定 침사결수沈沙決水 반도이격半渡而擊 사면초가四面楚歌 십면매복十面埋伏 등의 사자성어로 요약되어 무수한 전략전술가에게 전승되었다. 상기象棋라 하고 양쪽 우두머리가 우리나라처럼 초한楚漢이 아니라 장將과 수帥이고 중간 경계가 초하楚河와 한계漢界로 되어 있는 중국 장기의 시원에 여러 설이 있으나 가장 널리 알려진 것은 한신의 창안이라는 설이다.

잇대어 한나라가 도읍 4백년이 태평하다가 중분中分[중간]에 왕망王莽[서기전 45-서기 23, 중국 최초 선위禪位 역성혁명국 신新의 가황제假皇帝]이 섭정攝政하매 한실漢室[한의 황실]이 미약하고 동탁董卓[132-192, 후한말 변방 무장으로 공을 세워 집권, 희대의 권신으로 황제를 폐립하며 부패 살인 약탈 도굴 방화 축재의 폭정을 자행하다 반동탁연합군에 타도됨]이 작란作亂하매 천하가 요동하고 충신이 망하더니 왕망이 찬역簒逆하여 다시 흥복興復[부흥]하였더니 유현덕劉玄德[161-223, 삼국시대 촉한蜀漢 소열제昭烈帝 유비劉備]에게 이르러 분삼국分三國 풍진風塵이 되었더라.